미중 FDI 전쟁

디아스포라(DIASPORA)는 독자 여러분의 책에 관한 아이디어와 원고 투고를 기다리고 있습니다. 디아스포라는 전파과학사의 임프린트로 종교(기독교), 경제·경영서, 일반 문학 등 다양한 장르의 국내 저자와 해외 번역서를 준비하고 있습니다. 출간을 고민하고 계신 분들은 이메일 chonpa2@hanmail.net로 간단한 개요와 취지, 연락처 등을 적어 보내주세요.

미중 FDI 전쟁

그러면 한국의 선택은 무엇인가?

–

초판1쇄 발행 2025년 4월 1일

–

지은이 이영선
발행인 손동민
디자인 김미영
편 집 김희원

–

펴낸곳 디아스포라
출판등록 제25100-2014-000013호
주 소 서울시 서대문구 증가로18, 204호
전 화 02-333-8877(8855)
팩 스 02-334-8092
이메일 chonpa2@hanmail.net
공식 블로그 http://blog.naver.com/siencia

ISBN 979-11-87589-12-9 (03320)

미중 FDI 전쟁

그러면 한국의 선택은 무엇인가?

추천의 글

◆

본서는 미국이 주도하고 있는 신보호무역주의 시대에 국경 간 직접투자의 새로운 흐름에서 한국 경제의 새로운 살길을 탐색하고 있다. 저자는 KOTRA 이스라엘 텔아비브, 브라질 상파울루 무역관장을 거쳐 미국 시카고 무역관장을 역임하였다. 세계 경제의 심장 미국에서 근무하는 동안 미국 경제의 실체와 미국의 직접투자 유치 정책을 산업 현장에서 관찰하면서 미국 제조업의 흥망사를 역사적 맥락과 기술 비교 우위 관점에서 분석했다. 이를 통하여 한국이 받아야 할 정책적 함의로서 한미 간 투자의 협력을 더욱 강화하여야 한다는 결론을 도출하였다.

한국 경제는 지금 장기 저성장 터널에 갇혀 있다. 한국의 잠재성장률은 향후 5년 동안 1.8%대로 그다음 5년은 1.3%대로 추락할 것으로 한국은행은 전망하고 있다. 국내 고임금과 고지가 현상이 지속되고 각종 규제로 투자 환경은 오히려 악화되고 있다. 한국 기업들은 현지 시장 확보를 위하여 해외직접투자에 몰두한 결과 국내에 유입된 외국인직접투자액을 크게 상회하고 있다. 2023년 우리나라에 도착한 외국인직접투자는 189억 달러였지만 우리 기업의 해외직접투자는 무려 652억 달러를 기록했다. 이러한 상황에서 고품질 외국인직접투자는 우리 경제에 성장, 자본 확충, 기술 이전, 생산성 혁신 등에 결정적 기여를 할 수 있다.

한국은 현재 미중 기술 패권 전쟁과 미국우선주의 및 신보호무역주의로 일어나는 세계 경제의 지경학적 분절화geoeconomic fragmentation 현상에 슬기롭게 대처하여야 한다. 그리고 뜻이 맞는 나라들과 우리 경제의 공급망 유연성을 높이기 위하여 다양한 소자주의 minilatralism 협정도 체결해야 한다. 이를 위한 한국의 효과적 정책 대응은 무엇인가? 본서는 이러한 질문에 대한 중요한 해답을 제시하고 있다. 그 요체는 앞으로 한국은 미국과 상호 직접투자를 강화하고 여타 지역에서 통상과 투자에서 다양한 소자주의에 적극 대응하는 것이다.

미국은 트럼프 1기부터 미국 제조업 부흥을 위한 자국 산업 보호와 해외 기업 유치reshoring라는 두 마리 토끼를 잡으려는 정책 기조를 내걸었다. 그동안 미국은 국제 기축통화인 달러 패권을 기초로 금융자본주의 편제로 세계 경제 기관차의 지위를 누리면서 자유무역주의 기조를 유지해 왔다. 그렇게 하여 미국은 상대적으로 저렴한 노동 집약적 생필품은 수입하여 국내 소비자 후생을 증진하는 정책을 취하여 왔다. 그 결과 국제수지에서 만성적 적자가 일어나게 되었다.

미국은 중국의 WTO 가입을 용인한 이후 중국 제조업의 세계 공장화를 목격하고 첨단 산업에서 기술 굴기로 미국을 추격하는 '중국몽'의 현실에 직면하게 되었다. 이에 맞서 미국도 첨단 기술 제조업의 본격 부흥에 나섰다. 트럼프 1기에서 미국은 첨단 기술에서 중국 견제를 본격화했다. 뒤이은 바이든 행정부도 중국 견제에 동일 노선을 견지하며 제조업 부활과 직접투자의 적극적 유치를 이어 갔다. 트럼프 2기는 미국의 자국 산업 보호와 만성적 무역적자를 개선하기 위하여 '고관세 부과'를 무기로 강력한 보호무역주의를 실천할 예정이다. 대미 무역 흑자국에 대하여 상호 관세 등 무차별 '관세 폭탄'의 카드를 휘두를 예정이다. 그리고 안보 논리를 동원하여 반도체와 AI 등 첨단 기술 분야에서 대 중국 봉쇄 정책을 강화하고 있다.

올 연초부터 중국 인공지능인 딥시크의 'R1'은 미국뿐만 아니라 한국에도 큰 충격을 주고 있다. 5G에서 중국에 이미 추격당한 미국의 충격은 더욱 클 수밖에 없다. 6G와 AI 기술에서 미국은 중국의 추격을 절대로 허용할 수 없다는 확고한 정책 목표를 갖고 있다. 이에 따라 앞으로 미중 기술 경쟁은 더욱 가열될 전망이다. 얼마 전 트럼프 2기에서 미국이 중국산 수입품 전체에 10% 추가 관세를 부과하자, 중국도 일부 미국산 제품에 10~15%의 보복 관세로 맞섰다. 또한, 중국 정부는 미국의 현지 진출 빅테크인 구글, 엔비디아, 인텔 등에 대해서 반독점법 위반 혐의 조사 등으로 맞불을 놓고 있다. 이렇게 미중 경쟁이 시작된 근본 배경은 중국 제조업이 빠르게 부상하고 상대적으로 미국 제조업은 쇠퇴하는 가운데 첨단 기술 산업에도 중국이 미국을 추격하고 있기 때문이다. 미중 기술 패권 경쟁의 여파는 그동안 세계화 시대 수출 주도로 성장한 한국 경제에 중대한 위협 요인이고 도전이다.

미중 기술 전쟁에서 한국 기업들도 크게 타격을 입을 전망이다. 한국이 바이든 행정부로부터 부여받은 반도체 투자와 배터리 투자에 대한 지원금도 취소될 전망이다. 미국은 철강 제품에 25%의 일반 관세에 이어 반도체에도 고관세를 부과할 예정이다. 이것을 우회하려면 한국 기업들은 대미 직접투자를 늘려 현지 생산을 늘리는 전략과 중국과 통상 관계도 관리하여야 한다.

한국은 산업화 시대에 산·관·학·연의 합작으로 추격형 기술 혁신을 통하여 선진국 반열에 오르게 되었다. 그러나 지난 몇 년에 걸쳐 한국은 정치권의 포퓰리즘 정책에 발목이 잡혀 하위 선진국 신드롬에 빠져 있다. 그 사이 중국은 모든 산업 영역에서 우리를 추월할 전망이다. 한국이 그동안 비교 우위를 가졌던 가전, 전자, 범용 조선 등은 중국에게 추월을 당하였고, 반도체의 메모리 분야까지 중국은 우리를 바로 뒤쫓고 있다. 다만 최근 한국으로 유입되는 외국인직접투자에서 반도체, 바이오 등 첨단 산업과 소재·부품·장비의 비중이 크게 증가한 것은 고무적인 일이다. 이는 한국의 내수 시장이 크지는 않지만 한국이 국제 공급 사슬망으로서 중요한 역할을 담당하고 첨단 산업에서 국제 협력의 대상국 위치에 있다는 사실을 입증하고 있는 것이다.

이러한 때에 이 책은 미국 제조업의 번영과 쇠퇴를 FDI 관점에서 짚어보았다. 선진국 경제로 진입한 한국도 미국이 제조업을 부활시키려는 신보호주의 정책으로부터 많은 정책적 시사점을 받아야 한다. 미중 기술 패권 경쟁 시대, 반세계화 시대에 한국이 가장 주안점을 두어야 할 것은 미국 시장이고 미국과의 첨단 기술 협력이다.

한미 간 첨단 산업의 고도화와 상용화를 위해서도 두 나라는 상호 FDI 증진을 통해 적극적인 R&D 협력을 전개해야 한다. 반도체, 원전, 조선 등에서 한미는 양방향 교차투자를 적극 추진하여 한국 경제가 고도 기술에서 경쟁력을 갖추도록 해야 한다. 이러한 맥락에서 이 책은 정부의 경제 정책과 기업의 경영 전략 수립에 크게 도움이 되며 국제 투자를 전공하는 학생들에게 필독서가 될 것이다.

안충영 중앙대 석좌교수 |
전 동반성장위원회 위원장, 전 규제개혁위원회 위원장, 전 외국인직접투자 옴부즈만

◆

트럼프 2기 정부가 출범하면서 미국의 새로운 경제 정책에 대해 전 세계의 이목이 집중되고 있다. 한층 강화될 것으로 예측되는 '미국우

선주의' 기조에 제대로 대응하지 못하면 어느 나라든 무역·투자의 타격이 불가피하기 때문이다. 특히 신냉전을 가속화하는 미중 무역·투자 전쟁 속에서 대외 의존도가 높은 우리나라는 피해를 줄이고 국익을 증대하기 위한 더욱 세심한 고민과 대책이 요구되고 있다.

이 책은 미국에 대한 더 많은 공부가 요구되는 시점에 출간돼 새로운 한미 경제 협력을 모색하는 데 많은 영감을 불어넣어 준다. 저자가 코트라 시카고 무역관에서 근무하면서 현장에서 보고 들은 내용을 바탕으로 미국 제조업의 발전과 쇠퇴 과정을 알기 쉽게 설명하고 있어서 따라 읽다 보면 우리에게 어떤 기회가 있는지 알게 된다.

미중 경쟁이 치열해지면서 미국은 자국의 쇠퇴한 제조업에 비해 훨씬 강해진 중국 제조업에 큰 위협을 느끼고 있다. 전임 바이든이나 현임 트럼프 정부 관계없이 미국이 연일 발표하는 중국에 대한 경제 제재와 제조업 육성 정책은 미국의 급한 마음을 대변하고, 미국이 시장 경쟁으로는 중국의 제조업을 제압하기 어렵다는 것을 보여준다.

그래서 미국은 외국 기업의 투자를 유치하여 첨단 제조업의 부활을 추구하고 있다. 많은 한국 기업들이 이미 미국에 직접투자하고 있는데, 미국 제조업의 쇠퇴는 한국 제조업에게 더 넓은 미국 시장 진출의 기회를 제공해주고 있다. 이 책에서는 미국이 왜 한국을 필요로 하고 있는지를 흥미롭게 진단하고 있다.

또한 이 책에서는 제조업 분야에서 한미의 양방향 FDI 협력 방안도 제시하고 있다. 한국의 일방적인 대미 투자가 아니라 경쟁 우위 산업의 교차투자를 통해 상호 투자를 확대하면서 성공 방정식을 만들어 가는 것이 중요하다. 현장 르포와 같은 이 책은 우리 관계 기관이나 기업들이 양방향 FDI 전략을 수립하는 데 도움이 될 것이다.

한편으론, 우리나라가 선진국에 진입하면서 한국 제조업도 고임금, 저출산·고령화 등으로 인해 미국 같은 선진국들의 전철을 밟지 않을까 우려가 되기도 한다. 또한 대외적으로는 중국과의 경쟁 격화, 원자재 가격 상승, 수입 원료의 의존 심화 등으로 국내 경기 침체가 장기화되지 않을까 걱정도 된다. 이 책에서 말하는 미국의 사례는 우리나라 제조업이 국제 경쟁력을 지속적으로 유지하는 데 필요한 교훈과 시사점도 제공해 줄 것이다. 폭넓은 현장감과 날카로운 분석력이 느껴지는 이 책의 일독을 권한다.

김재홍 | (사)한국수소연합 회장, 전 산업부 차관, 전 KOTRA 사장

◆

트럼프 대통령은 '미국을 위대하게'라는 정책 기조 아래 취임하자마

자 캐나다와 멕시코에 25% 관세를 부과하는 한편 중국에 10% 관세 인상 조치를 취하는 등 관세 폭탄을 던지고 있다. 앞으로도 유럽, 일본, 한국 등에 대한 관세 인상과 함께 자동차, 반도체 등 개별 품목에 대해서도 고율의 관세를 부과할 것으로 예상된다. 이러한 조치들은 우리 기업들에게도 많은 영향을 미칠 것이다. 이와 같은 어려운 상황에서 저자는 시카고에서 3년 동안 경험한 우리 기업들의 대미 수출 지원과 미국 기업에 대한 투자 유치 활동을 바탕으로 미국 산업의 명과 암을 짚어보고 미국의 정책 방향을 조망하는 한편 우리 기업들이 어떠한 전략을 구사해야 할지를 제시하고 있다. 이 책은 어려운 경제 환경에서 우리 기업들이 나아가야 할 방향을 제시해 주는 등대와 같은 역할을 할 것이다.

선석기 | 광주경제자유구역청 청장

◆

미국과 중국 간의 경제 전쟁이 한층 달아오르고 있는 시기에 소중한 책이 나왔다. 저자인 이영선 박사는 30여 년 동안 세계 통상 및 투자 경쟁의 최전선에서 풍부한 경험과 관찰력을 쌓은 국내 최고 전문가다. 시카고, 상파울루, 텔아비브 세 곳의 무역관장을 지냈고 시드니 무역관, 바르샤바 무역관에서도 근무한 이 박사만큼 전 세계 통상 현장을 골고루 섭렵한 사람은 많지 않다. "미중 투자 전쟁을 과거 냉전 시대처럼 선악의 이분법으로 접근하지 말라"는 제언이 더욱 설득력 있게 새겨지는 이유다.

이학영 | 경제사회연구원 고문, 전 한국경제신문 논설실장

◆

트럼프 정부가 다시 시작하면서 불확실성이 증가되어 위기라고 한다. 그러나 트럼프 정책을 잘 살펴보면 매우 확실한 패턴이 있다. 그중 하나가 무역 전쟁이 아닌 투자 전쟁이라는 점이다. 트럼프는 미국과 사업을 하려면 미국 밖에서 제품을 만들어서 미국으로 수출하지 말고 미국 내에 들어와서 생산을 하라는 것이다. 이 책은 이러한 세계 경제의 추세에 맞게 투자의 중요성을 강조하면서, 제조업의 경우 우리 한국에게 위협이 아니라 기회가 될 수 있다는 것과 한미가 서로 윈윈할 수 있는 방안을 잘 제시하고 있다. 국제 경제를 다루는 정책 결정자와 학자, 기업인 모두에게 필독서로서 적극 추천한다.

문휘창 | 서울과학종합대학원대학교 총장

◆

미국도 달라졌고 중국도 달라졌다. 두 국가를 보는 세계의 눈도 달라졌다. 저자는 외국인직접투자^{FDI}의 렌즈를 통해 세계화의 재편과

강대국 간 패권 경쟁을 분석하며, 한국 기업과 정책 입안자들에게 통찰력 있는 로드맵을 제공한다. 경제 안보와 산업 경쟁력 강화를 위한 실용적인 전략서가 절실한 지금, 이 책은 변화하는 국제 질서 속에서 새로운 기회를 포착하고 대응 방안을 모색하는 데 중요한 길잡이가 될 것이다.

박한진 | 한국외국어대학교 중국외교통상학부 초빙교수

차례

5부 트럼프 2기, 한국의 더 나은 내일의 건설

표 차례

그림 차례

미국 제조업 쇠퇴와
한국의 기회

◆

필자가 미국의 KOTRA 시카고 무역관에 근무할 때인 2020~2023년은 한국의 반도체, 배터리 기업들이 미국에 대규모 투자를 시작한 때였다. 우리 기업의 투자가 집중된 미국 중서부의 인디애나, 오하이오, 켄터키, 테네시, 위스콘신, 미네소타 등은 대부분 시카고 무역관의 관할지여서 현장을 방문할 기회가 있었다. 투자 지역뿐만 아니라 미국에서는 한국 기업을 환영하는 분위기가 고조되어 있었다. 현장에서 만난 우리 기업과 주 정부의 경제개발청 인사들은 지금이 한국의 대미 투자 역사에서 큰 전환이라고 생각하고 있었다. 한국은 미국에서 빈 땅에 공장을 짓는 그린필드 방식으로 가장 많이 투자하는 나라가 되고 있었다.

우리 기업의 투자 현장으로 가는 길은 자동차가 실제 이동하는지 모를 정도로 단조롭게 끝없이 펼쳐진 옥수수 또는 대두 밭이었다. 투자 현장도 마찬가지였다. 이동하는 과정에 계속 드는 질문이 있었다. 우리 기업은

"왜 빈 땅이나 다름없는 이곳에 투자하는가?" 투자 기업은 미국에서 제품을 생산하여 바로 고객사들에게 공급하면 시장점유율을 높일 수 있을 것이다. 투자를 받는 미국도 첨단 산업 단지가 창출되는 효과를 얻을 것이다. 그러면 "투자국인 한국이 얻는 이익은 무엇인가?" 한국에서는 우리 기업들이 한국보다 미국에 더 많은 공장을 지음에 따라 국내 산업의 공동화 우려가 제기되고 있었다. 한국의 투자가 미국의 요구로 시작된 것이어서 더욱 그런 생각이 들었다. 그리고 이 질문은, "어쩌다 미국 제조업은 안보와 보건에서 중요하다고 생각하는 업종에서 스스로 국내 공급망을 구축할 수 없을 만큼 몰락했는가?"로 이어졌다. 이 질문에 대한 답을 얻는 것이 이 책의 목적이다.

◆ ◆

미국은 세계 최대 경제 대국이지만 미국의 쇼핑몰에서 팔리는 공산품들은 미국 국내에서 생산된 것이 거의 없다. 항공기, 자동차, 반도체, 제약 등 일부 산업에서 국내 생산이 있을 뿐 나머지는 거의 수입한다. 미국인들은 이러한 수입의존형 경제가 바람직하다고 생각하지는 않지만 그렇다고 1990년대 이후 진행된 세계화의 영향으로 인해 이 상황이 반드시 교정되어야 할 심각한 이슈로 발전되지도 않았다.

그러나 중국이 '세계의 공장' 역할을 하면서 중국의 제조업 생산액은 미국의 그것에 2배가 되었다. 미국 제조업이 양적으로 중국 제조업을 따라잡기는 불가능한 격차이다. 미국 제조업의 쇠퇴는 미국의 거시경제, 다른 산업, 군사·외교 등에 부정적 영향을 준다. 미국의 무역적자, 재정적자, 국가 채무는 계속 늘고 있다. 이 상태가 언제까지 지속될 수 있을지 의문이다. 대부분의 혁신은 제조업에서 일어나는 것을 고려하면 미국의 혁신 기반 상실도 예상된다. 미국의 서비스 산업도 강한 제조업의 물리적 실체 없이는 경쟁력을 잃을 가능성이 있다. 제조업의 부실은 미국의 전쟁 수행 능력이나 개도국에 대한 외교적 영향력도 떨어뜨린다.

결국, 코로나 때 중국의 공장이 가동을 멈추자 중국산 수입에 차질이 발생하면서 미국 제조업의 가동도 교란되었다. 중국 생산 편향과 취약한 국내 생산의 위험이 확인된 순간이었다. 이는 미국의 경제적 제재 수단이 상당 부분 중국에 넘어가 있는 것이기도 하다. 이후 미국은 반도체·고급패키징, 대용량 배터리, 광물·소재, 제약·원료, 재생에너지 등 안보·보건에 중요하다고 판단한 5개 업종에서 중국을 배제하고 국내에 공급망을 구축하고 있다. 이를 위해 2021~2022년 사이에 「인프라투자및고용법」, 「반도체과학법」, 「인플레이션감축법」, 「국가생명공학바이오제조이니셔티브」, 「생물보안법」(제정 중) 등이 마련되었다.

지난 30년간 진행된 세계화의 최대 수혜자는 '투자FDI : Foreign Direct Investment' 이다. 세계화 시대에 투자의 성장률은 무역이나 국제 생산의 성장률보다 더 컸고, 무역도 투자의 결과물이 되었다. 투자 없이는 국제 경제를 논할 수 없다. 한 국가의 경제력, 산업 경쟁력, 개방화 수준 등도 투자를 통해 파악할 만큼 중요해졌다. 투자의 최대 수혜국은 중국이다. 전 세계로부터 많은 투자를 받고 이를 기반으로 전 세계에 많이 투자했다. 중국은 개혁·개방 30년 만에 미국에 이어 세계 2위의 투자수용국이자 투자국이 되었다. 일본과 서유럽에 의해 경쟁력을 잠식당한 미국 제조업은 중국 제조업에 의해 결정타를 맞았다. 그리고 미국 제조업의 몰락과 중국 제조업의 부상은 미중의 '투자 전쟁'에 투영되고 있다.

중국은 양방향 FDI에서 세계 최대 양방향 FDI 국가인 미국을 턱밑까지 추격했다. 중국은 대규모 자본으로 서방 기업을 M&A하면서 첨단 기술을 확보하며 산업 경쟁력을 빠르게 높여왔다. 미국은 이러한 중국을 통제하기 위해 대중 양방향 투자 교류를 제한하기 시작했고, 중국 정점의 글로벌 가치사슬 재편을 추구한다. 중국의 금융·자본시장에 대한 진출 기회도 볼 것이다. 미중 투자 전쟁은 미중 패권 경쟁의 연장이고 장기화될 가능성이 높다.

미중 투자 전쟁은 한국 경제에게 기회이자 위협 요소이다. 미국 제조업은 중국 제조업에 대응하기가 버겁다. 중국의 투자 공세에 맞서기는커녕 국내에서 자체 역량으로 안보·보건 업종의 공급망 구축도 어렵다. 미국이 국내 제조업을 등한시하게 만든 세계화의 역습이다. 시간이 많지 않은 미국의 선택은 국내 공급망 구축을 위해 동맹국의 투자를 유치하는 것이다. 미국은 세계 최대 시장을 지렛대로 동맹국에게 '미국에서 팔려면 미국에서 만들어 달라'고 요구한다. 미국의 동맹국 중에서도 한국은 미국이 필요한 업종에 거의 모두 투자할 수 있는 유일한 나라이다. 지금 미국 제조업은 한국 제조업이 가장 필요하다.

미중 투자 전쟁은 한국 경제에 위협 요소도 된다. 한국은 세계화 속에서 미중에 자유롭게 무역·투자하면서 성장했다. 그러나 미국의 대중 경제 제재 동참 요구로 한국은 첨단 산업에서 대중 비즈니스의 축소가 불가피하다. 이는 다른 산업의 대중 교류에도 영향을 줄 것이다. 어느 나라나 발전하는 나라와 교류하면서 발전한다. 제조업 강국이 된 중국이 혁신 기지가 될 수 있는 환경에서 중국과의 비즈니스나 교류 제한은 우리에게 부정적 요소이다.

트럼프 2기 정부는 미국우선주의를 더욱 강화할 것이다. FDI 유치에도 적극 나설 것이다. 그가 선거 때 말했듯이 '제조업 대사'의 직책을 신설하여 전 세계 글로벌 기업을 상대로 대미 투자 유치 활동을 전개할 수 있다. 미중 경쟁에 대해서도 많은 뉴스가 쏟아져 나오지만 우리에게는 정확한 정보가 항상 부족하다. 우리는 직접적인 당사자가 아닌 전해 듣는 입장이고, 상황은 유동적이기 때문일 것이다. 이러한 상황에서 한국을 포함한 각국은 대응책 마련에 몰두하고 있다. 미중 경쟁을 투자의 관점에서 근본 배경과 현황을 이해하면 미래 예측이나 전략 수립에 도움이 될 것이다.

세계화를 거치면서 미중은 한국에게 가장 중요한 무역·투자 파트너가 되었다. 신냉전 시대라고 하지만 "과거 냉전 시대처럼 한쪽을 선, 다른 쪽을 악으로만 규정하는 것이 우리에게 이익인가?"라는 질문도 해본다. 이 책이 이에 대해서도 생각해 보는 기회가 되었으면 한다.

이 책의 구성이다. 1부의 '미국 제조업, 영광에서 암울함으로'에서는 강한 제조업을 기반으로 개방과 자유화의 세계화를 선도해온 미국 제조업의 번영과 쇠퇴를 살펴본다. 2부의 '제조업 쇠퇴가 부른 미국의 해외 투자 역량 약화'에서는 미국 제조업의 위상 변화가 미국의 해외직접투자에 어떻게 투영되었는지 설명한다. 3부의 '미중 FDI 전쟁'에서는 미국의 제조업의 쇠퇴와 중국 제조업의 부상에 따라 벌어지는 투자 전쟁의 현장을 살펴본다. 4부의 '미국을 구하는 한국 제조업의 대미 투자'에서는 왜 미국은 한국 제조업이 필요한지 설명한다. 그리고 한국 투자 기업, 투자국인 한국, 투자 수용국인 미국이 한국 기업의 대미 투자를 통해 얻는 이익을 설명한다. 지금 한국의 상황과 비슷하다고 판단되어 1980년대 시작된 일본차의 대미 투자 사례를 소개한다. 5부의 '트럼프 2기, 한국의 더 나은 내일의 건설'은 이 책의 결론에 해당된다. 앞의 내용에 근거하여 우리의 해외직접투자 전략과 미국 제조업의 번영과 쇠퇴에서 얻는 교훈을 정리한다.

◆ ◆ ◆

이 책의 출간을 위해 많은 분들의 도움을 받았다. 먼저 어려운 환경 속에서도 출판을 결정한 디아스포라 출판사의 손동민 사장님께 감사드린다. 이 책에는 2018~2024년 필자가 내일신문의 경제시평에 기고한 내용이 포함되어 있다. 오랜 기간 지면을 할애해 준 신문사에 감사하다. 중앙대 안충영 석좌교수님은 이 책의 방향과 핵심 내용에 대해 많은 조언을 주셨다. 포스코대우의 김선태 상무님은 국제 비즈니스 경험을 토론과 자료를 통해 도움을 주셨다. 외교부 이정관 대사님은 국제 정세에 대한 지식을 전

달해 주셨다. 서울과학종합대학원의 신호상 교수님은 내용을 꼼꼼히 점검해 주셨다. 코트라의 통상전문가인 김선화 위원님은 책의 구성과 내용에 대해 조언을 주셨다. KOTRA 정보는 일일이 인용 표시를 하지 못할 정도로 많이 활용되었다. 국내외적으로 어려운 시기에 KOTRA를 경영하시는 강경성 사장님과 매일 해외 시장 정보 수집에 여념이 없는 KOTRA 직원들에게 감사드린다. 시카고 무역관에 근무하면서 많은 이야기를 나누었던 동료들인 황선창 팀장님, 김형석 과장님, 이준섭 과장님, 정지혜 과장님, 정원섭 과장님에게도 감사드린다. 마지막으로 계속되는 원고 수정에도 매번 교정하고 의견을 준 아내 반미현, 집필을 응원해 준 큰 딸 예준, 그림과 도표를 그려준 작은 딸 연준에게도 감사를 전한다.

이영선

첫째 FDI란 한 나라의 기업이 다른 나라에서 지속적인 이익이나 상당한 영향력을 행사하기 위해 그 나라에 경영·생산·기술·마케팅 등의 경영 자원을 옮긴 후 현지에서 제조 또는 서비스하는 국제 경영의 한 방식이다. 수출이나 기술 라이선싱과 다른 방식이다. OECD도 "FDI는 한 나라가 다른 나라의 기업에 지속적인 이익이나 상당한 영향력을 행사하기 위해 국경을 넘어 투자하는 것이고, 의결권 있는 주식 총수의 10% 이상 소유하는 것을 그 관계로 본다"라고 정의한다.

둘째 FDI 용어는 가끔 방향성이 불명확할 때가 있고 국제직접투자, 해외 투자, 해외 투자 진출, 해외직접투자, 외국인직접투자 등 다양한 명칭이 사용된다. 이 책에서는 FDI 용어를 이렇게 통일한다. '투자'는 국경을 넘는 직접투자인 FDI$^{Foreign Direct Investment}$를 의미한다. 이는 주식을 사고팔아 시세 차익을 얻기 위한 간접투자(증권투자, 포트폴리오 투자)와는 다르다. 한 나라의 입장에서 자국 기업이 다른 나라에 투자하면 '해외직접투자$^{OFDI: Outward FDI}$'이고, 한 나라에 다른 나라 기업의 투자가 유입되면 '외국인직접투자$^{IFDI: Inward FDI}$'로 표기한다. 해외직접투자^{OFDI}를 'FDI 유출', 외국인직접투자^{IFDI}를 'FDI 유입'으로도 쓴다. 같은 투자 건이라도 어느 쪽에서 보느냐에 따라 용어상으로 해외직접투자나 외국인직접투자로 불리는 것이다. 투자가 양방향성의 의미가 있거나 그 방향성이 명확하면 단순히 '투자' 또는 'FDI'라고도 쓴다. 해외직접투자하는 기업의 모국은 '투자국$^{home country}$'이고, 이 투자를 받는 나라는 '투자수용국^{host country}'이다.

<u>셋째</u> 대부분은 UNCTAD 통계를 활용했지만 필요한 분석이나 입수 가능한 통계의 한계로 다른 통계도 활용했다. 플로 기준 통계액은 연간 투자액을 의미하고, 스톡 기준 통계액은 특정 연도 기준으로 누적 투자액에서 투자 회수액을 뺀 잔고액이다. 투자액은 모두 투자 당시의 금액 기준^{historical-cost basis}이다. 한국 산업통상자원부의 도착 기준 통계도 활용했는데 도착 기준 투자액은 투자가가 투자신고서에 기재한 금액 중 실제 한국에 들여온 투자액이다.

<u>넷째</u> 국제 경영 기업의 명칭은 '인터내셔널 기업^{international company}', '다국적 기업^{multinational company}', '글로벌 기업^{global company}', '초국적 기업^{transnational company}' 등 여러 명칭으로 불린다. 지금은 해외 투자도 하지만 원칙적으로 '인터내셔널 기업'은 투자는 하지 않고 무역만 하는 기업이다. 나머지 용어는 해외 투자 법인이 본사로부터 받은 권한의 정도에 따라 구분되는데 그 차이는 명확하지 않은 경우가 있다. 그리고 유행에 따라 명칭이 달라지기도 한다. 이 책에서는 원문을 직접 인용할 때를 빼고는 '글로벌 기업'으로 통일했다. 요즘은 '글로벌'이라는 용어가 유행하면서 '다국적 기업'보다는 '글로벌 기업'이 많이 쓰인다. 외국에 투자한 기업은 '외국인 투자 기업^{외투 기업}'으로 표현했다.

1부

미국 제조업, 영광에서 암울함으로

1. 미국 제조업의 역사적 성장

영국에서 얻은 FDI 긍정 효과와 미국의 해외직접투자

1890년에 미국 제조업은 영국 제조업을 추월했다. 이 당시 미국 최대의 제조업 도시이자 현재 뉴욕, LA에 이어 미국 3대 도시가 된 시카고는 이렇게 성장하고 있었다.

"시카고는 오대호와 미시시피강을 이어주는 육로 수송지로 발전하면서 빠르게 성장하고 있었다. 19세기 말 그 성장 속도는 무서울 정도였다. 이 도시에서 돈을 벌 기회가 계속 생기면서 50만 명 인구의 시카고 명성은 널리 퍼져갔고, 부와 직업을 찾는 흑인을 포함한 미국인과 유럽 이민자를 계속 끌어들였다. 시카고는 팽창하여 도심에서 시작된 도로와 주택은 부근의 120㎢까지 퍼져나갔다. 섬유, 철강, 석탄, 철도, 기계 등에서 대량 생산과 신기술을 기반으로 한 '대공업great industry'들이 들어서고 있었다. 철도 회사들의 적극적인 투자로 시카고는 미국 철도 교통의 중심지가 되고 있었다. 도심에서 시골 멀리까지 전차선이 연결되었고, 집 한 채만 있는 교외 지역에도 도로와 하수도가 설치되었다."

이러한 미국의 발전에 가장 크게 기여한 나라는 영국이다.[1] Greenspan & Wooldridge(2019)는 '미국이 스페인이나 벨기에의 식민지가 되지 않은 것은 행운이었다. 미국은 대항해시대를 열었으나 이후 쇠퇴한 포르투갈이나 스페인의 지배를 받은 남미의 브라질이나 아르헨티나와 다른 길을 걸을 수 있었다'고 말했다. 미국은 산업혁명이 최초로 일어난 당시 최고의 제국인 영국에서 산업과 이민자를 받아들였다. 영국의 공장, 제철소, 전시회 등에 사람을 보내서 공식 또는 비공식적인 방법으로 산업 기술을 입수했고, 주식시장, 상품거래소, 특허법 등 영국의 경제 시스템을 모방했다. 19세기 중반까지 미국은 생산성 향상을 위한 대부분의 기술을 영국에서 훔쳐 왔다.

19세기 초 시작된 미국의 직물 산업도 사무엘 슬레이터Samuel Slater, 1768~1835가 21살에 영국에서 미국으로 몰래 가져온 방직기의 설계 기술로 시작되었다. 그는 영국에게는 '반역자Slater the Traitor'였지만 미국에서는 '미국 산업혁명의 아버지'로 불린다.[2] 현대의 개도국들이 선진국으로부터의 FDI를 유치하면서 발전하듯이 미국도 영국을 비롯한 유럽에서 끊임없이 자본, 기술, 노동력을 조달하면서 발전할 수 있었다. FDI 유입의 긍정 효과가 미국 경제의 초기부터 작용하고 있었다.

미국 경제는 '자원 혁명', '운송 혁명', '정보 혁명', '전기 혁명'의 과정을 거치며 발전했는데,[3] 각 혁명의 선도기업들은 국내 시장을 석권한 후 새로운 시장을 찾아 해외에 투자하기 시작했다. 당시만 해도 이들의 투자

대상 지역은 전 세계에서 소득 수준이 가장 높고 미국과 역사적·문화적으로 유대감이 많은 유럽이었다.

먼저 '자원 혁명'이다. 미국은 1800년까지만 해도 모든 에너지를 목재에서 얻었으나 이후 석탄으로 빠르게 옮겨갔다. 석탄은 증기 기관의 연료나 철광석을 뽑기 위한 원료로 쓰였다. '상업commerce은 대통령, 석탄은 국무부 장관'이라는 말이 있을 만큼 석탄은 중요했다. 1859년 펜실베이니아에서 석유가 발견되면서 미국에 석유 시대가 열렸다. 석유는 처음에는 조명과 기계의 윤활유로 사용되다가 연료로 확대되었다. 미국이 자체적으로 생산에서 소비까지를 일군 산업이다.[4]

석유의 선도기업은 록펠러의 스탠더드 오일이다. 각 주의 석유 회사들을 통합하여 생산·정유·유통·마케팅의 종합 석유 회사가 되었다. 그러나 1911년 반 트러스트법인 셔먼법Sherman Act에 따라 33개 회사로 분할된 이후 수차례의 M&A 끝에 현재는 엑슨모빌ExxonMobil, 쉐브론Chevron, 마라톤Marathon, BPThe British Petroleum Company 등으로 남아 있다. 1933년 스탠더드 오일 캘리포니아는 세계 최대 석유 회사인 사우디아람코Saudi Arabian American Oil Company에 투자하는 등 각국의 석유 산업에 활발하게 투자했다. 사우디아람코는 1980년 사우디아라비아의 석유 산업 국유화 정책으로 현재는 100% 사우디아라비아 회사가 되었다. 한국에서도 1897년 스탠더드 오일의 석유가 당시 국내 유일의 석유 회사였으나, 1920년 이후 미국 텍사코와 영국 쉘이 들어왔다. 칼텍스(쉐브론 계열)는 1967년 GS칼텍스에 지분 50%를 투자하여 현재에 이르고, 걸프(쉐브론 및 힌두자 그룹의 계열사)도 1962년 대한석유공사(현재 SK에너지)에 투자했으나 철수했다.[5] 석유 산업(채취·정제·판매 포함)의 적극적인 해외직접투자의 결과 1982년까지만 해도 미국의 총 해외직접투자에서 석유 산업이 차지하는 비중은 27.8%에 달했다. 그러나 1970년대 산유국들의 석유 산업 국유화, 탈석유화 등의 영향으로 석유는 광업에 포함되고도 미국의 해외직접투자에서 차지하는 비중이 2.7%(2019년 기준)에 불과할 정도로 크게 축소되었다.

　운송 혁명은 1800년대부터 도로turnpike, 운하, 철도, 자동차로 발전했다. 운하의 증기선은 크고 무거운 화물을 옮길 수 있어서 물류비를 크게 낮추었다. 운하는 미국 경제가 서부로 확장하는 데 기여했고, 운하의 부근 도시인 버펄로, 디트로이트, 클리블랜드, 시카고 등을 번성시켰다. 그러나 1830년에 설치되기 시작한 철도가 운하를 대체하기 시작했다. 물길만 다닐 수 있거나 겨울철에는 결빙되는 운하에 비해 철도는 계절에 관계없이 곡물, 광물, 목재 등 다양한 상품을 빠르게 운송했다. 상품의 운송이 자유로워지자 지역별 생산 전문화도 일어났다. 1908년 포드자동차가 T모델의 대량 생산을 시작하면서 자동차의 대중화 시대가 열렸다. 포드는 GM, 크라이슬러(현 스텔란티스)와 함께 미국의 빅3가 되었다. 포드는 1920년대에 아일랜드와 영국에 자동차 생산 공장을 세웠고 이후 재규어, 랜드로버, 볼보, 아스톤마틴 등 외국 자동차를 인수했다. 1908년 설립된 GM은 뷰익, 캐딜락, 폰티악 등을 포함해 1920년대까지 39개 회사를 인수했고, 덴마크와 벨기에 등에 생산 공장을 세웠다. 1930년대에는 포드를 누르고 1위 기업이 되었다. 1960년대 초 GM은 미국의 자동차 시장점유율이 50%를 넘어섰고 세계 시장점유율도 30%에 달했다. 1960년대 중반에 포드와 GM은 유럽에서 피아트에 이어 각각 2·3위의 자동차 제조업체가 되었다.[6]

　정보 혁명은 전신이 열었다. 전신망에 정보가 흐르자 미국의 동부, 중부, 서부는 한 시장으로 연결되었다. 1866년 설치된 미국과 대서양을 연

그림 1 | 미국의 국도 제66호(US Route 66) 1926년 완공된 일리노이주 시카고와 캘리포니아주 산타모니카를 잇는 길이 3,945km의 미국 최초의 동서 횡단 도로이다. 미국 경제 불황기에 많은 미국인들이 이 길을 따라 서부로 이주하면서 많은 소설과 영화 등의 무대가 되었다.

결하는 케이블은 미국의 뉴욕·샌프란시스코와 유럽을 연결했다. 전신은 이후 전화, 라디오, TV, 인터넷의 발전으로 이어졌다. 특히, 1920년 라디오로 미국인들이 뉴스를 같이 듣게 되면서 공동체 의식이 높아지고, 스포츠·오락의 대중문화가 발전하는 계기가 되었다. 라디오와 TV의 대표적인 기업은 GE, AT&T, Westinghouse의 합작사인 RCA^{Radio Corporation of America}이다. 이 기업들은 해외에도 적극 투자했다.

1920년대는 '전기 혁명'의 시대이다. 1878년부터 전구가 선보이기 시작한 이후 발전소와 전력망이 빠르게 보급되었고 공장의 동력원도 증기에서 모터로 바뀌었다. '전기 혁명'에서 대표 기업은 1892년 J.P. Morgan의 주선으로 Edison General Electric과 Thompson Houston이 합병하여 탄생한 GE^{General Electric}이다. 1920년대부터 미국의 가정은 이 회사가 만든 세탁기, 청소기, 다리미, 재봉기, 세탁기, 히터 등을 쓰기 시작했다. 현재에도 GE는 전기전자, 항공기 엔진, 의료 장비, 3D 프린팅 장비, 재생 에너지, 발전 설비, 금융 등 다양한 사업군을 갖고 있다. 해외직접투자도 활발해서 오랫동안 해외 투자 자산이 가장 많은 기업이었다.

개척 시대가 잉태한 강한 노동윤리

미국 경제가 발전할 때 미국인들이 노동에 가졌던 절박함의 자세는 시카고에 있는 스웨덴 박물관Swedish American Museum이 잘 보여준다. 이 박물관은 스웨덴 사람들이 미국에 오게 된 배경을 설명하는데 이들에게 미국은 과거의 절망을 잊고 새 삶을 시작할 수 있는 기회의 땅이었다. 다른 유럽 이민자들도 스웨덴 이민자와 크게 다르지 않은 배경에서 미국에 왔다.

"1800년대 스웨덴은 인구 증가로 경작지가 부족했다. 1850년에 인구의 90%는 시골에서 농사를 지으며 가난하게 살았다. 더욱이 1866~1868년에는 심한 가뭄으로 경제 위기가 심화되었다. 사람들은 사회와 정치에 대해서 불만이 커졌고 종교적 자유도 원했다. 강제 징병도 원하지 않았다. 반면, 대서양 건너 미국은 경제적으로 호황이어서 제조업이 발전하고 있었고, 노동력이 필요했다. 미국은 1862년 공유지 불하법Homestead Act[1]으로 농사를 짓는 사람에게는 땅을 무료로 나누어 주고 있었다. 스웨덴의 신문이나 미국으로 먼저 간 친지들은 미국이 약속

---

1 연방 정부가 서부 개척 시대에 개척 이민자에게 무료로 공유지를 불하하기 위한 법이다. 자격 요건은 21세 이상 또는 가구의 대표로서 미국 시민이고 미국에 대항해서 싸우거나 미국의 적을 돕지 않는 사람이다.

의 땅이라며 배표를 보내주었다."

미국의 개척 시대에 이민자들은 '아메리칸 드림^{American Dream}'을 안고 기독교 신앙에 바탕을 둔 극기와 근면의 강한 노동윤리를 가졌다. 지금도 미국 학생들은 매주 학교의 조회 때 가슴에 손을 얹고 국기를 보며 하나님 아래 한 국가라는 '충성 맹세[2]'를 한다. 미국은 시작부터 개인에게 주어진 무한한 기회와 성장, 부의 축적을 중요시했다. 개인 부의 축적은 타인에게 의존하지 않고 개인을 자유롭게 하는 수단이라고 보았다. 성공은 99% 노력과 1% 재능으로 이루어진다고 믿었다. 이러한 사상 때문에 미국인은 국가가 기업을 소유하고 자유로운 비즈니스를 허용하지 않는 공산주의를 용납할 수 없다.

미국 건국의 아버지인 벤저민 프랭클린(1706~1790)은 성실함과 치밀함으로 자수성가해 거부가 된 '아메리칸 드림'의 상징이다. 그는 아들에게 주는 편지의 형식으로 쓴 〈벤저민 프랭클린 자서전, 1793〉에서 성공을 위해 절제, 과묵, 질서, 결단력, 검약, 근면, 성실, 정의, 중용, 청결, 침착, 정결, 겸손 등 13가지 덕목을 말했다. 그 요지는 철저한 자기 관리를 위한 검약과 절제이다. 당시 미국에 온 유럽인들도 "미국인은 비즈니스와 돈에 집착하는 사람들이다", "빈둥거리는 사람은 미국에 들어올 수 없다", "유럽인에게 음식과 의복이 중요하듯 미국인에게는 노동이 필수이다", "미국

---

2 충성 맹세(The pledge of allegiance): "나는 미합중국의 국기에 대해, 그리고 이것이 표상하는, 모든 사람을 위해 자유와 정의가 함께하고 신 아래 갈라질 수 없는 하나의 국가인 공화국에 대해 충성을 맹세합니다."(I pledge allegiance to the flag of the United States of America, and to the republic for which it stands: one nation, under God, indivisible, with liberty and justice for all.)

전체가 공장 같다"고 미국을 묘사했다.[7]

〈유러피언 드림〉을 쓴 미국의 경제학자이자 사회학자인 제러미 리프킨의 미국과 유럽의 문화 차이에 대한 설명에서도 두 대륙의 노동에 대한 인식 차이를 알 수 있다. "유러피언 드림은 아메리칸 드림에 비해 개인의 자유보다 공동체의 관계를, 동화보다는 문화적 다양성을, 부의 축적보다 삶의 질을, 무제한적 발전보다는 지속가능한 개발을, 무자비한 노력보다는 온전함을 느끼거나 삶의 의미를 깨닫고 희열을 느낄 수 있는 심오한 놀이를, 재산권보다는 보편적 인권과 자연의 권리를, 일방적인 무력 행사보다는 다원적 협력을 추구한다". 미국이 유럽보다 더 개인주의적이고 경제성을 추구한다는 것이다.

강한 노동윤리는 미국인이 기본적 욕구를 충족한 후에도 더 오래 일하고, 기업가는 발명과 창업을 통해서 잉여 가치를 창출하도록 만들었다. 이는 미국이 유럽을 앞지르고 산업과 대도시를 건설하는 데 밑거름이 되었다. 미국이 두 차례의 세계대전에서 승전국이 될 수 있었던 것도 강한 노동윤리 때문이다. 전시에 국가는 이해관계자들을 통제하고 자원을 효율적으로 집중하면서 경제를 지휘했다. 연구소와 기업은 신기술을 개발하고 군수 물자를 대량 생산했다. 가계는 강한 노동윤리의 인력을 기업에 공급했다. 이와 같은 역사적 배경 때문에 지금도 미국인은 서유럽인보다 더 오래 일한다. 2021년 기준으로 미국의 노동시간은 연간 1,810시간으로서 OECD 38개국 중에서 10위로서 서유럽의 어느 나라보다 높다. 미국인은 프랑스인의 한 달 여름휴가를 타락으로 보기도 한다.

세계가 채택한 생산방식, '포드주의'(fordism)

두 차례의 세계대전을 치르면서 급성장한 미국 기업은 기술력, 생산성, 경영·조직관리, 전문성에서 유럽 기업을 압도했다. 1960년대 중반 미국 기업은 유럽에서 판매되는 컴퓨터의 80% 이상을 생산했다. 영국에서는 자동차, 진공청소기, 전기면도기, 필름, 면도날, 아침용 시리얼, 감자칩, 이유식, 치즈, 커스터드 파우더, 재봉틀, 타자기 등에서 미국 기업의 시장점유율이 50%를 넘었다. 당시 영국의 경제학자 케인즈는 미제 공산품이 유럽 시장을 석권하는 것을 보고는 우려가 현실이 되었다며 안타까워했다.[8]

미국 경제는 어떤 생산 방식을 채택하여 이렇게 성공했는가? 그것은 '포드주의fordism'라고 할 수 있다. 포드주의란 포드자동차가 자동차 제조 공정에 처음 도입한 생산 시스템이다. 이동하는 컨베이어 벨트에 표준화된 부품을 올려놓고 표준화된 기계와 공구를 투입하여 분업화된 노동자가 동일한 제품을 반복 생산하는 표준화된 생산 방식이다. 제품 생산 공정의 단순화, 부품과 공구의 호환성 제고, 작업자 능률 향상 등을 통해 제조업의 대량 생산 시대를 열었다. 포드주의를 채택한 미국차는 세계 시장을 석권했다. 포드주의는 자본주의나 공산주의에 관계없이 전 세계가 채택한 생산 방식이다.

제조업에서 시작한 포드주의는 서비스 산업으로 확장되었다. 프렌차이즈의 천국 미국에서 각종 매장도 포드주의를 채택하고 있다. 미국인이 즐겨 먹는 샌드위치 패스트푸드점 팟벨리PotBelly가 있다. 이 매장에 들어선 손님은 서비스 통로를 따라가면서 고유 업무가 부여된 종업원들에게 선택을 이야기하면 된다. 먼저 손님은 냉장고에서 음료를 직접 선택한다. 앞으로 나아가서 첫 번째 종업원에게 원하는 빵, 치즈, 샌드위치의 종류를 말한

그림 2 | Harley Davison 오토바이(1973 Rhinestone Electra Glide 모델) 1970년대 미국의 유명 가수 글렌 캠벨(1936-2017)이 탔다는 이 오토바이의 화려함은 미국의 전성기를 상징하는 것 같다.

(자료 : 위스콘신주 밀워키의 Harley-Davidson 박물관)

다. 종업원은 손님이 선택한 빵에 고기, 치즈를 넣고 전기오븐에 넣는다. 전기오븐에서 샌드위치가 나오면 두 번째 직원은 손님의 요청에 따라 야채와 소스를 넣는다. 손님은 3번째에 있는 계산대의 직원에게 비용을 지불하고 완성된 샌드위치를 받는다. 컨베이어 벨트 같은 서비스 통로를 지나면서 짧은 시간에 하나의 샌드위치가 완성된다. 점심 때 한꺼번에 많은 손님들이 몰려와도 분업화된 종업원들은 한두 걸음 이내에 설치된 반자동화된 장비들을 조작하면서 재빨리 주문을 처리할 수 있다. 코로나 때 구인난과 직원들의 잦은 이직에도 불구하고 맥도날드 등과 같은 패스트푸드점이 큰 문제없이 운영될 수 있었던 것은 이 같은 포드주의 방식 때문이었다. 패스트푸드점은 세분화된 업무 분장으로 숙련 근로자의 수요를 최소화하면서 새로 뽑은 직원을 몇 시간만 교육시켜 현장에 바로 투입할 수 있었다.

미국의 고속도로를 달리면 운전자들은 주기적으로 등장하는 식당, 모텔, 쇼핑센터, 주유소 등에서 표준화된 서비스를 받을 수 있다. 동부 뉴욕의 스타벅스 커피 맛과 뉴욕에서 4,500km 떨어진 서부 LA의 스타벅스 커피 맛이 같다. 또한 미국의 철도, 고속도로, 운하, 항공 등은 운송 수단이 달라도 물류 시스템이 표준화되어 있어서 물류비를 낮추고 신속하게 운반된다. 사람들의 옷차림도 표준화되어 있다. 시카고의 어느 매장을 가도 남성용 캐주얼 긴팔 셔츠는 찾을 수 없다. 백화점, 의류 매장, 스포츠용품점은 물론이고 만물상 아마존에도 그런 옷은 없다. 그런 옷은 정장용 셔츠에만 있을 뿐이다. 여름에 거리의 사람들은 캐주얼 차림으로 한결같이 칼라collar가 없었고, 칼라가 있으면 반팔이었다. 그리고 금요일 아침 출근하는 기차 안, 남자의 90%는 청바지 차림이다.

도시와 주택도 표준화된 방식으로 개발되었다. 어느 주를 가더라도 도시의 중앙에는 도로원표zero point의 역할을 하는 십자 도로가 있고 이곳에서 동서남북으로 관공서, 전몰 군인 추모 시설, 비즈니스 구역, 공원, 경기장 등이 배치된다. 도시는 블록 단위로 구역이 나누어져 있어서 보행자는 한 지점에서 다른 지점으로 이동할 때 방향 감각을 유지할 수 있고, 이동 거리도 쉽게 가늠할 수 있다. 도심에서 동서남북으로 뻗은 고속도로는 표준화된 방식으로 개발된 교외의 주택 단지들과 연결된다. 미국의 포드주의는 미국인의 의식주에도 깊이 자리 잡고 있다. 포드주의의 표준화는 광대한 영토에 여러 민족이 사는 미국에 강한 동질성을 부여했다.

미국 기업의 성장 전략은 M&A

미국 경제 120년은 M&A 역사라고 할 만큼 미국 기업의 성장에는 M&A 가 깊숙이 자리 잡고 있다. 미국 기업은 시장점유율 제고, 첨단 기술 확보, 사업 다각화 또는 사업 전문화, 경영·생산·R&D·마케팅의 효율화 등을 위해 M&A를 적극 활용했다. 미국 기업은 국내 기업의 M&A에서 나아가 해외 기업에 대한 국제 M&A[cross-border M&A]에도 적극 나섰다. 1980년대 이전만 해도 국제 M&A는 미국 기업의 영역이었으나 이후 유럽, 일본의 기업들로 확산되었다.

　미국 기업은 세계화로 세계 시장에서 경쟁이 치열해지자 국제 M&A를 적극 추구했다. 현지 시장의 점유율을 빠르게 높이기 위해 그린필드보다 M&A를 선택했다. 빠른 기술 발달로 제품 수명 주기가 단축되고 신제품 개발에 큰 자금이 필요하자 동종 업계의 전략자산을 확보하거나 R&D 자원을 공유하기 위한 M&A도 많아졌다. 기업 특유의 기술이 필요한 그린필드 투자와 달리 M&A는 자금과 경영 능력만 있으면 되기 때문에 전 세계의 금융·자본시장의 발달도 대규모 국제 M&A를 가능케 했다.

　M&A란 합병[Merger]와 인수[Acquisition]의 합성어이다. 합병은 독립된 회사가 한 회사로 합쳐지는 것이고, 인수는 한 기업이 다른 기업의 경영권을 획득하는 것이다. 전 세계적으로 합병보다는 인수, 인수 지분율 50% 미만보다는 100% 인수, 수직적 보다는 수평적 M&A, 재무적 보다는 전략적 M&A, 적대적 보다는 우호적 M&A가 많다(UNCTAD, 2000; UNCTAD, 2004).[9]

　Martynova & Renneboog(2008)[10]에 따르면 1890년 이후 미국에는 5번의 M&A 붐이 있었다. 이 붐은 공통적으로 경기 회복, 신용 팽창, 주식

시장 활황, 산업·기술 발전, 금융·자본시장 발전 등으로 시작되었고, 주식 시장이 침체에 들어가면서 꺼졌다. 그 내용은 다음과 같다.

시기 1(1890-1903)의 M&A는 미국 국내에서 일어났다. 산업 기술의 발전 및 혁신, 경제 팽창, 신규 회사 설립법 발효, 활발한 주식 거래 등이 M&A의 촉진 요인이었다. 유압 동력hydraulic power, 섬유, 철강 등에서 동종 기업 간 수평적 M&A가 많았고 산업별 대형 기업이 탄생했다. 이때의 M&A는 미국 산업의 지형을 크게 바꾸었다.

시기 2(1910년대~1929)의 M&A도 미국 국내에서 있었다. 앞 시기의 M&A에서 제외된 나머지 중소기업들이 '규모의 경제'를 실현하기 위해 M&A에 나섰다. 이 결과 증기 기관steam engine, 철강, 철도 등에서 2~3개 기업의 과점 체제가 형성되었다. 시기 1에서 탄생한 독과점 기업은 투자 자금이 부족하거나 반독점법 위반 가능성 때문에 시기 2 때에는 추가적인 M&A에 나서지 않았다. 1929년 대공황이 시작되면서 이 붐은 꺼졌다. 이후 불황과 2차 세계대전 발발로 1950년까지 M&A는 침체기에 들어갔다.

시기 3(1950~1973)은 미국 경제의 호황기로서 20년간 M&A 붐이 있었다. 반 트러스트 법의 도입으로 기업 경쟁이 유발되었다. 기업들은 사업 다각화를 추구하면서 본업 이외의 다른 산업에도 진입했다. 이는 기존 단일 업종에서 오는 수익의 불안정을 보완했다. 전기, 화학, 내연 기관 등에서 M&A가 많았다. 이 붐은 1973년 오일쇼크가 발생하면서 꺼졌다. 한편, 1960대 초부터는 영국에서도 M&A가 시작되었다.

시기 4(1981~1989)는 사업 다각화에서 다시 사업 전문화로 전환된 시기이다. 기업들은 1960년대의 사업 다각화로 발생한 비효율을 제거하기 위해서 M&A를 통해 구조조정하면서 전문화했다. 반 트러스트 법에 의한 경쟁 촉진, 금융 산업에 대한 규제 완화, 정크본드 등 새로운 금융 수단 도입, 금융시장 발전, 전자 산업 발전 등이 M&A를 촉진했다. 기업 분할, 적대적 인수, 비공개 거래 등을 통해 석유화학, 항공, 전자, 통신기술 등에서 M&A가 많았다. 1987년 주식시장 침체로 M&A 붐은 끝났다. 미국 기업은 1993년 EU 출범에 대비해서 1980년대부터 유럽의 전자, 컴퓨터, 통신, 정밀화학, 통신장비 등의 기업을 국제 M&A했다.[11]

시기 5(1993~2001)는 세계화, 기술 혁신, 규제 완화, 민영화, 금융·자본시장 활황 등이 M&A를 촉진했다. 정보통신에서 M&A가 많았고, 국제 M&A도 본격화되었다. 세계화로 글로벌 경쟁이 치열해지자 미국 기업은 해외 시장을 확보하기 위해 유럽이나 아시아 기업을 인수했다. 해외 유망 기업에 대한 M&A를 위해 글로벌 기업들은 자회사로 벤처캐피털corporate venture capital을 두기도 한다. 유럽도 미국이나 영국처럼 M&A에 적극 나섰다. 이 붐은 2000년의 자본시장에서 IT 거품이 꺼지면서 끝났다. 그러나 2003년 이후부터 국제 M&A가 다시 증가했고 2008년 글로벌 금융 위기로 이 붐은 꺼졌다.

지금 전 세계 디지털 경제를 이끄는 애플, 마이크로소프트, 아마존, 구글, 페이스북 등 기술대기업technology giants도 M&A가 중요한 성장 전략이다. 이들은 컴퓨터 기술로 비즈니스를 시작했기 때문에 기술대기업이라고 불리는데 미국 주식시장에서 시가 총액 상위 1~6위를 휩쓴다. 과거에 이 자리에는 버크셔해서웨이(재무적 투자), 월마트(유통), 존슨앤존슨(제약), JP모건체이스(금융), 비자(신용카드), P&G(소비재) 등이 있었다. 기술대기업의 성공은 창업자의 혁신 역량이 근본이다. 그렇지만 이들이 애플(1976년 창업)을 제외하고는 1990년대 중반 이후 창업된 비교적 짧은 역사에도 불구하고 빠르게 성장한 배경에는 M&A를 통해 신기술, 신시장, 신사업을 확보했기 때문이다. M&A 건수를 보아도 이를 알 수 있다. 애플은 미국 국내 기업 80개사, 해외 기업 42개사 등 총 122개사를 M&A했다. 마이크로소프트는 244개사(국내 171개사, 해외 73개사), 아마존은 104개사(76개사, 28개사), 구글은 241개사(177개사, 64개사), 페이스북은 89개사(62개사, 27개사), 테슬라는 6개사(4개사, 2개사)를 M&A했다. 테슬라를 제외하고는 M&A가 많다.

기술대기업의 또 다른 이름은 기술재벌technology conglomerate이다. 이렇게 불리는 이유는 이들이 창업 때의 업종에서 벗어나 다양한 업종으로 비즈니스가 확장되었기 때문이다. 이 또한, 타 분야의 기업을 M&A한 결과이다. 1990년대 미국은 수십 개의 비관련 계열사를 거느린 한국 재벌 기업을 전문성 없는 경영이라고 비판했지만 미국 기술대기업도 이에 못지않다. 온라인 서점에서 시작하여 미국의 전자상거래의 만물상이 된 아마존은 온라인 약국, 식료품업, 위성 발사, 클라우드 컴퓨팅 등의 사업도 한다. 아마존의 레이더에 안 걸린 소매 분야는 없을 정도이다. 구글은 검색 엔진으로 시작하여 이제는 이동전화 운영 시스템, 유튜브, 인공지능, 클라우드 컴퓨팅 등도 핵심 사업으로 갖고 있다. 구글은 2006년 유튜브를 16억 달러라는 당시로서는 엄청난 금액을 주고 인수했는데 지금 유튜브는 3주면 이 액수를 번다. 애플은 컴퓨터와 S/W에서 시작하여 이동전화, 앱장터, 음악 스트리밍, 헬스케어 등으로 확장했고, 이제는 자율자동차까지 넘본다. 페이스북은 M&A로 인스타그램, 왓츠앱, 메신저 등을 사업군에 추가하여 소셜미디어 제국이 되었다. 이들의 시장 지배력이 커지자 미국 정부와 의회는 기술대기업의 반경쟁 행위를 조사하고 있을 정도이다.

2. 세계화의 역습, 미국 제조업의 몰락

미국 제조업 쇠퇴

시카고에서 남쪽으로 30분 정도 가면 인디애나주의 '게리'라는 도시가 있다. 마이클 잭슨이 태어난 곳으로도 유명한데, 한때 미국 제조업의 상징적인 도시 중 하나였던 곳이다. 이곳의 US Steel 공장은 1970년까지만 해도 근로자가 3만 명에 달했으나 일본, 한국, 중국 등의 철강에 경쟁력을 잃으면서 2015년에는 5천 명으로 줄었다. 이 지역의 다른 공장들도 대부분 가동이 중단되었고, 강가에 도착한 바지선에서 공장까지 원료를 날랐을 컨베이어 벨트와 철도도 녹슨 채 방치되어 있다. 사람들이 떠난 빈집이나 중서부[3]에서 가장 컸다는 교회도 폐허처럼 남아 있다. 마이클 잭슨의 생가에도 찾는 사람은 거의 없다. 공장들이 문을 닫자 실업은 늘고, 범죄율이 치솟아서 지금은 미국에서 가장 위험한 도시가 되었다. 이곳은 록펠러나 카네기의 시대에 운하나 철도로 번성했던 버펄로, 클리블랜드, 디트로이트, 뉴올리언스, 피츠버그, 세인트루이스 등의 '녹슨 지대', 일명 '러스트 벨트 rust belt'의 전형이 되었다.

3　중서부는 일리노이, 인디애나, 미주리, 노스다코타, 사우스다코타, 네브래스카, 아이오와, 미네소타, 위스콘신, 캔자스, 미시간, 오하이오 등 12개 주이다.

그림 3 | 미국의 녹슨 지대(rust belt, 청색)와 자동차 지대(automobile alley, 점선)

일명 'Motown'으로 불리는 자동차 도시인 디트로이트에는 헨리 포드
박물관 Henry Ford Museum of American Innovation 이 있다. 이 박물관은 독일과 일
본의 자동차가 처음 미국에 수입되었을 때의 미국 분위기와 미국 제조업
이 경쟁력을 잃기 시작한 상황을 이렇게 소개한다.

"1949년 독일에서 온 딱정벌레 모양의 재밌게 생긴 차 2대가 뉴욕에 도
착했다. 이 독일 폭스바겐 차는 미국차와 달리 엔진이 뒤에 있고 트렁크
는 앞에 있었는데 튼튼하며 경제성도 있었다. 미국의 젊은 층에서 큰 호
응을 받았다. 10년 후 미국은 이 차를 매년 12만 대씩 수입하고 있었다.
또한 일본 토요타의 코로나 자동차가 1958년 미국에 처음 진출했을 때
는 작고 느리다고 혹평을 받았다. 당시 미국인은 '일본제'를 '저품질'이

라고 외면했다. 1965년에 코로나는 다시 돌아왔다. 그런데 과거와 달랐다. 빠르고 품질 수준은 높아서 미국 소비자들로부터 신뢰를 얻기 시작했다. 1970년대 초반이 되었을 때 토요타는 미국 동부 지역까지 딜러망을 구축했다. 대신, 미국인들은 크고 연료 소비가 많은 미국차를 외면하기 시작했다."

1970년대 두 차례의 오일쇼크[4]로 미국인의 선호가 고연비·저효율의 미국차에서 소형차로 바뀌자 독일과 일본은 미국에서 직접 자동차를 생산하기 시작했다. 독일 폭스바겐은 1976년 펜실베이니아주 뉴스탠튼에 있는 크라이슬러로부터 공장을 인수하여 생산을 시작했다. 1978년까지 폭스바겐은 하루 800대의 래빗rabbit 모델을 생산했다. 일본도 1980년대부터 미국에서 자동차를 직접 생산했다. 이 당시 일본차의 대미 투자는 4부에서 별도로 설명했다.

위 사례에서 보듯이 미국 제조업은 1970년대부터 서서히 쇠퇴하기 시작했다. 미국 경제는 1970년대 들어서 베트남 전쟁의 여파, 1973년과 1979년 2차례의 오일쇼크 등으로 저성장, 고인플레이션, 고실업의 삼중고를 겪기 시작했다. 1973~1986년 미국 경제의 생산성 증가율은 1960~1973년의 절반으로 떨어졌다. 1900년대 미국의 자동차, 전기전자 등 신산업이 당시 제조업 강국인 영국을 압도했듯이 1970년대부터는 일

---

4 1973년 이스라엘-아랍전쟁 때 미국이 이스라엘을 지원하자 이에 대한 보복으로 아랍은 1973년 미국에 대한 석유 수출을 금지했다. 석유 가격의 상승으로 미국에서 인플레이션이 발생했다. 1979년 이란 혁명으로 이란의 대미 석유 수출이 감소하자 석유 가격이 다시 상승했다. 1980년 미국의 인플레이션은 14.8%에 달했는데 인플레이션 억제를 위한 통화 긴축과 여신 규제는 경기 침체를 불러왔다.

그림 4 | 녹슨 지대의 공장 모습

본과 독일이 미국의 자동차, 철강, 전기전자 등을 앞지르기 시작했다. 이 당시 미국에서는 '미국의 시대는 끝났다', '1900년대 초 영국과 닮았다'는 등 암울한 분위기가 사회를 지배했다. 외국 기업이 미국 시장을 잠식하자 미국에서는 세계화에 대한 우려도 일었다.[12]

　이후에도 미국 제조업은 계속 쇠퇴했다. 세계 1위 제조업 국가의 지위도 중국에 내주어 세계 2위가 되었다. 미국 제조업 생산액은 2.5조 달러로서 중국의 4.8조 달러의 1/2 수준에 불과하다. 물론, 미국 제조업은 세계 2위로서 아직도 세계적인 제조업 국가라고 말할 수 있다. 그러나 문제는 과거 자원·운송·정보·전기 혁명을 이끌었던 때와 달리 혁신 제품을 만들지 못하며 대부분의 미국산 제품은 해외에 수출할 만큼의 국제 경쟁력을 갖고 있지 못하다는 것이다. 이것은 미국 제조업의 미래 전망을 어둡게 하는 요소이다.

제조업의 쇠퇴는 제조업에서 끝나지 않고 서비스 산업에도 부정적인 영향을 준다. 특히, 현대 산업은 서비스 산업과 제조업이 융·복합되어 있다. 토털 솔루션total solution이라는 말이 있듯이 기계 작동에 필요한 S/W(엔지니어링, 통제·정보시스템), 유지·보수, 사용 교육 등의 서비스와 결합되어 있다. 다시 말하면 서비스 산업은 비즈니스 서비스(기업 경영을 위한 컨설팅, 마케팅, 재무회계, 법률 등), 통신, 건설·엔지니어링, 물류, 교육, 환경, 파이낸싱, 보건, 관광·여행, 레크리에이션, 문화·스포츠, 운송 등인데 이 업종들은 제조업의 물리적 기반이 없으면 가동되지 않는다. 예를 들어 지난 2024년 미국에서 보잉737 맥스 기종이 이륙 직후 문이 뜯겨 나가는 사고가 발생했다. 유나이티드 항공은 즉시 이 기종 79대의 운항을 중단하면서 매출에 큰 손실을 보았다. 항공 서비스는 항공기 제조업과 연결되어 있는 것이다. 또한, 제조업은 서비스 산업에 후광 효과를 제공하기도 한다. 지금 한류가 세계적으로 각광받는 것도 한국이 반도체, 디스플레이 등 첨단 제조업을 이끌고 있는 것과 무관하지 않은 것처럼 미제 공산품이 최고로 통할 때 세계는 미국 문화를 동경하고 존중했다. 이는 미국의 영화, 음악 등에 대한 수요로 이어졌다.

MIT의 진단과 제언

1989년 미국 매사추세츠 공과대학MIT : Massachusetts Institute of Technology의 MIT 위원회는 일본과 서독 제조업의 추격에 고전하는 미국 제조업을 진단하고, 대안을 제시한 유명한 〈Made in America : Regaining the productive edge〉[13]를 펴냈다. 이 위원회는 MIT 교수들로 8개 분과위를 구성하여, 당시 미국 제조업 생산의 28%를 차지하는 자동차, 화학, 항공기 제작, 반도체·컴퓨터·복사기, 소비자 가전, 공작기계, 철강, 직물 등 8개 부문을 조사했다. 조사를 위해 2년간 미국, 유럽, 일본 등의 200개사와 산학연 전문가 550명을 인터뷰했다.

MIT 조사에 따르면 수출은 8개 부문 모두 1972년보다 1986년에 감소했고, 수입은 모든 부문에서 증가했다. 고용은 반도체·컴퓨터·복사기는 증가했고, 자동차, 화학, 항공기 제작은 비슷했지만 소비자 가전, 공작기계, 철강, 직물은 감소했다. 무역수지는 화학과 항공기 제작은 계속 흑자였지만 공작기계와 반도체·컴퓨터·복사기는 흑자에서 적자로 전환되었고, 자동차, 소비자 가전, 철강, 직물은 1972년에 적자였고 이후 적자 폭이 더 커졌다. 결론적으로 항공기 제작과 화학은 경쟁력이 유지되고 있었지만 나머지 부문은 외국 기업에게 경쟁력을 이미 잃었거나 잃어가고 있었다. 그리고 미국 제조업의 생산성은 6가지의 패턴을 보이면서 하락하고 있다고 분석했다. 그 6가지 특징은 다음과 같다.

첫째, 많은 미국 기업은 아직도 낡은 전략outdated strategy을 채택하고 있다. 미국이나 외국의 우수 기업들은 대량보다는 소량을 생산하는 맞춤형의 탄력적인 생산 시스템을 운용하고 있지만 아직도 미국의 대다수 기업들은 1920년대 도입된 포드주의에 계속 안주하여 경직적인 대량 생산 체제를 유지하고 있다. 잘게 분업화된 생산은 공장의 탄력성을 떨어뜨려 비효율적이 되었다. 협력 업체를 단순히 중간재 공급업체로만 인식하여 신기술이나 제품 개선을 위한 동반자로 인식하지 않았다. 근로자는 언제든지 해고 가능한 생산 시스템의 한 부속품으로만 인식했다. 미국 기업들은 미국이 최고라는 편협주의도 갖고 있어서 외국의 앞선 기술 도입에 무관심했다. 그들은 미국에서 잘 팔리는 물건은 해외에서도 잘 팔릴 것이라고 생각했다.

둘째, 단기적인 전략short-time horizon이다. 초기에 미국 기업은 전기전자, 자동차, 화학 등에서 혁신 제품을 개발하여 그 산업을 석권한다. 일정 시간이 지나면 외국의 후발 기업이 이 산업의 저가 시장low-end segment에 진입한다. 저가 시장에서 경쟁이 치열해지면 미국 기업은 고가 시장high-end segment으로 이동한다. 이때 미국 기업들은 타 업종의 기업을 인수하여 사업 다각화를 추진하기도 했다. 반면, 일본 기업은 저가 시장에서 기술·경험을 쌓으며 이익이 낮아도 장기적으로 투자를 계속하며 시장점유율을 높여가다 결국은 고가 시장까지 진입한다. 일본 재벌 기업은 가능성 있는 신사업에 대해서는 단기적으로 이익이 나지 않아도 그룹 차원에서 중장기적으로 투자했다. 미국 기업은 고가 시장에서도 경쟁력을 잃게 되면 해당 사업부나 관련 기술을 매각하고 철수한다. 미국의 라디오, TV, VTR, 소형차, 반도체, 범용 화학제품 등이 이 과정을 겪으며 쇠퇴했다. 또한, 미국 제조업은 속성상 단기적 이익을 추구하는 금융 기관으로부터 자금을 조달받기 때문에 제조업의 기업도 단기적인 목표를 추구하게 되었다. 이는 미래를 위한 투자 부족으로 나타났다.

셋째, 미국 기업은 신기술 개발은 잘 하지만 생산은 취약하다. 미국은 트랜지스터, 컬러TV, VCR 등을 세계 최초로 개발했지만 우수한 제품은 일본 기업이 더 잘 만들었다. 미국 기업은 생산보다는 신기술 개발에 많은 자원을 쏟기 때문이다. 미국 기업은 R&D 자금의 2/3를 신기술 개발에 투입하고, 생산 기술이나 프로세스의 개발에 나머지 1/3을 투입한다. 그러나 일본은 이 비율이 반대이다. 미국 기업은 신기술 개발 부서를 높게, 엔지니어링 부서는 낮게 평가하는 문화도 있다. 이와 같은 상황은 지금도 크게 변하지 않은 것 같다. 애플은 세계 최초로 앱장터와 연계한 스마트폰을 출시했지만 아직 폴더폰을 출시하지 못하고 있다. 또한, 신기술을 개발할 때는 생산을 염두에 두고 설계해야 하는데 미국 기업은 기술을 일단 개발하고 이를 실현하는 엔지니어링은 나중에 생각하면서 막상 생산에서 어려움을 겪기도 했다. 일단 대량 생산한 뒤 보완해 가는 포드주의 습관 때문에 설계상의 하자를 고치기도 어렵다. 빅3 자동차에서 자주 불량이 생기거나 대규모 리콜 사태가 발생하는 배경이다.

넷째, 인재 육성에 대한 노력 부족이다. 미국 기업은 근로자를 자산이 아닌 비용으로 본다. 근로자는 제대로 훈련되지 않았고 그들은 업무 개선에 무관심했다. 디자이너·엔지니어·연구자들은 신기술 개발을 선도하지 못하다가 결국은 경쟁 기업에 추월당한다. 이직이 잦은 문화 때문에 기업들은 직원에 대한 교육 훈련에 소극적이다. 국제 학력 평가에서 미국의 고등학교 이하 학생들의 수학, 과학 등에 대한 학업 성취도는 낮다. 이는 현장 근로자들의 학습 능력과 작업 이해도에 직결된다. 이 문제가 지금 미국 제조업의 최대 문제일 것이다. 반면, 일본이나 독일의 기업은 순환 보직을 통해 근로자가 다양한 지식과 경험을 쌓도록 한다. 평생 고용 체제이기 때문에 근로자는 안정된 고용 환경에서 지식과 경험을 축적할 동기를 갖게 되고, 이는 업무 개선과 생산 현장의 문제 해결 능력을 높인다.

다섯째, 협업의 부족이다. 미국 기업의 기획·설계 부서는 제품 설계를 마친 이후 이를 엔지니어링 부서에 던지듯이 넘기면 엔지니어링 부서는 그때부터 어떻게 생산할지 고민한다. 엔지니어링 부서에서 이의를 제기하면 기획·설계 부서는 다시 수정한다. 이 과정이 반복되면서 설계 품질이 저하되거나 제품 출시가 늦어진다. 또한, 미국 기업은 협력 업체를 공동체로 보기 보다는 납품 단가 인하 협상을 해야 하는 적대적 상대로 본다. 또한, 최종재 생산 기업은 경쟁을 하지만 산업 표준을 만들기 위해서는 협업이 필요한데 그렇지 못했다. 표준화하지 못한 미국의 공작기계 산업은 결국 표준화를 이룩한 일본 공작기계 산업에게 시장을 내주고 말았다.

여섯째, 미국의 산업 주체들은 통합된 목표를 공유해야 하는데 정부와 산업은 각자의 어젠다에 따라서 독자적인 길을 걸었다.

이러한 조사 결과는 사실 새로운 것은 아니고 이전부터 지적되어 왔던 미국 제조업의 문제점이었다. 그렇지만 MIT 조사는 미국 제조업의 쇠퇴에서 반복되는 6가지 패턴을 찾아냈고, 이에 근거하여 미국 제조업이 성장하기 위한 5개 원칙을 제안한 것에서 큰 의미가 있다. MIT의 제언은 다음과 같이 요약된다.

첫째, 새로운 방식으로 잘 생산해야 한다. 지금 미국 기업들이 신기술 개발에 역량을 많이 투입하듯이 생산 방식의 개선에도 집중해야 한다. 새로운 생산 방식에서 신제품 개발에는 기업의 기획·설계·마케팅·AS 역량을 통합해서 투입해야 한다. 일본차처럼 제품을 기획·설계할 때부터 어떻게 생산할지도 모두 같이 고민해야 한다. 이는 제품의 품질을 높이고, 리드타임을 줄이며, 소비자 반응을 신제품 개발에 바로 반영할 수 있다. 기업의 관리자는 경영·회계·재무뿐 아니라 그들의 생산 제품에 대해서도 속속들이 잘 알고 있어야 한다. 특히 생산보다 재무를 우선시하는 사고로는 새로운 부를 창출할 수 없다. 엔지니어링이나 생산 부서가 기획·설계 부서보다 낮게 평가되는 기업 문화도 바뀌어야 한다.

둘째, 근로자의 '경제적 시민 의식'이 함양되어야 한다. 포드주의에서 최종재 생산 기업은 근로자나 협력 업체를 생산 시스템의 한 부분에 불과하고, 필요하면 언제든지 교체할 수 있다고 생각했다. 그러나 새로운 첨단

의 탄력적인 생산 시스템에서는 근로자에게 더 넓은 책임이 부여되고, 교육 훈련도 강화되어야 한다. 이직이 잦은 미국 고용 시장의 환경을 고려하여 교육 훈련은 공공재로 인식하여 공공기관이 비용을 분담하는 것도 필요하다. 근로자는 세분화된 업무를 반복 수행토록 하기보다는 그들이 더 큰 책임을 갖고 새로운 근무 환경을 마스터하여 일에서 얻는 만족도를 높이도록 해야 한다.

셋째, 협력과 개인주의를 혼합해야 한다. 미국은 개인주의에 바탕을 둔 나라이지만 이제는 시너지 창출을 위해 협업이 필요하다. 기업 내에는 수많은 부서들 간 칸막이가 쳐져 있다. 여러 단계의 수직적 계층 구조를 축소하고, 부서 간 협업이 가능한 수평적 계층 구조를 강화해야 한다. 협력과 개인주의를 혼합해서 성과를 낸 직원들에게는 보상도 해야 한다.

넷째, 미국은 그동안의 대성공에 안주했고, 자신을 최고로 인식했다. 그러나 이제는 해외 기업과 경쟁하고 해외 동향을 파악하기 위해 미국 기업은 외국의 언어, 문화, 관습 등을 배워야 한다. 미국 이외의 지역에서 개발되는 우수 기술을 파악하고, 새로운 비즈니스 기회도 찾아야 한다.

다섯째, 미래에 대비하기 위해 인프라에 투자해야 한다. 예를 들어 고속도로가 사람이나 화물을 옮기는 데 중요한 역할을 하듯이 앞으로는 정보 이동을 위한 '정보 시스템 네트워크'에 투자해야 한다.

그런데 이들 MIT 제언을 관통하는 핵심어는 '통합'이다. 다시 말하면 기업은 기획·설계·생산·마케팅·사후 관리의 기능에 대한 '총괄' 체제를 도입해야 한다. 기업, 근로자(노조), 협력 업체는 파트너로서 경영·생산·혁신에 '동참'해야 한다. 정부는 모든 경제 주체들이 같은 방향성을 갖고 나아갈 수 있도록 '협업'해야 한다.

그런데 이후 미국 제조업은 어떠했는가? 1990년대 세계화 시대를 맞이하여 미국 제조업은 가치사슬의 단위 공정을 쪼개서 전문화하고 이를 비교 우위가 있는 나라에 분산하여 배치하는 글로벌 가치사슬을 전개했다. 미국의 국내 제조업의 생산 기반은 중국 등 해외로 이전되면서 더욱 취약해졌다. 미국 제조업은 MIT의 '통합'을 위한 제언을 글로벌 가치사슬의 '분업'과 '분산'의 강화로 역행한 것이다.

세계화의 역습, 미국 제조업의 파괴

1950년대 미국에 있는 제조업 공장의 사진을 보면 조립 라인에 백인들이 앉아 있다. 지금 미국에서는 이 모습을 보기 어렵다. 미국 제조업은 해외로 많이 이전했고, 미국에 공장이 있더라도 백인보다는 히스패닉 등이 많이 일하기 때문이다. 미국 기업은 이미 1960년대부터 저임 국가를 찾아서 해외에 투자했지만 1990년대 세계화 시대를 맞이해서 해외직접투자를 가속화했다. 특히, 미국 기업의 중국 진출은 두드러진 현상이었다. 1990년대는 세계화의 기반이 만들어지고 심화된 시기이다. 1992년 NAFTA^{North American Free Trade Agreement} 타결과 EU 출범으로 대규모 권역 경제가 만들어졌고, 그 안의 역내에서는 개방과 자유화가 확대되었다. 1995년에는 전 세계적인 시장 장벽을 낮추기 위해 WTO가 출범했다. 1990년대부터 중국은 개혁·개방을 확대했고 2001년에 WTO에도 가입했다. 1991년 소련의 붕괴로 공산권 국가들이 시장 경제로 전환하면서 서방 기업의 시장이나 투자 지역은 확대되었다.

1990년대 이후 미국 기업의 해외직접투자에는 한 가지 특징이 있는데 그것은 글로벌 가치사슬의 전개^{global value chain}이다.[14] 미국 기업은 아이디어만 있으면 직접 생산하지 않고 세계 어디에서든 아웃소싱하면 된다고 생각했다. 이전에 미국 기업은 수직계열화로 모든 생산을 직접 관리했었다. 그러나 고임의 미국이 이 일을 모두 하는 것은 경제적이지 않다고 생각했다. 이에 따라 미국 기업은 제품의 개발·생산·판매를 위한 단위 공정인 R&D, 신제품의 기획 설계, 원료 중간재 구매, 생산, 유통 판매, 마케팅, 서비스 등을 비교 우위가 있는 국가에 분산 배치하는 글로벌 가치사슬을 펼쳤다. 생산은 주로 개도국에 배치했고, 고부가 가치 단위 공정은 선진국에 배치했다(그림 5 참조). 미국 본사는 R&D, 기획 관리 등을 총괄했다. 이 결과, CISCO는 자사 제품의 1/4 정도를 직접 생산하면서도 주요 제조업체가 되었다. 애플은 모든 스마트폰 생산을 대만 업체에 맡겼다. 멕시코도 미국 기업의 하청 생산 기지가 되었다.

그리고 과거에는 각국에 있는 현지 법인의 기능은 전 세계 어디나 비슷했고, 비즈니스 대상 지역은 현지 소재국에 한정되었다. 그러나 글로벌 가치사슬이 전개되면서 각국 현지 법인은 특화된 업무를 부여받았고, 그들의 비즈니스는 전 세계로 확대되었다. 각각의 해외 투자 법인이 국제적으로 '규모의 경제' 효과를 얻도록 한 것이다. 규모의 경제란 대량 생산을 하면 소량 생산할 때보다 평균 생산비가 더 낮아지는 상황을 의미하는데, 생산이 증가하면서 거의 일정 수준에 있는 고정비용은 분산되어 생산 단가에서 차지하는 비중은 감소하는 것이다.

자동차와 전기전자 산업에서 글로벌 가치사슬은 전형적인 경영 방식이 되었다. 예를 들어 반도체에서는 미국 엔비디아가 설계하면 이 설계도를 받아 대만의 TSMC가 생산한다. 중간 완성된 반도체는 동남아나 중국 등에서 보내져 그곳에서 조립·테스트·패키징 된다. 엔비디아는 최종 완

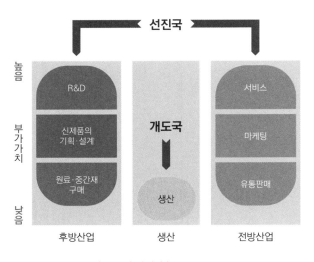

선진국

높음

부가가치

낮음

R&D

신제품의
기획·설계

원료·중간재
구매

개도국

생산

서비스

마케팅

유통판매

후방산업　　　생산　　　전방산업

그림 5 | 글로벌 가치사슬(global value chain)

성된 제품을 수입해서 국내외에 판매한다. 한국 대기업도 일본 기업과 글
로벌 가치사슬의 관계에 있다고 할 수 있다. 반도체나 디스플레이를 생산
하는 한국 대기업은 스미토모화학의 터치패널, 이데미츠코산·스미토모화
학의 유기EL 재료, 일본전기초자의 디스플레이용 유리, 도레이첨단소재의
고급 장섬유 부직포, 쇼와전공의 고순도 가스 등의 원료·소재·부품을 공
급받아 생산에 투입한다.

　또한, 미국 기업은 경쟁력을 잃은 사업부를 과감히 매각했다. 당시 세
계 최고 기업이었던 GE를 1981~2001년 이끌었던 잭 웰치 회장의 "전 세
계에서 1등 하지 않는 사업은 포기하라"는 말은 미국 기업들에게 큰 영향
을 주었다. 예를 들어 1990년대까지 미국 기업들은 TV 사업부를 외국 기
업들에 매각했다. RCA와 GE는 프랑스 Thompson에게, Motorola는 일
본 Matsushita에게, Magnavox·Philco·Sylvania는 네덜란드 Philips에

게, Zenith는 한국 LG전자에게 TV 사업부를 매각했다. 아시아는 미국이 포기한 TV, 메모리 반도체 등을 이어받아 새로운 시장을 창출했다.

세계화 시대에 미국 제조업은 중국 등으로 이전을 확대했고, 국내 시장을 개방하면서 중국산 수입은 증가했다. 안팎으로 협공을 당한 미국 제조업은 폐업이나 축소 그리고 경쟁력 약화의 길을 걸었다. 세계화는 이렇게 미국 제조업을 파괴했다.

미국 제조업의 과도한 해외 이전은 미국 경제에 위협으로 돌아왔다. 2021년 바이든 대통령은 취임 직후 100일 동안 국가의 안보·보건에 필수라고 판단한 반도체·고급패키징, 대용량 배터리, 광물·소재, 제약·원료 등의 공급망을 조사하고 그 결과를 〈탄력적인 공급망 구축, 미국 제조업 활성화 및 광범위한 성장 촉진〉[15]이라는 보고서로 발표했다. 이 보고서는 이들 품목에 대한 미국의 중국 등에 대한 과도한 해외 의존을 다음과 같이 지적했다. "미국은, 첨단 반도체는 한국·일본·대만에 90%, 배터리는 한국·중국·일본에 92%, 광물·소재는 중국·미얀마·호주에 77%, 제약은 EU·중국·인도에 57%를 의존한다." 그리고 "해외 의존도가 지나치게 높아 해외 조달에서 차질이 발생하면 미국 경제에 큰 위협이다. 반도체는 국내 생산이 부족해서 혁신 기반의 상실도 우려된다. 2050년 탄소중립 목표 달성을 위해 수요 증가가 예상되는 리튬·코발트·니켈·구리·네오디뮴 등도 중국 의존이 과도하다." 이와 같은 결과가 초래된 원인에 대해서는 "미국 기업들이 그동안 국가의 안보보다는 고효율과 저비용을 추구하면서 과도하게 해외로 생산 기반을 이전하고, 해외에서 조달했기 때문이다."라고 지적했다.

보고서는 대책으로서 해당 품목에 대한 국내외 투자 확대, 소재의 대체·재생 기술 개발, 생산 자동화, 핵심 광물의 비축량 확대, 국방물자 생산법 강화, 국제 동맹 강화 등을 제시했다. 그리고 4개 업종에 더해 기후변화 대응을 위한 재생에너지를 포함하여 총 5개 업종에 대해 중국을 배제한 가운데 미국 국내에 공급망 구축을 시작했다. 이를 뒷받침하기 위해 2021년 「인프라투자및고용법Infrastructure Investment and Jobs Act」, 2022년 「반도체과학법CHIPS and Science Act」, 2022년 「인플레이션감축법Inflation Reduction Act」, 2022년 「국가생명공학바이오제조이니셔티브National Biotechnology and Biomanufacturing Initiative」를 제정했고, 「생물보안법Biosecure Act」(제정 중)이 도입되었다. 아태 지역에서 동맹국과 대중 공동 전선을 구축하기 위해 인도·태평양경제 프레임워크IPEF : Indian-Pacific Economic Framework도 출범시켰다.

미국의 대중 의존도가 얼마나 큰지는 전자상거래 아마존을 통해서도 알 수 있다. 국내외 판매업체들이 아마존에 등록하는 방식은 1P, 2P, 3P의 3가지이다. 1Pparty는 판매업체가 아마존에 물건을 공급한 이후 아마존이 이후의 모든 일 즉, 상품 등재, 가격 결정, 마케팅, 주문 접수, 배송 등을 직접 처리하는 방식이다. 소비자는 아마존에서 물건을 구입하는 셈이다. 소수 유명 브랜드 기업 등이 가능한 방식이다. 3P는 판매업체가 아마존에 상품을 등재하고 이후의 배송까지도 직접 처리하는 것이다. 2P는 1P와 3P의 혼합 방식으로서 3P 비슷하지만 배송만은 아마존의 풀필먼트fulfilment 서비스를 이용하는 것이다. 3P 방식이 아마존 판매의 58%(2022년 기준)를 차지하는데 3P 판매업자의 70%(2019년 기준)는 제품을 중국에서 구매한다.[16] 1P나 2P도 비슷할 것이다.

미국의 국내 제조업의 쇠퇴는 고용 수치에서도 잘 나타난다. 미국 제조업은 1979년에 역대 최고 수준인 19.6백만 명을 고용했으나 2019년 12.8백만 명으로 크게 줄었다.[17] 특히, 2000~2010년의 10년 동안 제조업 일자리 600만 개가 없어졌다.[18] 일자리의 감소는 가공금속·기계, 컴퓨터·전기, 섬유·직물 등 대부분의 업종에서 발생했고, 유일하게 식품에서만 증가했다. 제조업 일자리의 감소는 미국 경제가 서비스 산업 위주로 전환된 것도 배경이라고 할 수 있지만 미국 제조업이 1990년대 개혁·개방한 중국이나 1992년 NAFTA 체결 이후 멕시코로 이전하거나 미국의 시장 개방으로 자국 제조업의 폐업과 축소가 큰 요인이다.

달러 패권이 파괴한 미국 제조업

미국의 모든 쇼핑몰에는 전 세계에서 수입한 상품이 쌓여있다. 모든 나라가 기축통화인 달러를 확보하기 위해 미국에 수출한 결과이다. 산유국들은 석유를 수출해서 달러를 쉽게 번다고 부러움을 받는데 미국은 석유조차 필요 없이 바로 달러를 확보할 수 있다. 전 세계 외환보유고에서 호주 달러, 캐나다 달러, 중국 위안, 스위스 프랑의 사용 증가로 미국 달러가 차지하는 비중은 2000년 70%에서 지금은 59%로 감소했지만 아직도 미국 달러는 기축통화이다.[19] 미국 달러의 영향력은 1990년대 공산권 체제 전환국이 국제 경제에 편입되자 전 세계로 확대되었다.

미국은 세계의 중앙은행 역할을 하면서 많은 혜택을 얻는다. 먼저, 많은 나라들이 달러를 원하기 때문에 달러 패권을 활용하여 각국에 권력을 행사할 수 있다. 화폐주조차익인 시뇨리지seigniorage[5] 효과를 얻고, 정부나

---

5 화폐주조차익인 시뇨리지(seigniorage)란 화폐의 액면가에서 화폐 제조비용과 유통비용을 뺀 차익으로서 중앙은행이 갖는 독점적 발권력 때문에 발생한다. 예를 들면 1달러를 발행할 때 종이·잉크 등의 재료비·인쇄비·유통비 등 부대비용이 10센트라고 하면 시뇨리지는 90센트이다. 미국은 10센트의 비용을 들여서 90센트의 이익을 얻는 것이다.

기업은 자본 조달이 용이하고 이는 기업들의 해외 진출에 기여한다. 미국은 다른 나라들이 겪는 외환 위기에서 자유롭다. 코로나 때 대규모 경기 부양책이나 지금 제조업 부활을 위한 막대한 자금 지원에서 보듯이 미국은 재정적자와 경상적자가 누적되더라도 값비싼 프로젝트를 추진할 수 있다. 경제학에서 나오는 예산 제약, 환율 불안정, 거시경제 불균형 조정을 위한 긴축정책 등이 적용되지 않는 나라이다. 많은 나라들이 달러 확보를 위해 낮은 가격으로라도 대미 수출을 원하기 때문에 미국은 저렴한 가격으로 상품을 수입할 수 있어서 미국 소비자의 후생은 높아지고 미국 경제의 인플레이션의 상승 압력은 낮아진다.

그렇지만 경제에는 공짜 점심이 없듯이 달러 패권은 미국 제조업 쇠퇴와, 쉽게 얻는 소득으로 미국인의 강한 노동윤리를 약화시키는 측면이 있다. 미국 달러는 각국의 외환보유·지불·차입·무역의 수단이기 때문에 전 세계적인 수요가 많아서 다른 통화에 비해 과대평가되는 경향이 있다. 통화가치는 그 나라의 힘을 상징하기 때문에 미국은 강달러를 선호하는 경향이 있다. 이렇게 만들어진 강달러는 미국 제조업의 수출 가격을 상승시켜서 수출 경쟁력을 떨어뜨린다. 반면 수입산의 가격을 낮춰서 미국 제조업의 국내 생산을 수입 증가로 대체하는 효과도 가져온다.

강달러는 미국 제조업에게 네덜란드병^{Dutch Disease}과 같은 효과는 주는 것이다. 네덜란드병이란 자원 부국이 천연자원 수출과 외국 자본 유입으로 일시적 호황을 누리지만, 물가와 통화가치 상승으로 국내 제조업이 쇠퇴하는 현상을 말한다. 1959년 북해유전 발견 뒤 잠시 경기 호황을 맛보다가 제조업이 낙후하면서 1960~1970년대 경기 침체를 맞았던 네덜란드의 경험에서 유래됐다.

달러 패권은 미국 월가 금융 산업의 권력을 강화시켰다. 이들 금융 산업이 전 세계에 펼쳐놓은 금융 네트워크는 다시 미국의 달러 패권을 강화시키기도 한다. 금융 산업에서 일하는 사람의 보상 수준도 높아지면서 우수 인재와 자원이 이 산업에 모였다. 미국 금융 산업은 전 세계적으로 투자 대상을 확대하기 미국 정부를 통해 각국이 금융·자본시장을 개방하도록 했다. 강달러는 미국 금융 산업이 해외에 직·간접투자할 때 더 큰 가격·자산 효과를 얻게 했다. 대미 수출로 달러를 확보한 나라들은 이 자금의 운용을 위해 금융·자본시장이 개방된 미국에 투자하면 해외로 나간 달러는 다시 미국으로 환입되었다. 이 환입 자금은 직·간접투자나 차입의 형태로서 미국의 부채를 증가시키지만 미국이 다른 나라보다 더 쉽게 달러를 확보하는 시스템을 갖고 있는 것을 보여준다.

　　결과적으로 미국의 금융 산업은 제조업보다 더 큰 이윤과 권력을 얻으면서 미국 경제는 제조업보다는 금융 산업 중심이 되었다. 또한 국내 제조업 생산의 많은 부분이 수입으로 대체되었다. 이러한 과정이 오랜 기간에 걸쳐 누적된 결과가 미국의 제조업 생산과 고용 감소이고, 무역적자의 증가이다. 세계화 시대에는 수입이 증가하여도 큰 문제가 없었지만 미중 경쟁 시대에는 과도한 해외 의존이 미국에게 위협이 되고 있는 것이다.

3. 미국 노동윤리의 죽음

초심을 잃은 노동윤리

미국은 2차 세계대전 승리 이후 '풍요의 시대'를 맞이하여 사회적으로 쉽게 가는easy-going 분위기가 있다. 사회보장의 혜택은 증가했고, 금융 서비스나 신용카드 덕분에 당장 일하지 않아도 수입을 초과하여 집과 자동차를 구입할 수 있다. 기본 생활이 보장되면서 부를 축적하기보다는 일은 최소화하고 자아실현이 우선이라는 인식도 있었다. 부자는 더 나은 혜택의 결과라는 기회 불평등에 대한 사회적 불만도 있고, 노동 현장에서 멀리 있을수록 성공한 사람으로 인식되기도 한다.[20] 노동윤리의 약화는 비제조업보다 근무 환경이 더 열악한 제조업에서 더 크다.

제러미 리프킨도 미국의 '청교도적 노동윤리'의 퇴색을 이렇게 말했다.

"강한 신앙심에 기반한 근면, 절약, 정직의 미덕으로 성공한다는 아메리칸 드림은 이제 즉시 성공을 위한 재무적 투자, 상속, 행운 등의 추구로 변질되고 있는 듯하다. 과거 미국인에게 위험 감수는 신천지에서 새로운 삶을 시작하거나, 황무지를 개척하고 새로운 아이디어에 투자하며, 신규 사업을 일구는 것과 동일시되었다. 그러나 지금은 주식 투자, 복권, 카지노에 거는 위험으로 인식하는 것 같다. 복권이나 카지노 광고는 '가

난뱅이에서 부자로$^{rags\ to\ riches}$'라는 옛날 아메리칸 드림의 모토를 빌려 쓰기도 한다. 마약은 사회적 문제이고, 게으른 미국인은 정당한 대가를 치르지 않고 앉아서 성공을 바란다."

풍요로운 시대를 구가하면서 미국인은 강한 노동윤리를 자극했던 '헝그리 정신'을 잃었다. 개척 시대의 초심을 잃었다. '헝그리 정신'은 기술대기업의 창업자도 강조할 만큼 중요하다. 스티브 잡스는 "늘 갈망하라, 늘 우직하게 나아가라$^{Stay\ hungry,\ stay\ foolish}$"라고 말했는데 비록 물리적인 배고픔은 아니지만 헝그리 정신의 절실함에 연결된다. 구글은 직원들의 자리를 비좁게 배치하여 의사소통과 창의적 발상의 교환을 활발하게 하고, 부유한 직원들이 스타트업의 굶주린 약자처럼 공격적인 태도로 일하게 만든다. 아마존의 제프 베조스는 "진정한 탐험가는 전문가가 되어도 초심을 잃지 않는다"고 했다. 아마존의 건물 이름도 데이원^{Day1}이다. 현대의 초일류 대기업에게도 '초심'과 '헝그리 정신'은 성공을 유지하기 위한 절대가치이다.

기술대기업의 창업자도 헝그리 정신을 가진 이민자들이 많다. 마이크로소프트의 빌게이츠를 제외하면 나머지 기술대기업의 창업주는 정통 미국인이 아니다. 엔비디아의 대만 출신 젠슨 황, 테슬라의 남아공 출신 일론 머스크, 구글의 러시아 출신 세르게이 브린은 해외에서 태어나 미국으로 이민을 왔다. 애플의 스티브 잡스는 미국에서 태어났지만 아버지가 시리아 사람이다. 구글의 래리 페이지와 페이스북의 마크 저커버그은 유대인이다. 유대인은 어느 나라에 살던 그곳에 세워진 유대교의 예배당인 시나고그에서 그들만의 종교와 문화를 유지한다. 이들은 디지털 기술로 성공했지만, 일하는 방식은 밤과 낮을 구분하지 않는 아날로그 방식이었다.

물론, 노동윤리는 소득 계층에 따라 차이가 있을 수는 있다. 시카고 북부의 부촌인 위네트카Winnetka와 케닐워스Kenilworth에서 시내로 들어가는 출근 시간의 기차 안, 근무 시작이 8시인 직장이 많아서 아침 7시에도 기차에 오르는 사람이 많다. 승객들은 주로 상류층 백인들로서 대기업, 전문직, 대학 등에서 고위직에 있는 사람들이다. 집에 2~3대 차가 있지만 교통 체증 때문에 기차를 이용한다. 이들은 기차에 오르자마자 노트북이나 핸드폰을 꺼내 보고서나 메일을 읽기 시작한다. 이들은 집이나 사무실 어디에 있거나 책임자로서 생각할 일이 많은 사람들이다. 그래도 이들은 보상이 크고, 부를 유지하기 위해서 열심히 일한다. 그러나 고등학교 중퇴자high school dropout라고 불리는 현장 노동자들은 다르다. 그들의 작업장에는 소음과 위험이 있고, 반복되는 작업을 한다. 이들에게 높은 보상과 좋은 근로 환경을 제공하기는 쉽지 않고 강한 노동윤리를 갖도록 하는 것도 쉽지 않다.

기축통화 특권도 노동윤리 약화의 한 원인

코로나 시기 미국 정부가 「코로나19보조구호및경제보장법CARES : the Coronavirus Aid, Relief, and Economic Security Act」, 「미국구조계획법American Rescue Plan」 등에 근거하여 코로나에 대응하고 경기 침체를 막기 위해 2020~2021년 지출한 재난지원금은 5.2조 달러이다. 미국 GDP의 25%에 해당되고 이 지출 때문에 통화량은 27%나 증가했다. 만약 다른 나라가 이 정도로 많은 돈을 풀었다면 그 나라 경제는 인플레이션으로 파탄이 났을 것이다. 그러나 미국이 발행한 달러는 전 세계로 퍼져서 미국의 인플레이션은 6~7%대에서 마무리되었다. 그런데 재난지원금은 노동자, 가계, 소규모 비즈니스, 항공사, 기업, 병원, 지방 정부, 학교 등에 다양하게 지급되었지만 결국 총액의 60%는 급여 보호 프로그램paycheck protection program과 같이 근로자의 소득 보전이나 실업 수당을 위한 지출이었다.

사람들은 갑자기 많은 소득이 생기자 조기에 은퇴하거나 노동 시간을 줄였다. 미국의 베이비 붐 세대(1946~1964년 출생)는 2021년에 연평균 100만 명보다 많은 175만 명이 은퇴했다.[21] 골드만삭스의 2021년 리서치 "왜 미국의 노동자 복귀는 회복되지 않는가?"에서는 코로나 재난지원금과 경제 활동 참가 인구의 감소 관계를 설명했다. 이에 따르면 팬데믹 기간에 미국에서 노동 시장을 떠난 사람은 510만 명 정도인데 이 중 55세 이상은 340만 명이고, 25~54세의 핵심 노동 인구prime-age worker는 170만 명이다. 엔데믹에 접어들면서 사람들은 일터로 복귀하고 있지만 재난지원금으로 소득을 얻었거나 양적 완화로 주택, 주식, 은퇴 패키지 등에서 자산효과를 얻은 사람들 중에서 일터에 복귀하지 않는 사람들이 생겼다. 이에 따라 미국의 노동 참여율은 팬데믹 이전인 2019년(1월) 63.1%를 회복하지 못한 2023년(5월) 62.6%이다.

미국은 기축통화의 특권 때문에 대규모 재난지원금 지출로 발생하는 재정적자도 견딜 수 있다. 재정적자는 국가의 지출이 수입보다 많은 것으로 미국은 능력보다 초과해서 과도하게 돈을 쓴다는 의미이다. 과도한 지출의 원인은 사회보장비와 국방비 때문이다. 이는 미국의 재정 수지, 재정 지출, 국가 부채를 보면 알 수 있다.

2022년 기준으로 미국 연방 정부의 재정 수입은 4.9조 달러, 재정 지출은 6.3조 달러로서 재정적자는 1.4조 달러이다. 미국의 재정적자는 1974

년까지는 매년 흑자 또는 소규모 적자를 오갔고, 재정적자가 크게 발생한 시기는 1 · 2차 세계대전 때 정도였다. 그러나 1975년부터 재정적자 규모는 커지기 시작했고, 이후 1998~2001년의 4개년 흑자를 제외하면 나머지 기간은 모두 적자이다. 2022년 재정 지출 6.3조 달러는 의무 지출^{mandatory spending} 4.1조 달러(재정 지출 비중 65.1%), 재량 지출^{discretionary spending} 1.7조 달러(26.3%), 순이자 지출은 4,750억 달러(7.5%)로 구성된다.[22] 의무 지출은 법으로 지급이 명시된 사회보장, 소득보장, 의료보험, 학자금 융자 등 사회보장성 지출이다. 재량 지출은 각 부처의 사업비인데 비국방비 9,100억 달러(14.4%), 국방비 7,510억 달러(11.9%)로 구성된다. 재정 지출에서 사회보장비와 국방비가 77.0%를 차지한다.

재정적자는 매년 누적되어 2022년 현재 미국의 국가 부채는 2022년 GDP의 123%인 31.4조 달러이다. 이 부채의 재원은 정부 간 부채^{intragovernmental debt} 7조 달러(국가 부채 비중 22%)와 공공 부채^{public debt} 24.5조 달러(78%)이다.[23] 정부 간 부채는 연방 재무부가 노령 및 유족보험 신탁기금, 공무원 연금, 의료보험 신탁기금, 고속도로 신탁기금 등에 국채를 팔고 빌려온다. 연방 정부 내의 거래이기 때문에 연방 정부는 즉각적인 상환 부담을 발생시키지는 않는다. 공공 부채는 국내 부채와 해외 부채로 나뉜다. 국내 부채는 공공 부채의 2/3(17.2조 달러)이고, 통화 정책을 주관하는 연준(6.1조 달러)에서 가장 많이 빌려온다. 나머지 1/3(7.3조 달러)은 해외 부채인데 일본, 중국, 영국 등에서 빌린다. 따라서 연방 정부의 실질적 부채는 18.3조 달러(총 부채 31.4조 달러-정부 간 부채 7.0조 달러-연준 6.1조 달러)라고 볼 수 있다. 이 실질적 부채에서 해외 부채가 차지하는 비중은 39.9%이다. 해외 부채의 GDP 비중은 1970년 1.3%(140억 달러)에서 2022년 28.7%(7.3

조 달러)로 늘었다.

국가 부채 31.4조 달러에 사회보장을 위한 의무비 지출 비율 65.1%(20 22년 재정 지출 기준)를 곱하면 20.4조 달러가 나오는데 이 부채는 사회보 장 지출 때문에 발생한 것으로 볼 수 있다. 한편 국가 부채 31.4조 달러에 서 해외 부채는 7.3조 달러로 23.2%를 차지한다. 이 비율(23.2%)을 사회보 장 지출로 발생한 국가 부채(20.4조 달러)에 곱하면 4.7조 달러가 나온다. 이 만큼의 사회보장 지출이 해외 부채로 조달한 셈이다. 빚이 느는데도 해외 에서 이렇게 대규모로 부채를 조달할 수 있는 것은 기축통화 발행국의 특 권이다. 국가 부채가 미래를 위한 투자 때문에 발생했다면 의미가 있겠지 만 사회보장비 때문에 발생한다면 문제라고 할 수 있다. 미국 전문가들도 빚으로 재정 지출을 감당하는 '채무 중독debt addiction'을 계속 경고한다. 코 로나 때 대규모 재난지원금을 지급하자 노동 참여가 줄어들었듯이 과도한 '차입된 사회보장 지출'은 노동윤리에 부정적 영향을 준다.

약화된 노동윤리는 제조업 부활에 걸림돌

많은 미국 기업인이나 경제 전문가는 미국인의 약화된 노동윤리를 걱정한 다. 약화된 노동윤리는 개인에게는 일을 통한 성취감이나 자아실현의 기 회를 상실하게 한다. 국가적으로도 산업 생산, 노동 시장의 활력, 사회 건 전성 등에 부정적인 영향을 준다. 그리고 국가의 노동 참여율을 하락시킨 다. 미국의 노동 참여율은 2000년 67.1% 정점을 찍은 이후 계속 하락세이 다. 코로나 때 떨어졌던 노동 참여율은 아직도 코로나 이전 수준을 회복하 지 못하고 있다. 노동 참여율이란 16세 이상 인구(군인, 죄수, 요양 시설 거주 자 등 제외)에서 일하고 있거나 구직 활동 중인 사람의 비율을 말한다.

미국 기업연구소^{American Enterprise Institute}에 따르면 2023년 현재 미국의 핵심 노동 인구(25~54세) 1억 3천만 명 중에서 남자 720만 명이 일할 의사가 없거나 장애 등으로 경제 활동을 하지 않는 비노동 참여 인구로 분류된다. 그러나 이들 중 절반은 일할 수 있을 것으로 추정된다. 이들의 최종 학력은 고졸이 많은데 제조업 현장에서 필요한 인력이다. 더욱 우려되는 것은 이 인구가 1965년 이후 매월 1만 명씩 증가해 왔다는 사실이다. 이들이 일하지 않는 이유는 동료 그룹보다 낮은 임금, 직업 전환에 필요한 기술 습득 실패, 인정받지 못하는 문화, 성취감 부족 등 다양하다. 특히, 코로나 때 지급된 재난지원금은 이들의 노동 시장 퇴장을 가속화했다. 이들은 사회 활동이나 가사에 대한 참여는 적고, 집에서 게임이나 TV 시청으로 시간을 보낸다. 생계 소득은 사회보장 수령액이 가장 크고, 배우자나 자산에서 발생하는 소득도 있다.

지금 미국의 산업 현장에서는 노동력이 부족하다. 미국제조업협회 National Association of Manufacturers에 따르면 코로나 이후 제조업에는 노동자 1인당 1.5개 일자리가 있지만 채워지지 않고 있다. 2023년 시카고에서 만난 우리 기업들도 구인난을 호소했다. "법인장인 제 업무의 절반은 인력 채용에 관한 것이다", "기계를 판매한 이후 A/S가 필요한데 간단한 것은 딜러가 해결하지만 복잡한 것은 경험이 있는 직원이 가서 처리해야 하는데, 직원들의 이직이 잦아서 고객 서비스에 어려움이 많다", "구직자의 협상력이 높아지면서 부분 또는 전부 재택근무를 요구해서 채용이 무산되곤 한다. 새로운 프로젝트를 하려면 머리를 같이 맞대고 고민해야 하는데 재택근무로는 한계가 있다"라고 말했다.

미국 IT 기업들도 팀을 이끌면서 다른 팀과 업무를 조정할 수 있는

6~10년 경력의 인재가 부족하다고 말한다.[24] 이는 미국 기업들이 이직이 잦은 미국 노동시장의 특성 때문에 직원들에 대한 교육 투자에 소극적이고, 이직한 직원의 업무를 언제든지 다른 사람으로 대체할 수 있도록 세분화되고 단순화된 업무를 맡긴 결과이기도 하다. 미국반도체협회 Semiconductor Industry Association의 반도체 산업 발전을 위한 건의 사항에서는 기업에 대한 투자 인센티브 제공, 과학·기술엔지니어링·수학 전문 인력 육성, 인재 육성을 위한 교육 시스템 개편, 외국 우수 인재 확보, 시장 장벽 해소, 지재권 보호, 공정 경쟁, 규제의 정합성 확보, WTO 정보 기술 협정 확대, 수출 규제·FDI·표준에 대한 국제 협력 제정 등이 있는데 그중 인재에 관한 사항이 가장 많다.[25]

일은 사람이 하는 것을 생각하면 강한 노동윤리는 중요하다. 미국이 유럽을 앞지르고 지금의 번영을 누리게 된 것은 미국 근로자의 강한 노동윤리 때문이다. 지금 미국의 제조업 부활 정책의 성공도 노동윤리 회복이 관건일 것이다. 민주적이고 다원화되고 1인당 국민 소득이 8만 달러가 넘는 미국 사회에서 민주주의의 가동 수단인 여론만 동원하여 국민들로부터 강한 노동윤리를 다시 끌어내기는 쉽지 않다. 반면, 중국은 1인당 국민 소득이 미국보다 훨씬 낮아 아직 헝그리 정신이 있다. 미국의 약화된 노동윤리는 중국과의 경쟁에서도 걸림돌이다.

4. 고장 난 포드주의와 과도한 M&A의 폐해

대성공에 안주한 미국의 포드주의

흔히 유럽 시장은 '다품종 소량 소비', 미국 시장은 '소품종 대량 소비'의 특징을 갖고 있다고 말한다. 유럽 각국의 다른 소득·문화·환경 등이 각국 소비자의 제품 선호에 반영된 결과이다. 그러나 하나의 큰 시장인 미국에서는 수요는 표준화되었고, 이는 공급의 표준화로 이어졌다. 미국 기업은 포드주의 생산 방식을 충실히 따랐다. 기업들은 표준화된 제품을 생산하면 확장되는 미국의 경제적 영토를 따라서 소비되었고, 규모의 경제 효과는 확대되었다. 기업 경영자는 생산의 단순화와 분업화로 생산성을 높이는 데 집중했다. 그리고 1·2차 세계대전에서 미국은 군수 물자를 포드주의로 신속 대량 생산하여 유럽에 공급하면서 승전국이 되었다. 포드주의는 미국에게 대성공을 가져다주었다.

포드주의의 대성공은 미국 기업이 계속 포드주의의 '경직적인 대량 생산 시스템'에 안주하게 만들었다. 처음부터 완벽한 제품을 만들기보다는 일단 표준화와 분업화의 원칙에 따라 대량 생산 체제를 만들어 놓고 문제는 사후 점검이나 재작업을 통해서 보완했다. 최소 품질 수준을 유지하는 방식을 취한 것이다. 비용은 생각하지 않은 채 재고를 충분히 쌓아놓고 공장을 계속 가동시켰다. 표준화 방식 때문에 생산 현장에서 나오는 새로운 아이디어는 채택되기 어려웠다. 포드주의를 시작한 미국 빅3 차는 포드주의는 불가피하게 신기술의 채택을 희생할 수밖에 없다고 생각했다. 자동차의 4륜 조향·구동 장치, 터보 엔진, ABS 브레이크 등은 외국차가 먼저 채택한 기술이었고, 빅3의 혁신은 1948년 자동 변속기 개발이라는 마지막이었다는 비판도 받았다.

반면, 일본차는 미국차처럼 포드주의를 채택했지만 성과는 달랐다. 일본차는 JIT^just in time 생산 관리, 기술 혁신, 품질 관리, 제안 제도 등을 추가 도입하여 포드주의를 보완했다. '탄력적인 생산 시스템'을 가동하여 짧은 시간에 생산 라인을 다른 모델 생산을 위해 전환할 수 있었다. 처음부터 완벽한 차를 만드는 것이 목표였다. 사람을 자산으로 보았고, 직원들은 업무 개선을 생각했다. 최종재 제조업체, 협력 업체, 근로자는 한 팀이었다. 과도한 재고나 불필요한 공장 공간이나 업무, 불량품을 없앴다. 미국에 세워진 일본차 공장도 이 같은 방식을 채택하여 미국 투자 진출 수년 뒤에는 일본에서 생산된 자동차와 비슷한 품질의 차를 생산했다. 미국의 포드주의는 정체되었지만 외국의 경쟁자는 이를 개선한 것이다. 미국의 포드주의 선점 효과는 점차 줄어들었다.

결국 빅3는 위기에 약했다. 2008년 글로벌 금융 위기 때 경기 침체로 판매 부진을 겪던 GM과 크라이슬러는 2009년 파산 보호를 신청했다. GM은 구제 금융과 정부의 신차 판매 촉진 프로그램 지원으로 간신히 위기를 벗어났지만 크라이슬러는 2014년 이탈리아의 피아트에 매각되었다. 포드도 위기 극복을 위해 2008년 재규어와 랜드로버를 인도의 타타자동차에 매각했고, 65억 달러에 인수한 스웨덴 볼보를 2010년 중국의 지리자동차에 18억 달러에 매각했다. 2025년 현재 세계 3대 자동차 기업에는 미국 빅3는 없이 토요타, 폭스바겐, 현대기아차이다.

개도국에서도 포드주의를 채택하여 미국보다 더 나은 성과를 올리기도 한다. 인도의 심장병 전문병원인 나라야나헬스Narayana Health는 의료 서비스에 포드주의를 적용해서 심장병 수술에 혁신을 일으켰다.[26] 이 병원의 창업자인 데비 셰티Devi Shetty의 일대기는 넷플릭스 시리즈의 '서전스 컷The Surgeon's Cut'에서 소개되었다. 2001년 창업된 이 병원은 20개의 수술실과 1천 개의 병상을 갖고 있다. 40명의 전문 의사가 일주일에 600건의 심장병을 수술한다. 미국의 심장 전문의가 평생 3천 건의 수술을 하는 데 비해 이곳 의사는 30대에 이미 3천 건의 수술 경력을 갖는다. 의사들은 많은 수술로 지식과 경험을 축적했기 때문에 수술의 성공률은 높다. 수술은 2시간이면 끝나고 환자는 일주일이면 퇴원한다. 병원은 최첨단 의료 장비를 사용하지만 활용도가 높아서 환자에 전가되는 비용 부담은 적다. 환자의 보험 가입 여부에 따라 수술비는 최소 1,200에서 최대 2,400달러이다. 미국에서 심장병 수술을 받으려면 10만 달러 이상이 든다.

M&A의 폐해

미국 의회가 2020년 발표한 〈디지털 시장의 경쟁 조사Investigation of Competition in Digital Markets〉[27]에 따르면 미국의 기술대기업은 검색, 앱장터, 소셜미디어, 전자상거래 등의 플랫폼에서 문지기로 있으면서 잠재적 경쟁 기업을 인수하거나 플랫폼에서 배제하여 경쟁의 싹을 없앴다. 구체적인 사례이다. 구글은 자사의 검색 앱이 이동전화기에 초기 설정되도록 이동전화기 제조업체와 합의했다. 애플은 자사 앱과 경쟁하는 타사의 음악 스트리밍 앱을 앱장터에서 배제했다. 페이스북은 인스타그램, 왓츠앱 등을 인수한 후에 피

인수 회사가 자사와 경쟁하지 못하도록 이들의 성장을 저지했다. 아마존은 입점 업체의 매출 정보를 자사 소매업에 활용했고, 입점 업체가 다른 플랫폼에서 더 싸게 팔면 불이익을 주었다. 검색 결과에서도 자사 브랜드가 다른 회사의 브랜드보다 더 잘 보이게 배열했다.

이러한 반시장 경쟁 사례는 M&A가 기업에게 좋은 수단이면서도 시장에 폐해를 주는 것을 보여준다. 근본적으로 M&A는 동종 업체를 인수하는 경우가 많아서 시장 경쟁을 감소시킨다. 이는 경쟁에 기반하는 시장 경제의 대원칙을 위배하는 것이다. 시장 경쟁이 감소하면 앞으로는 구글, 애플, 아마존, 페이스북 등과 같은 혁신 기업이 더 이상 나오지 않을 것이다. 이것이 미국 정부가 기술대기업의 불공정 경쟁 행위를 조사하는 배경이다.

M&A에 따른 시장 경쟁의 약화 폐해가 미국의 방위 산업에서 현실화되었다. 1993년 미국 정부는 방위 산업의 효율성 향상과 경쟁 완화를 위해 산업 통합 정책을 발표했다. 이후 미국 방위 산업에서는 기업 통합을 위한 많은 M&A가 있었다. 1990년 51개사에 달했던 방산 업체는 현재는 록히드마틴, 레이시온 테크놀로지스, 보잉, 노스롭 그루먼, 제너럴 다이내믹스 등 주요 대형 5개사로 줄었다. 부품 업체도 2016년 6만 9천 개사에서 2021년 5만 5천 개로 줄었다.[28] 방위 산업이 독과점화 되면서 생산성이나 생산 역량은 약화되었다. 일례로 러시아·우크라이나 전쟁 때 러시아 탱크의 킬러로 성과를 올린 재블린 로켓은 전장에서의 긴급한 지원 요청에도 불구하고 적시에 공급되지 못했다. 방산의 시장 경쟁에 문제가 있다고 판단한 미국 정부는 다시 방위 산업의 경쟁 촉진, 반독점 M&A 기준 강화, 공급 업체 다각화 등을 추진하고 있다. 2022년에는 미국 정부는 록히드마틴의 로켓 제조업체 Aerojet Rocketdyne 인수에 제동을 걸기도 했다. 결

국, 이 회사는 록히드마틴보다 매출 규모가 작은 L3Harris Technologies 에 매각되었다.

M&A가 기업 발전에 저해 요인이 되기도 한다. 창업 이후 기술 개발로 역량을 높여가기보다는 필요한 기술 기업을 M&A하여 해결하면서 기업 가 정신이나 기업의 자체적인 기술 개발 역량은 부정적인 영향을 받기도 했다. 자본 이득을 목적으로 기업을 인수했다가 단기간에 되팔면서 거래 대상 기업이 중장기 전략 아래에서 성장하지 못하는 경우도 있다. M&A 로 시너지 효과를 기대했지만 통합의 역기능이 나타나기도 한다. 큰 비용 을 지급하고 M&A에는 성공했지만, 몇 년이 지나도 이전의 조직 간 갈등 이 계속되면서 성과를 내지 못하는 '승자의 저주'도 생겼다. 기업이나 사람 에 체화되어 있는 무형 자산이 경영진 교체나 직원 해고의 과정에서 손실 되기도 했다.

M&A는 미국 기업의 경영 문화에도 영향을 주었다. 기업이나 경영진 은 그린필드 투자와 달리 해당 산업에 대한 핵심 역량이나 전문 지식이 없 어도 자금이나 경영 능력만 있으면 타 산업의 기업을 M&A 할 수 있다. 이 때문에 기업 경영자는 지식·경험·열정보다는 자금 동원력이나 기업 관 리 능력으로 더 높은 평가를 받기도 한다. 기업도 상품처럼 사고파는 매매 차익의 대상이 되면서 창업가는 소명을 갖고 기업을 끝까지 일구기보다 는 일정 시점 이후에 기업을 매각하여 큰돈을 받고 은퇴하는 벤처기업의 문화도 생겼다. M&A가 사업 재구축이나 업계 재편성을 위해서가 아니라 '머니게임'의 방편으로 이용되는 것이다.

과거 미국의 많은 경제학자들은 M&A로 탄생한 대형 기업이 더 효율 적일 것이라고 주장하며 M&A를 정당화했다. 대형화된 기업은 이전보다 낮은 가격으로 동일하거나 더 좋은 품질의 상품서비스를 소비자에게 제공할 수 있다고 했다.[29] 그러나 2016년 한 연구[30]는 "미국의 M&A는 상품·서비스의 품질 변화는 없이 가격을 평균 5~50% 올렸고, M&A가 공장의 생산성이나 공장 간 생산 재배치를 통한 효율성 등을 높였다는 사실도 발견하지 못했다"라고 발표했다. 이는 M&A에 따른 시장 지배의 부정적 효과가 M&A에 의한 생산성 제고 등의 긍정적 효과를 초월한다는 의미이다. 이 연구가 사실이라면 수많은 M&A를 거쳐서 3강 체제가 된 많은 미국의 자동차, 정유, 제약 유통, 항공업, 금융업 등은 시장에 부정적 독과점 효과를 주고 있는 것이다. 즉, 국가 경제의 차원에서 승인되지 않았어야 할 M&A가 허용된 것이다.

5. 차세대 제조업의 준비 부족

미국은 디지털 기술, 금융·보험, 항공·우주·방산, 제약 등 주요 산업에서 세계적인 경쟁력을 갖고 있다. 기술대기업은 S/W, 이동전화 운영 시스템, 앱장터, 전자상거래, 검색, 인공지능, 소셜미디어, 클라우드 컴퓨팅 등에서 기술로 세계인의 일과 삶을 표준화시키고 있다. 월스트리트 투자 은행은 전 세계를 상대로 금융·자본 중개 서비스를 하고, 미국 펀드 매니저는 전 세계 자산의 55%를 운용한다.[31] 비자나 마스터카드 없이 해외 여행하기는 어렵다. 민간 기업인 스페이스엑스는 로켓 재활용의 시대를 열었다. 화이자와 모더나는 코로나 때 빠르게 백신을 개발하여 기술력을 과시했다.

그렇다면 미국의 차세대 제조업은 어떠한가? 일반적으로 차세대 산업은 반도체나 탄소배출을 줄일 수 있는 전기차, 배터리, 원자력 발전, 그린 수소, 재생에너지 등이 언급된다. 미국은 2050년까지 '탄소배출 순증 제로 달성'을 선언하고 '만물 전기화electrification of everything'를 추구하고 있다. 만물 전기화란 기계·장비·시설 등의 가동에 필요한 에너지원을 석유, 천연가스, 석탄 등에서 전기로 바꾸는 것이다. 이들 산업에 추가적으로 미국 제조업이 아직도 세계 최고의 경쟁력을 갖고 있는 항공기 제작과 미국의 해양 패권 유지에 필수적인 조선업을 추가하여 총 8개 산업의 경쟁력을 살펴본다.

반도체

미국은 1940년대부터 군사 및 우주 개발용 컴퓨터의 계산 능력을 향상시키기 위해 반도체 개발에 착수했다. 1947년 벨연구소의 트랜지스터, 1958년 텍사스 인스트루먼트의 집적 회로, 1961년 페어차일드 반도체의 실리콘 집적 회로 등이 개발되면서 반도체 기술은 발전했다. 1962년까지만 해도 미국 정부는 생산된 반도체를 모두 구매했을 정도로 반도체의 수요를 창출했다. 이후 반도체는 민수용 TV, 라디오 등에서 쓰였다. 미국 의회 보고서[32]에 따르면 현재도 미국 정부는 반도체에 대한 신기술 개발을 위한 R&D 프로그램을 가동 중이다. 반도체의 연산 능력, 기억 용량, 전송 속도 등을 연구하고[6] 반도체 산업을 위한 과학·기술·엔지니어·수학 전문 인력 육성, 교육·훈련, 산학관연 교류를 지원한다. 미국에서 반도체 산업은 매출액 대비 R&D 비중이 제약·바이오 산업 다음으로 높다.[33]

반도체는 점점 더 중요해지고 있다. 컴퓨터, 통신, 소비재, 산업용, 자동차뿐만 아니라 4차 산업인 인공지능·머신러닝, 자율주행, 양자컴퓨팅, 에지컴퓨팅, 가상·증강현실, 블록체인, 사이버보안, 사물인터넷, 5G 이동통신 장비, 로봇 프로세스 자동화, 군수 산업 등에서 핵심 부품이다. 자율

---

6 프로그램은 National Strategic Computing Initiative(2015년 시작), National Quantum Initiative (2018), Electronic Resurgence Initiative(ERI, 2017), Joint University Microelectronics Program (JUMP, 2018), Nanoelectronics for 2020 and Beyond(2010) 등이 있다. 프로그램의 주관 기관은 국방부의 국방고등연구계획국이 가장 많고, 국가과학재단, 에너지부, 상무부 등도 있다. 연구 분야는 소형화의 한계가 예상되는 실리콘 소재 CMOS(Complementary Metal-Oxide-Semiconductor)의 대체 기술 확보를 위한 신소재, 연산 방식, 소자, 시스템, 아키텍처 등이다. 양자컴퓨팅, 전기가 아닌 빛 신호로 이용하는 광학컴퓨팅(optical computing), 인간의 신경망과 뇌를 본 딴 뉴로모픽 컴퓨팅(neuromorphic computing), 전자의 자기적 회전 방향을 이용한 스핀트렌지스터(spintronic transistors), 빛으로 통신하는 집적포토닉스(integrated photonics) 등도 연구한다.

자동차 개발에서도 부품 업체와 기술대기업의 개발 경쟁이 치열하지만 양 진영 모두 필요한 핵심 부품은 첨단 반도체이다.

반도체 산업은 R&D, EDA^{electronic design automation}, 전공정(생산), 후공정(조립·테스트·패키징)으로 구성된다. 미국은 전·후공정을 제외한 R&D, EDA, 생산 장비 등에서 세계 최고의 기술력을 갖고 있다. 반도체 설계에 필요한 시뮬레이션·디자인·검증을 위한 S/W인 EDA는 미국의 Synopsys, Cadence, 지멘스 EDA가 전 세계 시장의 75%를 점유한다.[34] 이들은 많은 M&A를 통해 현재의 입지를 확보했다. 첨단 반도체는 1천억 개 이상의 트랜지스터를 하나의 칩에 집적하기 때문에 EDA가 없으면 첨단 반도체를 만들 수 없다. 삼성전자, SK하이닉스 등 전 세계의 많은 반도체 회사들이 이들의 EDA를 사용한다. 2022년 미국이 중국의 팹리스에 미국산 EDA를 못 쓰게 수출 통제하자 중국 회사들이 큰 어려움을 겪기도 했다.

미국은 반도체 생산 장비에서도 세계적인 경쟁력을 갖추고 있다. 세계 10대 반도체 생산 장비 기업(2020년 매출 기준)은 Applied Materials(미국), ASML(네덜란드), Lam Research(미국), Tokyo Electron(일본), KLA(미국), Advantest(일본), Dainippon Screen(일본), Teradyne(미국), Hitachi High-Technologies(일본), ASM Int'l(네덜란드) 등이다. 이중 미국 기업은 4개사이고, 이들의 기술력은 중국보다 10년 이상 앞선 것으로 평가받는다.

그러나 미국의 반도체 생산 역량은 취약하다. IC Insights 2020년 매출 기준으로 세계 15대 반도체 기업에서 미국 기업은 인텔, 마이크론, 퀄컴, 브로드컴, 엔비디아, 텍사스 인스트루먼트, 애플, AMD 등 8개사이다. 8개사 중에서 인텔, 마이크론, 텍사스 인스트루먼트, AMD는 반도체의 설계와 생산을 병행하지만 퀄컴, 브로드컴, 엔비디아, 애플 등은 설계만 한다.

전 세계 반도체 생산에서 미국 국내 생산의 비중은 1970년대 60%, 1990년대 40%, 2019년 11%, 2022년 8%로 떨어졌다.[35] 미국의 반도체 기업이 생산 공장을 해외로 이전하거나 해외 업체에 반도체 생산을 위탁한 결과이다. 미국 국내에는 현재 인텔 8개, 마이크론 테크놀로지 4개, 글로벌 파운드리 3개, 삼성전자 1개, 텍사스 인스트루먼트 2개, Skorpios 1개 등 총 20여 개의 생산 공장이 있다.

미국 반도체 기업은 생산과 설계를 병행하기에는 투자비가 너무 많이 들자 1990년대부터 높은 수익을 얻을 수 있는 개발과 설계 중심으로 전환했고, 생산은 외부의 파운드리 업체에게 맡겼다. 예를 들어 애플, 페이스북, 자동차 업계는 자사 수요용 반도체를 직접 설계하지만 생산은 TSMC 등에 외주를 주었다. 첨단 반도체는 해외 의존도가 더 높다. 미국의 파운드리 기업은 글로벌 파운드리스Global Foundries, 스카이워터 테크놀러지Skywater Technology에 불과하다.

미국은 1960년대부터 노동 집약적인 반도체 후공정을 아시아에 보내기 시작했다. 1960년대 한국이 담당했던[7] 후공정을 지금은 말레이시아, 베트남, 필리핀 등이 맡고 있다. 미국에서 생산된 반도체를 말레이시아에 보내져 그곳에서 후공정 한 후 다시 미국에 반입하기 때문에 미국 반도체 수입의 20%가 말레이시아에서 온다. 미국 반도체 기업은 생산에 규모의 경제가 작용하고 인건비 비중이 감소하자 인센티브를 받고 유럽에도 투자했다. 인텔은 아일랜드·이스라엘·중국·말레이지아에, 마이크론 테크놀로지

---

7 1960년대 미국의 모토로라(대한 투자 1967년), 페어차일드(1966년), 시그네틱스(1966년) 등이 한국에 투자하여 트랜지스터를 조립 및 패키징한 후 미국에 수출했다.

는 싱가포르·일본·대만에, 텍사스 인스트루먼트는 중국·대만·말레이지아·필리핀에, 글로벌 파운드리스는 독일·싱가포르에 공장을 가동한다.

　미국이 반도체 생산을 오랫동안 등한시한 결과 생산 기술에 문제가 발생했다. 이제는 최첨단 반도체 공장을 직접 지을 역량도 약화되었다. 인센티브를 주고 삼성전자와 TSMC를 미국에 유치한 배경이다. TSMC의 장중머우 회장은 TSMC가 미국에 반도체 공장을 건설하는 것에 회의적이었다. 그에 따르면 미국의 반도체 생산비는 대만보다 50%나 높고, 반도체 인재는 1970~80년대 고임을 주는 금융이나 컨설팅 업계로 떠나서 반도체에서 우수 인재를 확보하기 어렵다고 말했다.[36] TSMC의 애리조나 공장도 인력 부족 때문에 1년 늦어져 2025년 완공된다고 보도되었다.[37]

전기차

1908년 포드 자동차가 자동차의 대중화 시대를 연 이후 현재까지도 자동차의 기본 디자인과 내연 기관은 크게 변하지 않았다. 자동차 기술의 변화가 크지 않아서 20세기 초 선도기업이 대부분 현재에도 그 지위를 유지하고 있다.[38] 그러나 미국 테슬라가 전기차 시대를 열면서 전 세계 자동차 산업은 격변기에 들어갔다. 테슬라는 2022년 1,314천 대의 전기차를 생산하여 세계 1위의 전기차 기업이다. 2위는 중국 BYD(913천 대)이다.[39] 테슬라의 경쟁력은 높은 성능의 아웃소싱 배터리와 자율주행 시스템에서 나온다. 자동차 산업은 신규 진입이 어려운데도 불구하고 2003년 창업한 이 회사가 전기차 1위가 된 것은 높이 평가받을 일이다. 테슬라는 2020년 S&P500 지수 편입되면서 그 가치를 인정받았다.

　미국에는 제2의 테슬라를 꿈꾸는 벤처기업도 있다. Rivian Automotives

LLC(설립 : 2009년, 펀딩 : 54억 달러, 생산 차종 : 픽업, 주요 주주 : 포드, 아마존 등), Lucid Motors Inc(2007년, 10억 달러, 승용차, 사우디 펀드), Lordstown Motors Corp(2019년, 시장 가치 44억 달러, 픽업트럭, GM 등), Nikola Corp[8](2015년, 시장 가치 101억 달러, 수소 연료 전지 트럭, Robert Bosch 등), Fisker Inc(2016년, 시장 가치 45억 달러, SUV, Magna 등), Faraday & Future Inc(2014, 승용차, Birch Lake 등) 등이다. 이들은 아직 생산·가격·안전성 등에서 극복해야 할 과제들이 있지만 개발에 성공하면 국내외 대형 자동차 회사에 M&A될 가능성이 높다.

그러나 미국 빅3는 전기차 개발에 소홀했다. 2021년이 되어서야 GM과 포드는 전기차 개발을 선언하고 GM은 2035년, 포드는 2040년에 내연기관차의 생산을 중단할 예정이다. 2023년에 GM 568천 대, 스텔란티스 301천 대, 포드 105천 대의 전기차를 생산했다.[40] 빅3가 그동안 전기차 개발에 소홀했던 배경은 단기적인 경영 목표와 관료주의적 의사 결정이 원인이다. 남들이 모르거나 두려워할 때 투자하는 정신이 부족했다. 배터리 기술의 발전과 충전소의 보급이 느리고 전기차 시대에 확신이 없어서 빅3는 배터리 공장을 직접 세우거나, 배터리 생산 기업에게 대량 구매를 약속할 수 없었다. 수익을 내는 엔진 개발 사업을 포기하기 어려웠다. 트럼프 정부의 완화된 기후변화 정책도 전기차 개발을 늦추었다.

빅3가 잃어버린 시간을 만회하기 위한 전략은 외부 협력이다. 한국의

---

8 한화는 Nikola에 2018년 1억 달러 투자로 지분 6%를 확보했다. 2020년 니콜라가 상장하면서 주가가 80~90달러 선까지 치솟으며 성공 투자로 평가받았다. 그러나 니콜라의 기술이 과장 또는 거짓으로 밝혀지면서 2024년 9월 현재 니콜라의 주가는 5.4달러로 폭락했다. 한화는 니콜라 전량 매각하여 2023년까지 1억 3,360만 달러 가량을 회수했다고 보도되었다.

LG엔솔, 삼성SDI, SK온, 일본의 파나소닉과 합작으로 배터리 생산 공장을 세우는 것이다. 자동차의 대중화를 열었던 포드는 자존심을 접고 미국 정부의 반대에도 불구하고 중국 CATL과 배터리 협력을 한다. 포드와 GM은 미래차의 기술에 대해서는 구글이나 마이크로소프트 등과 협력한다.

지난 바이든 정부는 2030년까지 충전소 50만 개 추가 설치, 모든 버스와 정부 차량의 전기차 전환, 세제 혜택, 소비자 인센티브 등으로 전기차 산업의 발전을 지원하기로 했다. 그러나 트럼프 2기 정부는 전기차 배터리의 원료나 소재를 중국이 장악한 상태에서 미국의 전기차 전환은 중국만 이익이라는 인식이 있다. 이에 따라 바이든 정부의 전기차 정책을 뒤집을 가능성이 있다.[41] 전기차 구매 보조금을 폐기하거나 전기차 충전 인프라 확대 프로그램을 중단하며 연방 정부의 무공해 차량을 구매 정책을 없애고, 국방부가 추진하던 전기 군용 차량 구매와 개발 계획까지 철회할 가능성이 있다. 또한, 배터리 소재와 부품 등에도 수입 관세를 부과할 수도 있다. 이와 같은 조치는 미국의 전기차 전환의 속도를 늦출 것이다.

배터리(2차전지)

미국은 LG엔솔[9], 삼성SDI, SK온, 파나소닉, CATL, BYD 등과 견줄만한 배터리 생산 기업이 없다. 지금 미국에서 건설되는 배터리 생산 공장을 보면 LG엔솔(투자액 56억 달러, 투자 지역 Arizona), 현대차·SK온(50억 달러, Georgia), 혼다·LG엔솔(44억 달러, Ohio), 현대차·LG엔솔(43억 달러, Georgia), 파나소닉(40억 달러, Oklahoma), 테슬라(36억 달러, Nevada), 포드·CATL(35억 달러, Michigan), Redwood Materials(35억 달러, South Carolina) LG엔솔(32억 달러, Tennessee), GM·삼성SDI(30억 달러, Indiana) 등이다. 포드·CATL, Redwood Materials 이외에는 한국과 일본 업체에 의한 프로젝트이다.[42] 테슬라의 배터리 공장에는 CATL의 장비를 투입하여 리튬인산철^{LFP} 배터리를 생산할 계획이다.

미국의 배터리 생산 역량은 중국보다 10년 뒤진 것으로 평가받는다.[43] 미국이 중국에 뒤진 배경을 설명하는 사례가 있다. 이는 기술 유출 통제의 실패 사례로도 인용된다. 현재 중국이 많이 생산하고 있는 리튬인산철 배터리 기술은 1990년 미국 텍사스 대학에서 개발한 것이다.[44] 2001년 창업된 미국의 A123사가 이 기술을 상용화했다. A123사는 미국 정부로부터 수억 달러의 개발 자금을 지원받고 상장도 되었다. 중국에 음극재

---

9 LG엔솔은 GM, 혼다, 현대차, 스텔란티스 등을 비롯해 북미에 2개의 단독 공장과 6개의 합작 공장 등 총 8개의 공장을 운영 및 건설 중이다. 닛산, 혼다, 이스즈 등으로부터도 배터리를 수주했다.

공장을 세웠고, 한국과 대만에서도 전극재와 배터리 셀을 아웃소싱했다. 그러나 빅3에 대한 배터리 공급에 어려움을 겪었고, 영국 Aston Martin 의 플러그인 하이브리드차에 들어갈 배터리에 불량이 발생하면서 매출 이 늘지 않아 결국 2012년 부도가 났다. 그런데 2013년 이 회사를 중국 의 최대 자동차 부품 회사인 Wanxiang사가 인수했다. 당시 미국에서는 이 인수에 대해 기술 유출의 논란이 있었지만, 미국의 외국인 투자 위원 회[CFIUS]는 최종적으로 이 배터리 기술은 보호 대상이 아니라고 판단하고 M&A를 승인했다. 중국 창저우에서 당시 A123사에 LFP 음극재를 공급 했던 Hubei Wanrun New Energy Technology Co는 현재 CATL의 공 급업체이다. 한편, 이전에 A123에서 근무했던 미국 직원들이 창업한 미 국의 Our Next Energy는 2024년까지 미국 미시건 공장을 완공하여 LFP 배터리를 생산할 예정이다.

원자력 발전[45]

1979년 미국 스리마일 원전, 1986년 우크라이나 체르노빌 원전, 2011년 일본 후쿠시마 원전 등의 사고로 적지 않은 나라들이 탈원전을 선택했다. 그러나 원전은 각국의 2050년 탄소중립 목표의 달성에 효과적인 수단으 로 다시 각광받고 있다. 탄소 발생이 없고 재생에너지보다 발전 단가도 낮 기 때문이다. 미국에서는 30년 만에 처음으로 2024년 보글[Vogtle]원전 3,4 호기가 완공되어 가동을 시작했다. 이를 미국 원전 부활의 신호탄으로 보 기도 한다. 이 원전은 2009년부터 건설을 시작했으나 중간에 건설비 급증 및 건설사 파산 등의 어려움을 겪으면서 완공이 늦어졌다. 건설비도 예정 보다 2배(300억 달러)나 더 많이 투입되었다. 앞으로 미국은 보글과 같은 대형 원전보다는 소형 원전을 추구할 것으로 전망된다.

1951년 미국 아르곤 국립 연구소$^{Argonne\ National\ Laboratory}$가 최초로 원자로를 개발한 이후 미국 원전은 세계 최고의 경쟁력을 보유했었다. 그러나 1979년 스리마일 원전 사고 이후 쇠퇴의 길을 걸었다. 신규 원전 건설이 없어지면서 현재 가동되는 미국의 원전은 대부분 1967~1990년에 건설되어 노후된 원자로이다. 2022년 현재 54개의 원전(92개 상업용 원자로)이 가동 중이고, 미국의 전력 생산에서 원전 비중은 18.2%이다.[10] 미국의 원전 산업이 쇠퇴한 것은 2가지의 비용 요인 때문이다. 첫째, 스리마일 원전 사고 이후 안전 규제 강화, 안전 강화를 위한 건설 자재 투입 증가, 노동력 부족 등으로 원전 건설비가 상승했다. 둘째, 셰일가스 개발로 가격이 저렴해진 천연가스가 주요 발전원으로 등장했다.

오랜 기간 원전 건설이 중단되면서 미국의 원전 산업은 붕괴 직전이다. 세계 원전의 대명사인 미국의 웨스팅하우스는 사업 수주 부족으로 어려움을 겪으면서 주인이 여러 차례 바뀌었다. 1999년 영국 BNFL에 팔렸다가 2006년 일본 도시바에 인수되었고, 파산 보호 신청을 거쳐 2018년에 캐나다의 사모펀드인 브룩필드(보유 지분 51%)와 캐나다의 우라늄 업체인 카메코(Cameco, 49%)가 인수했다. 현재 미국에서 상업용 원전을 시공할 수 있는 기업은 없고 원전 정책 전문가나 엔지니어도 크게 줄었다. 그동안 대학에서 원전 전공자가 육성되지 않았다. 더욱 심각한 것은 현재의 노령 인력마저 대부분 2020년대에 은퇴한다는 것이다. 발전용 우라늄의 80%를

---

10 2023년 현재 미국의 발전원은 화석 연료 60.4%(천연가스 39.9%, 석탄 19.7%, 석유 0.5%), 원자력 18.2%, 재생에너지 21.3%이다.

러시아 등으로부터 수입하면서 미국의 우라늄 채굴 및 가공 산업도 약화되었다. 미국이 해외 시장에서 사라지자 중국과 러시아의 국영 기업이 세계 원전 시장을 장악하다시피 했다. 러시아는 우즈베키스탄, 슬로바키아, 이집트, 튀르키예, 이란, 인도, 중국, 베트남, 방글라데시 등에 원전을 짓고 있다. 미국은 중국과 러시아의 독주를 막기 위해서도 원전 산업의 부활이 필요하다. 이를 위해 규제 완화, 투자 확대, 한국·프랑스·일본·영국·캐나다 등과의 협력이 강조되고 있다.

한국은 탈원전 정책을 펼치기도 했었지만 원전의 설계·시공·제조 역량을 계속 축적해 왔다. 소형 원자로^{SMR : small modular reactor} 사업도 경쟁력이 있어서 미국의 SMR 개발 사업자가 한국에 SMR 설비와 부품의 생산을 위탁할 수 있다. SMR은 건설비가 대형 원자로의 1/10에 불과하고 방사성 누출 위험도 적어서 전기를 많이 쓰는 인공지능 데이터 센터나 반도체 생산 단지 부근에 설치할 수 있다. 한국 기업의 시공 역량과 미국 기업의 기술·네트워크를 활용하여 같이 해외 시장을 개척할 수 있다.

그린수소

그린수소는 석유·석탄을 대체하고, 탄소중립을 달성할 수 있는 미래 연료이다. 그린수소는 전기의 생산에 쓰인다. 재생에너지로 얻은 전기로 그린수소를 추출·액화시킨 후 수요처에 보내져 수소 연료 전지를 통해 다시 전기를 발생시킨다. 재생에너지의 발전 단가가 낮아지고, 전해조^{Electrolyser}와 연료 전지가 대량 생산되면 그린수소의 상용화가 예상보다 빨라질 것이다.

미국은 그린수소 생산에서 한국, 일본, 중국, 호주, 독일, 프랑스, 영국, 캐나다에 비해 상용화, 인프라, R&D 등이 뒤졌다.[46] 2020년 미국 에너지부가 강조한 것처럼 수소 경제는 한 분야의 기술과 혁신으로 달성할 수 있는 것이 아니고 국가적 역량의 집중이 필요한데 미국은 그동안 그러지 못했다. 현재 미국은 화석 연료에서 추출한 그레이 수소grey hydrogen를 연간 1천만 톤 생산하고, 수소 파이프라인 2,600㎞, 수소 충전소 100여 개가 있다. 미국 정부의 수소 프로그램은 백금보다 저렴한 전기 분해 촉매, 수소 액화 시 에너지 손실 최소화, 기존 천연가스 파이프라인의 수소 인프라 전환 등을 연구한다.

미국은 2003년에 조지 부시 대통령이 기후변화의 대책으로 수소 경제를 말했지만 이후에 큰 진전은 없었다.[47] 2020년 들어서 연방 에너지부는 정부 부처 차원에서 처음으로 〈수소 프로그램 계획hydrogen program plan〉을 발표했다. 이 계획은 수소 기술의 R&D와 시연을 목적으로 에너지부 산하 기관에 분산된 각종 수소 R&D 프로그램을 통합하고, 관련 규제의 정비, 산업별 수소 도입 촉진 가이드라인 등을 제시했다.[48] 2023년에는 국가 차원에서 최초로 〈국가 청정 수소 전략과 로드맵U.S. national clean hydrogen strategy and roadmap〉을 발표했다.[49] 이 로드맵에 따르면 연방 정부는 미국 전역에 7개의 수소 허브 권역을 지정하고, 권역별로 그린수소의 생산·저장·운송·충전·활용 등을 추진한다. 7개 허브는 Midwest Hydrogen Hub, Heartland Hydrogen Hub, California Hydrogen Hub, Pacific Northwest Hydrogen Hub, Appalachian Hydrogen Hub, Mid-Atlantic Hydrogen Hub, Gulf Coast Hydrogen Hub 등이다. 인플레이션 감축법을 통해서 수소 인프라 건설, 투자 세제 혜택, R&D 등에 95억 달러를 투입하여 기업 투자 400억 달러를 유발한다. 생산된 그린수소는 자동차, 산업·상업·가정용 발전에 활용된다.

인플레이션 감축법 이후 미국의 에어프러덕츠^{Air Products}, 퓨얼셀에너지^{Fuel Cell Energy}, 플러그파워^{Plug Power}, 블룸에너지^{Bloom Energy} 등은 그린수소 플랜트 건설 계획을 발표했다. 그러나 이후 물가와 임금의 상승으로 전해조 설치비가 증가하고 고금리로 건설비가 급증하면서 프로젝트 진행에 어려움이 발생하고 있다. 아직도 그린수소를 먼 미래의 산업으로 보는 시각도 있다. 플러그파워^{PlugPower}, 퓨얼셀에너지^{Fuel Cell Energy}, 블룸에너지^{Bloom Energy}의 주가는 고점 대비 크게 떨어진 상태이다.

재생에너지

태양광, 태양열, 풍력, 지열, 바이오매스 등 여러 재생에너지 수단이 등장했지만 기술 개발과 대량 생산으로 발전 단가를 낮춘 태양광과 풍력이 대세가 되었다.[50] 태양광 산업은 상류 부문(폴리실리콘, 잉곳, 웨이퍼), 중류 부문(태양전지, 판넬), 하류 부문(시스템)으로 구성된다. 폴리실리콘에서 태양전지까지는 기술 집약형 및 고부가 가치 산업으로서 진입 장벽이 높아 과점 산업이다. 시스템 산업은 노동 집약형 조립 가공 산업으로서 진입 장벽이 비교적 낮다. 폴리실리콘, 웨이퍼, 태양전지, 판넬 등을 생산하는 세계 10대 기업은 대부분 중국 기업이며 중국 기업의 합산 세계 시장점유율은 70%가 넘는다.

미국의 재생에너지는 2023년 발전 비중이 21.3%이고 세부적으로 풍력 10.3%, 수력 6.0%. 태양광 3.3%, 태양열 0.1%, 바이오매스 1.2%, 지열 0.4% 등이다. 풍력이 가장 많은데 텍사스, 아이오와, 일리노이 등에서는 대규모 풍력 단지를 쉽게 볼 수 있다. 미국은 최초로 태양광 기술을 개발했으나 생산에서 뒤졌고, 국제 경쟁력은 취약하다. 각 부문에서 10위

안에 드는 미국 기업은 폴리실리콘의 Hemlock, 판넬의 First Solar 정도이다.[51] First Solar는 대부분 말레이시아와 베트남에서 생산하여 미국에 수입한다.

인플레이션 감축법 이후 판넬 수입을 대체하기 위해 미국 기업들은 30여 개의 태양광 판넬 생산 프로젝트를 발표했다. 그러나 높은 물가와 고금리, 제한적인 송전망, 전력망 연결을 위한 고비용과 긴 소요 시간, 발전소 인허가 지체, 대체 발전원과의 경쟁, 부품 장비 공급 장애 등의 어려움에 직면하고 있다. 미국산은 중국 등의 수입산에 가격 경쟁이 되지 않기 때문에 미국 정부의 추가적인 지원이 없으면 국내 생산 계획의 절반은 취소될 가능성도 있다.[52]

반면, 미국의 풍력 산업은 국제 경쟁력을 유지하고 있다. 풍력 터빈은 토대, 타워, 로터 · 허브 · 블레이드, 나셀nacelle, 발전기의 5개로 구성된다. 2020년 터빈 기업에 위탁된 생산 용량commissioned capacity 기준으로 세계 시장점유율은 미국 GE 13.5%, 중국 Goldwind 13.0%, 덴마크 Vestas 12.4%, 중국 Envision 10.3%, 독일 · 스페인 Siemens Gamesa 7.6%, 중국 Minyang 5.6%, 중국 Shanghai Eletric 5.0%, 중국 Windey 3.9%, 중국 CRRC 3.8%, 중국 Sany 3.7% 등이다.[53]

2022년 기준으로 미국 국내에 공급된 풍력 터빈의 58%는 GE가 공급했고 여기에서 나셀의 85%, 타워의 70~85%가 미국에서 제작되었다. 그러나 이들 장비에 들어가는 부품이나 장비는 수입이 적지 않다. 블레이드에서 미국산 비중은 5~25% 정도이다.[54] 미국 시장에서 GE 다음으로 시장점유율이 높은 기업은 Vestas(24%), Nordex(10%, 덴마크), Siemens-Gamesa(8%) 등이다.

한국의 태양광 산업은 지난 10년간 폴리실리콘과 웨이퍼에서 저가 중국산에 밀려 어려움을 겪어 왔다. 그러나 폴리실리콘부터 시스템까지 전 부문에 걸쳐 태양광 생태계가 잘 구축되어 있다. 2022년부터 미국이 중국산 태양광 판넬의 수입을 제한하면서 미국 시장에서 한국 기업에게는 기회가 되고 있다. 한화큐셀과 OCI홀딩스의 미션솔라에너지^{MSE}는 미국에서 태양광 판넬을 생산하고 있다. 한편, 한국의 풍력 산업은 터빈에서는 경쟁력이 약하지만 해상 풍력에 필요한 하부 구조물, 발전소 설치선, 해저 케이블, 해상 변전소 등에서 국제 경쟁력이 있다.

항공기 제작

미국이 세계 시장을 주도했던 석유, 철강, 자동차, 전기전자 등은 대부분 경쟁력을 잃었지만 아직도 국제 경쟁력을 유지하는 제조업이 항공기 제작이다. 미국의 최대 수출 품목이기도 하다. 미국, 중국, 러시아, 캐나다, 브라질 등과 같은 영토가 큰 나라들은 오래전부터 항공기 개발을 위해 노력했다. 주요 항공기 제작사를 보아도 보잉(미국), 에어버스(유럽), UAC(러시아), Comac(중국), 봄바디아(캐나다), 엠브라이에르(브라질), 미쓰비시(일본) 등 일본을 제외하고는 대부분 큰 나라에 있다. 이 중에서도 민수와 군수 항공기 제작에 성공한 기업은 미국의 보잉과 유럽의 에어버스이다. 항공기 생산은 군사력과 직결되기 때문에 각국은 이 산업을 국가적으로 지원한다.

미국의 항공 산업은 1·2차 세계대전 때가 발전의 황금기였고 1960년대까지만 해도 미국이 전 세계 항공기 시장의 80%를 점유했었다. 선도기업인 보잉은 1955년부터 집계된 포춘 500대 기업에 한 해도 빠짐없이 들어간 49개사 중 하나로서 탄탄한 비즈니스 입지를 갖고 있다.[55] 또한 미국인의 사랑을 받는 대표적인 기업이다. 보잉은 초기에는 우편물 운송용 항공기 제작에서 시작하여 여객기, 군용기 등으로 확대했다. 더 적은 연료로, 더 많은 승객이나 화물을 싣고, 더 멀리, 더 빠르게 가는 비행기를 만들어 왔다. 1997년 경쟁사인 맥도넬 더글러스와 합병하여 미국 유일의 상업용 항공기 제조업체가 되는 등 많은 M&A를 통해 기업 규모를 키웠다.

그러나 1969년 영국, 프랑스, 독일 등의 기업들이 합작한 에어버스가 등장한 이후 보잉의 시장점유율은 잠식되기 시작했다.[56] 1990년대 말, 세계 상업용 항공기 시장은 보잉과 에어버스가 90%를 점유하는 복점^{duopoly} 체제가 되었다. 후발 주자인 에어버스는 보잉을 빠르게 추격했다. 현재 전 세계에서 운항되는 제트 여객기는 보잉 1만 대, 에어버스 9천 대로 비슷해졌다.[57] 시가 총액(2024년 4월)은 에어버스(1,429억 달러)가 보잉(1,147억 달러)보다 많아졌다.

보잉은 미국의 다른 제조업처럼 문제를 드러내고 있다. 2009년과 2016년 새로 개발한 787 Dreamliner와 737 Max에서 결함이 발견되면서 매출에 계속 영향을 받고 있다.[58] 미국 전문가들이 지적하는 보잉의 문제는 다음과 같다. 보잉은 역사가 오래되면서 직원의 평균 근속 연수가 높아져 인건비가 상승했다. 과거보다 더 많은 항공기를 팔아도 팬데믹과 같은 위기에 취약해진 배경이다. 비용 절감을 위해 장기 근무자를 해고하면서 항공기의 결함 원인을 찾기가 어려워졌다. 맥도넬 더글러스 등과 같은 많은 기업을 M&A하면서 경쟁의 야성은 줄었다. 최근에는 미국의 대통령 전용기 2대의 제작 과정에서 인테리어 업체 변경과 이에 따른 보안·안전 승인 지연, 인력 및 부품 부족, 설계 오류, 배선 지연 등으로 납기가 다시 2024년에서 2028년으로 연기되었다.[59] 보잉이 미국의 영광에서 미국의 재앙이 되었다는 비난도 받는다. '엔지니어의 회사'라고 자부하는 보잉의 어려움도 결국은 인재의 문제가 가장 크다.

조선

대형 선박의 상위 건조국(2022년 기준)은 중국 건조량(1,794척), 한국(734척), 일본(587척), 유럽(310척), 미국(5척)이다. 건조량 기준으로 중국, 한국, 일본이 전체 생산의 90%를 차지하고 미국은 0.2%에 불과하다. 중국, 한국, 일본에 있는 9개의 조선소가 전 세계 건조량의 75%를 차지한다.[60] 상선이 전시 군수 물자의 90%를 담당하고, 조선업은 군함의 건조 및 유지·보수^{MRO}: Maintenance, Repair and Overhaul 역량에 직결되기 때문에 미국 의회는 오래전부터 미국 조선업의 경쟁력 약화를 우려해 왔다. 중국은 해양 전략을 강화하면서 함정 수에서 이미 미국을 앞지른 것으로 알려진다. 세계 1위의 선박 건조국인 중국에 대한 미국의 우려는 깊어지고 있다.

세계 조선업 강국은 1950년대 영국에서 일본, 2000년 일본에서 한국, 2010년 한국에서 중국으로 바뀌었다. 중국은 2006년부터 조선업 강국을 추구해 왔다. 중국의 상위 100대 조선소의 46%는 중앙·지방 정부 소유이고, 나머지는 민간 소유이다. 정부 소유 조선소가 2021년 전체 건조량의 64%를 차지한다. 미국은 1·2차 세계대전 때 수천 대의 화물선을 건조했고, 전쟁이 끝나자 이 배들을 국내외 민간 기업에게 매각했다. 이후 이 배들은 외국 조선사들이 만든 효율 높은 배들로 대체되어 왔다. 1970년 현재 건조량 기준으로 전 세계 5%를 차지했던 미국 조선업은 1980년대 이후에는 연간 5척 정도를 건조하는 수준으로 축소되었다.

지금 미국의 대형 조선소는 유조선이나 컨테이너선을 만드는 Philly Shipyard, General Dynamics NASSCO, VT Halter Marine, Keppel AmFELS, BAE Systems, Fincantieri Bay Shipbuilding 등이 있다. 대형 선박은 대부분 Philly Shipyard와 General Dynamics NASSCO가 건조한다. 2024년 한국 한화가 1억 달러에 Philly Shipyard를 인수했다. 또한 예인선, 바지선, 해상 자원 개발용 공급선, 유람선 등을 건조하는 중소 규모의 조선소도 있다. 미국산 대형 배는 국제 가격보다 4~5배 비싸서 팔리지 않기 때문에 5대양에 다니는 미국산 배를 찾기는 어렵다. 미국산 배는 여러 배경 때문에 비싸졌다. 미국의 임금 수준이 높은데 조선업의 용접공은 더욱 높다. 강달러 정책으로 조선업을 비롯한 제조업의 가격 경쟁력이 약화되었다. 선박 건조량이 적어지면서 규모의 경제 효과도 없어졌다. 1980년대 국내외 건조 비용 보조를 위한 〈건조차액보조프로그램 Construction Differential Subsidy〉이 없어진 것도 미국산 배의 가격 경쟁력을 더욱 악화시켰다.

미국은 1920년 제정된 존스법Jones Act은 미국 국내와 하와이, 푸에르토리코, 알라스카, 걸프코스트 · 플로리다 등의 화물 노선에 미국산 배만 운항토록 의무화했다. 그러나 화주나 선주들은 비싼 미국산 배를 구매하면 큰 비용이 들기 때문에 오히려 외국산 배로 해외에서 원자재를 수입한 뒤 미국 국내 항구에서 미국산 바지선에 환적하여 국내 수요처로 보내기도 했다. 결과적으로 미국은 재정 지원 및 수입 제한 정책 등을 통해 미국 조선업 육성을 추진했지만 그 목표를 달성하지 못했다. 미국 의회는 지난 10년간 미국 행정부에 4차례나 해양 산업의 경쟁력 강화 전략의 수립을 요청했으나 큰 효과는 없었다.

　반면, 세계 2위의 조선 강국 한국은 최첨단 배를 값싸고 빠르게 건조할 수 있다. 한국 조선소들은 대형 상선부터 군함·특수 선박까지 고품질 선박의 건조에 필요한 모든 인프라를 구축했고, 기술과 경험을 갖추고 있다.

6. 제조업 부활을 위한 안간힘

'Manufacturing USA'

미국이 제조업 부활을 위해 노력을 하지 않은 것은 아니다. 오래전부터 세계 시장에서 미국산이 줄어드는 상황에 대해 위기의식이 있었다. 2008년 글로벌 금융 위기 때는 통제되지 않는 금융 산업은 경제를 위태롭게 하고, 제조업과 달리 양질의 일자리 창출에도 한계가 있는 것을 확인했다. 이에 따라 오바마 정부는 2009년 〈미국 제조업 부흥을 위한 기틀A Framework for Revitalizing American Manufacturing〉과 2011년 〈첨단 제조업 구상Advanced Manufacturing Initiative〉으로 첨단 제조업 기술 상용화를 위한 〈국가 제조 혁신 네트워크NNMI : National Network for Manufacturing Innovation〉 프로그램을 시작했다. 이는 2014년에는 〈미국 제조업 및 혁신 활성화법Revitalize American Manufacturing and Innovation Act of 2014〉으로 법제화되었고 상무부의 국립 표준 기술 연구소National Institute of Standards and Technology가 NNMI 프로그램을 총괄한다. 2016년 이 프로그램의 명칭은 'Manufacturing USA'로 변경되었다.[61]

    Manufacturing USA는 광범위한 응용 분야를 가진 첨단 제조advanced manufacturing 기술의 개발과 상용화를 위한 연구소를 지정하고, 이들이 실험실과 시장 사이의 간격을 메꿔주는 역할을 한다. 여기에서 첨단 제조advanced manufacturing란 정보, S/W, 네트워킹 등의 기술을 조합 또는 사용하

연구소	분야	담당 부서
AFFOA, Advanced Functional Fabrics of America	기능성 섬유	국방부
AIM Photonics, American Institute for Manufacturing Integrated Photonics	집적 광자 공학	국방부
America Makes	3D 프린팅	국방부
ARM, Advanced Robotics for Manufacturing	로봇	국방부
BioFabUSA Institute	세포·조직 배양 바이오	국방부
BioMADE, Bioindustrial Manufacturing and Design Ecosystem	바이오 제조	국방부
CESMII, Clean Energy Smart Manufacturing Innovation Institute	스마트 제조	에너지부
CyManII, Cybersecurity Manufacturing Innovation Institute	사이버 보안	에너지부
IACMI, Institute for Advanced Composites Manufacturing Innovation	고급 복합소재	에너지부
LIFT, Lightweight Innovations For Tomorrow	경량화 신소재	국방부
MxD, Manufacturing x Digital	디지털 제조	국방부
NextFlex	첨단 전자 집적회로	국방부
NIIMBL, National Institute for Innovation in Manufacturing Biopharmaceuticals	바이오 제약	상무무
PowerAmerica	반도체 소재	에너지부
RAPID, Rapid Advancement in Process Intensification Deployment Institute	분자 화학 반응에서 에너지 절감	에너지부
REMADE, Reducing Embodied-energy and Decreasing Emissions Institute	소재 재활용	에너지부

표 1 | Manufacturing USA 지정 연구소(자료원 : Congressional Research Service, 2022)

거나 물리학, 생물과학을 통해 새로운 물질을 만들고 활용도를 높이는 일련의 활동을 의미한다. 2022년 현재 미국 전역에 총 16개의 연구소가 지정되었다(표 1 참조).[62] 각 연구소는 특화된 영역에서 기능성 섬유, 집적 광자 공학, 3D 프린팅, 로봇, 세포·조직 배양 바이오 가공, 바이오 제조, 스마트 제조, 사이버 보안, 고급 복합소재, 경량화 신소재, 디지털 제조, 첨단전자 집적회로, 바이오 제약, 반도체 소재, 분자 화학 반응 시 에너지 절감기술, 소재 재활용 등을 연구한다. 연구소에는 산업, 학계, 연방·주 정부가 컨소시엄으로 참가한다.

연방 정부가 원천 기술의 연구가 아닌 기술의 상용화를 지원하는 것에 대해 자원 왜곡을 이유로 반대하는 의견도 있지만 미중 경쟁이 격화되는 상황에서는 이러한 의견이 채택되기는 어렵다. 앞으로 Manufacturing USA 프로그램에 대한 검토 과제도 있다. 프로그램의 목적, 지정 연구소의 적정 수, 지정 연구소의 갱신에 대한 제한 필요성, 첨단 제조 기술의 선정, 적정 지원 예산 등이다.

또한, 오바마 정부 때부터는 해외로 나간 미국 기업을 국내로 복귀시키는 정책도 시작되었다. 국내에 복귀하는 미국 기업에게는 법인세 인하, 복귀 이전 비용 보조, 설비 투자비 세제 혜택 등을 제공한다. 트럼프 2기 정부도 국내외 기업의 대미 투자를 적극 유도한다. 2011년에는 외국 기업의 투자 유치를 위해 연방 상무부 소속의 투자 유치 기관인 'Select USA'를 설립했다.

〈중국 제조 2025〉은 중국이 2015~2045년까지 30년간 10년 단위로 3단계에 걸쳐 제조업을 고도화시킨다는 계획으로서 첫 단계 10년 (2015~2025)의 계획이다.[63] 〈중국 제조 2025〉의 추진 방향은 제조업 혁신 역량 향상, 정보화 및 공업화의 심층적인 융합, 공업의 기초 능력 강화, 품질 및 브랜드 가치의 향상, 그린 제조, 중점 분야의 발전, 제조업 구조조정, 서비스형 제조 및 생산형 서비스 산업 발전, 제조업의 국제화 발전 수준 향상, 공평한 경쟁시장 환경 조성, 재무 세금 정책의 지원 강화, 다양한 인재 육성 시스템 구축, 중소(초소형) 기업 정책 개선, 제조업의 대외 개방 확대, 조직의 체계 구축 등이다. 중점 산업 분야는 ① 차세대 정보 기술 산업, ② 고급 디지털 제어 선박 및 로봇, ③ 우주항공 설비, ④ 해양 공정 장비 및 하이테크 선박, ⑤ 선진 궤도 교통 장비, ⑥ 에너지 절약 및 신에너지 자동차, ⑦ 전력 장비, ⑧ 농업기계 장비, ⑨ 신소재, ⑩ 바이오의약 및 고성능 의료기기 등이다. 단기적으로는 제조 기술 자립의 목표가 있고, 장기적으로는 2049년까지 세계의 제조 및 혁신 리더를 추구한다. 이를 위해 중국은 2016년부터 2025년까지 40개의 제조·혁신 연구소 설립을 추진하는데, 2020년까지 21개 연구소가 설립되었다. 나머지 연구소는 〈중국 제조 2025〉의 우선순위에 따라 설립될 것이다. 중국 제조·혁신 연구소 설립을 위한 중점 기술 분야는 미국 제조 연구소의 그것과 유사하다.

미국 제조업의 희망, '디지털 전환'

시카고에서 개최되는 국제 전시회는 전시 품목은 달라도 한 가지 공통점이 있다. '디지털 기술에 의한 맞춤형 생산', 즉 '디지털 전환digital transformation' 이다. 공작기계 전시회에서는 다양한 소재를 이용한 3D 프린팅이나 자동화·사물인터넷·머신러닝을 통합한 제조 기술을 선보인다. 방사선 의료기기 전시회에서는 3D 프린팅으로 환자의 머리 모형을 만들어 사전에 수술을 계획할 수 있다. 영상을 보고 질병을 판단하는 S/W는 이미 2019년부터 빠르게 성장하고 있다. 레스토랑 전시회에서는 AI 기반의 자동화된 로봇과 기계가 음식을 튀기거나 굽는다. 로봇은 작은 음식을 내방객에게 나눠준다. 다른 분야도 마찬가지이다. 게임에서 이용되던 증강 현실은 군 훈련, 교육, 오락, 마케팅 등에 활용된다. 블록체인은 암호 화폐뿐만 아니라 각종 보안 장치에 쓰이고, 영상, 그림, 음악 등에서 복제 불가능한 디지털 원작의 제작에 쓰인다.

지금 미국이 제조업 부활을 위해 심혈을 기울이는 분야는 제조업에 인공지능, 로봇 자동화, 3D 프린팅, 사물 인터넷, 클라우드, 공급망 디지털화 등의 디지털 기술을 접목시키는 '디지털 전환'이다. 디지털 전환은 기업의 경영·생산·마케팅·사후 관리에 관련된 비즈니스 모델을 혁신하고 새로운 가치를 창출한다. 미국이 그동안 축적한 S/W와 H/W, 데이터베이스, IT 서비스, 광범위한 고객 기반 등이 디지털 전환에 기여할 것이다. 디지털 전환은 과거의 전기, 철강, 석유, 자동차, 금융만큼이나 다른 산업의 생산성 향상에 큰 영향을 줄 것이다. UNCTAD의 '2020 세계 투자 보고서[64]도 향후 10년 이내에 글로벌 기업의 해외 생산에 변화를 줄 기술로 로봇 자동화, 공급망 디지털화, 3D 프린팅을 꼽았는데 모두 디지털 전환과 관계된다. 디지털 전환은 '소품목 대량 생산'에서 '다품종 대량 생산'의 전환이기도 하다. 사람이 생산 과정에서 단순하거나, 힘들고, 위험한 일을 반복한다는 포드주의의 단점도 완화시킬 수 있다.

산업 현장에서 디지털 전환은 계속되고 있다. 미국자동화산업협회 Association for Advancing Automation에 따르면 2021년 자동화를 위한 산업용 로봇의 판매가 사상 최대가 될 것으로 전망했다. 이 협회에 따르면 로봇 수요는 전통적으로 많은 자동차뿐만 아니라 타 산업에서도 수요가 빠르게 증가한다. 미국 빅3 차의 명예 회복 수단도 디지털 전환이다. 이를 위해 GM은 2021년 전기차, 자율차, 로봇 택시, 생산 공급망 효율화를 위해 마이크로소프트의 클라우드 컴퓨팅, 에지컴퓨팅[11], 인공지능 등의 기술을 활용한다. 포드도 구글과 협력한다. 빅3는 생산·판매·운행·유지 관리에서 디지털 전환을 추구한다. 자동차의 생산에서는 스마트 공장이 적정 생산량을 유지토록 한다. AI는 생산에서 반복되는 패턴을 찾아내어 생산을 최적화한다. 블록체인 기술을 이용하여 배터리 생산에서 발생하는 탄소배출을 추적한다. 판매에서는 소비자는 증강현실 기술로 테스트 운전을 할 수 있다. 소비자는 딜러의 매장이 아닌 자동차 제조업체로부터 차를 직접 구매할 것이다. 사람·자동차·사물이 서로 연결되고, 클라우드·에지컴퓨팅은 운전자의 습관과 교통의 빅데이터를 분석한다. 자율주행 동안 운전자는 영화, 음악, SNS를 즐길 수 있다. 제조사는 판매 차량의 운행 빅데이터를 분석하여 유지 관리 서비스를 할 수 있다.

물류 시스템에서도 디지털 전환이 활용되고 있다. 아마존의 물류 시스템은 일명 베조시즘Bezosism이라고 불리는데 각종 센서와 알고리즘으로 구성되어 있다. 물류 창고에서는 무겁거나 높은 선반에 있는 물건의 운반은 로봇이 담당한다. 외진 지역에 있는 창고의 물건은 본사에서 원격으로 조정하여 이동시킬 예정이다. 인공지능은 작업자의 상품 처리 실적 등을 분석한다. 사람이 하는 일은 각 공정의 연결 작업, 발송 단계에서의 최종 점검, 공정 관리 및 통제 정도이다. 베조시즘은 종업원이 상품을 들고, 넣고,

---

11 자율 자동차는 사물 인터넷을 통해 얻은 데이터를 중앙의 클라우드 컴퓨터에 옮기지 않고 현장의 에지컴퓨터에서 바로 처리한다.

포장하는 동작 하나하나를 측정하여 인간적이라는 비판을 받기도 한다.

미국 제조업의 부활을 어렵게 하는 요인들

이러한 미국의 노력에도 불구하고 미국 제조업은 오랜 기간에 걸쳐 누적된 구조적인 문제 때문에 단기간에 부활하기는 쉽지 않다. 이미 중국 제조업은 미국 제조업의 두 배가 되었기 때문에 양적으로 중국을 따라잡는 것은 쉽지 않다. 미국에게 남아 있는 선택은 첨단 제조업을 지키는 것일 것이다. 다음은 왜 미국 제조업의 부활이 어려운지에 대한 설명이다.

첫째, 지난 200년 동안 세계 제조업의 여정은 유럽, 미국, 일본, 한국, 중국으로 이동했다. 제조업은 이미 미국을 떠났다. 이제는 중국에서 베트남이나 인도로 이동 중이다. 2차 세계대전 직후 미국 공산품이 유럽을 휩쓸었을 때가 미국 제조업의 최고 전성기였다. 1970년대부터 미국 제조업은 일본, 독일, 한국, 중국에 의해 지속적으로 경쟁력이 파괴되었다.

세계화 30년 동안 미국 제조업은 해외로 과도하게 이전했다. 미국 제조업의 해외 이전을 촉발했던 고임은 아직 그대로여서 해외로 이전한 미국 기업이 미국에 다시 복귀할 이유는 크지 않다. 오히려 중국을 떠나는 미국 기업은 인도나 베트남 등 제3국으로 갈 것이다. 또한 그동안의 해외 이전으로 국내에 생산 기술이 축적되지 않았다. 현대 제조업은 지속적인 투자와 기술 축적이 필요한 장치 산업이어서 미국에게 이 공백은 크다. 대부분 혁신은 제조업에서 일어나기 때문에 국내 제조업의 약화는 혁신 기반의 약화도 초래할 것이다. 미국 제조업이 다시 부활하더라도 중국만큼 규모의 경제 효과를 창출하는 것도 도전적인 과제이다.

둘째, 미국의 노동윤리는 풍요의 시대를 거쳐 오면서 초심을 잃었다.

모든 일은 사람이 하는 것임을 생각하면 약화된 노동윤리가 미국 제조업의 최대 문제일 수 있다. 미국 제조업 인재는 오래전부터 더 높은 임금을 주는 서비스 산업으로 떠났다. 미국 제조업은 아직 이 인재들을 다시 불러들일 수 있을 만큼 높은 부가 가치를 창출하지 못한다. 인재들이 제조업에 다시 돌아오더라도 그들에 대한 교육·훈련에 적지 않은 시간이 필요할 것이다.

미국에 진출한 한화의 사례는 제조업에서 인재의 중요성을 보여 준다.[65] 한화는 2022년 미국에서 폴리실리콘을 생산하는 REC실리콘의 지분 33.3%를 인수하여 이 회사의 최대 주주가 되었다. 한화는 미국에서 태양광 판넬을 생산하는데 폴리실리콘-잉곳-웨이퍼-셀-모듈의 가치사슬에서 폴리실리콘만 빠져 있어서 이 회사를 인수한 것이다. 그러나 인수 이후 4년간의 노력에도 불구하고 이 회사는 한화가 요구한 폴리실리콘의 순도를 맞추지 못했다. 결국, 한화는 이 회사의 공장을 폐쇄하기로 결정했다. 이 회사가 품질 수준을 맞추지 못한 원인은 한화가 인수하기 전에 이 공장은 수년간 폐쇄되어 있었는데 이때 기술진은 떠나고 설비는 노후화되었기 때문이다. 대신 한화는 폴리실리콘을 OCI홀딩스의 말레이시아 생산 법인에서 조달할 계획이다.

셋째, 미국은 외국인 투자 유치로 첨단 제조업을 떠받치려고 하지만 외국에서 역량을 빌리는 것은 지속가능하지 않을 수 있다. 글로벌 기업은 자사의 핵심 역량인 첨단 기술을 투자수용국에 이전하기를 꺼리고, 미국 시장의 전망이 좋지 않으면 언제든지 떠날 수 있다. 또한, 반도체 등 첨단 산업은 자동화 수준이 높아서 미국에 공장이 있더라도 미국이 기술을 습득하기는 쉽지 않다. 그리고 우수 인재의 열정과 산업적 흡수 능력이 있어야

만 외투 기업을 통해 기술 이전을 받고 생산성 향상 등의 효과를 얻을 수 있을 것이다. 그렇지 않으면 외투 기업에 시장만 내주게 될 것이다.

이미 비슷한 사례가 있다. 1980년대부터 일본차는 미국 빅3 차와 대규모 합작 투자를 통해 미국에 진출했다. 당시 최고 경쟁력을 가진 일본차는 빅3의 경쟁심을 자극하여 빅3가 기술 혁신을 촉진하거나 일본식 경영을 배워 경영 효율화를 기할 것으로 기대했다. 그러나 결과는 그렇지 못했다. 이후에도 빅3의 미국 시장점유율은 계속 감소하여 지금은 일본차가 미국의 승용차 시장을 석권했다. 빅3는 그나마 대형차나 상용차에서 시장점유율을 유지하고 있다. '자동차 도시'인 디트로이트가 쇠퇴한 배경이다.

넷째, 디지털 기술은 발전하고 있지만 아직 기대만큼 완성도가 높지 않다. 미국의 산업 현장에서는 디지털 전환의 어려움을 이렇게 이야기한다. "새로운 디지털 시스템은 기존 장비에 연결되어야 하는데 이는 기존 장비의 교체를 유발할 때도 있어서 점진적으로 디지털 전환하는 것보다 자동화된 공장을 새로 짓는 것이 낫다", "현재 생산에서 인력이 투입되는 지점은 단위 공정의 연결 부분인데 이 부분까지 자동화하는 것은 경제적이지 않다" 모든 혁신에는 저항이 있게 마련이지만 미국 경영진의 관료주의적 의사 결정도 방해 요소이다. 한국산 스위치 박스가 우수한 성능을 갖고 있음에도 미국 공장들은 GE 제품을 고수하는데 이는 새 장비가 전력 공급에 문제를 발생시킬 수 있다는 '만일' 때문이다. 이와 같은 유형의 문제들은 디지털 전환에 큰 비용과 긴 시간이 소요된다는 의미이다.

디지털 전환에도 생산의 기획·설계·실행·마케팅·사후 관리의 전 과정을 꿰뚫어 보는 인재가 핵심일 것이다. 세계 최고의 로봇 기업인 ABB의 사미 아티야 부회장의 말은 이를 뒷받침한다. 그는 "사람처럼 생각하고 행동하는 'AI 로봇' 개발은 쉽지 않다. AI가 적용되면 로봇은 정해진 경로를 벗어나 건설, 농업 등 여러 변수가 있는 곳으로 쓰임새가 넓어지겠지만 인간을 닮은 'AI 로봇'은 먼 얘기이다. 따라서 노동의 종말은 오지 않을 것이고, 로봇과 사람은 경쟁 관계가 아닌 '상호 보완' 관계가 될 것이다"라고 말했다.[66]

다섯째, 산업은 동종 및 이종 산업 융·복합되면서 발전하기 때문에 전통 제조업의 쇠퇴는 차세대 제조업이나 관련 서비스 산업의 약화로 이어진다. 앞서 살펴본 미국 차세대 산업의 준비 미흡도 전통 제조업의 쇠퇴와 무관치 않다. 예를 들어 증기 기관차가 달리자, 기차의 충돌을 방지하기 위한 통신 수단으로 전신이 개발되었다. 전신은 무선 통신의 라디오와 TV의 발전을 가져왔고, 인터넷 시대의 도래에도 기여했다. 전신에 쓰인 전기의 유용성이 확인된 이후에는 전구가 개발되면서 발전소가 설치되었다. 전기는 빛을 내는 것에서 나아가 가전제품의 에너지원도 되었다. 증기 기관차라는 제조업이 전후방의 첨단 제조업과 서비스 산업을 발전시켰던 것이다.

지금까지 1부에서 미국 제조업의 번영과 쇠퇴를 살펴보았다. 미국 제조업의 번영에는 자본주의, 자유민주주의, 실용주의, 기업가 정신, 혁신 의지, 우수 이민자 유입, 세계 최초의 공공 의무 교육 제도, 광대한 영토, 풍부한 천연자원, 두 차례 세계대전에서 유럽의 파괴 등 많은 요소가 있을 것이다. 여기에서는 산업적인 관점에서 '영국에서의 지식·지식 유입', '강한 노동윤리', '포드주의', 'M&A'를 꼽았다. 미국의 번영 시기에 근로자는 강한 노동윤리를 가졌다. 기업은 포드주의로 생산을 혁신했으며 국내외 M&A로 비즈니스를 확장했다. 이 요소는 미국의 영토가 확장되면서 미국 기업들에게 국제적인 규모의 경제 효과를 얻도록 했다. 그러나 미국 제조업은 이 요소들이 잘 작동되지 않으면서 쇠퇴했다. 이 요소에 대한 미국의 선점 효과는 줄었고 다른 나라 글로벌 기업들의 성장으로 미국 기업이 누렸던 규모의 경제 효과도 감소했다.

다음 2부에서는 FDI 관련 이슈를 알아본 후 미국 제조업의 쇠퇴가 미국의 해외직접투자에 어떤 영향을 주었는지 알아본다.

2부

제조업 쇠퇴가 부른 미국의 해외 투자 역량 약화

1. 세계화의 최대 수혜자는 투자

1980년대부터 FDI는 무역이나 국제 생산을 추월

이제는 미국 제조업의 쇠퇴가 미국의 해외직접투자에 어떤 영향을 주었는
지 살펴본다. 이에 앞서 FDI에 대한 이해를 돕기 위해 FDI에 관한 이슈들
을 알아본다. 국제 경영에서 투자는 중요하다. FDI는 무역보다 비즈니스
의 주체와 객체에게 더 큰 경제적 효과를 발휘한다. 무역도 투자의 결과물
인 경우가 많다. 지난 30년 세계화의 최대 수혜자도 FDI라고 할 수 있다.

전후 미국 기업은 미국의 유럽 재건 프로젝트인 마샬 플랜(1948~1952)
에서 발생하는 프로젝트를 수주하기 위해 서유럽에 적극 진출했다. 미국
정부도 'Buy American' 정책으로 자국 기업들의 마샬 플랜 프로젝트 수
주를 도왔다. 마샬 플랜이 끝난 이후에도 미국 기업들은 시장점유율을 유
지하기 위해 유럽에 계속 투자했다. 1958년 EEC^{European Economic Community}
의 유럽 공동 시장 출범이 계획되자 미국 기업의 서유럽 진출은 더욱 확대
되었다. FDI의 최초 이론인 1960년 하이머^{S. Hymer}의 '다국적 기업의 국제

경영the international operation of national firms : a study of direct foreign investment'도 이때의 미국 기업의 유럽 진출 현상을 설명하기 위한 것이었다. 이 논문에서 하이머는 "다국적 기업은 한 기업이 다른 나라 기업을 소유 또는 지배하기 위해 해외에 직접투자하기 때문에 해외간접투자(포트폴리오 투자)와는 다른 배경을 갖고 있다"고 했다. 다음은 하이머 논문의 초록에 대한 요약이다.

> "기업의 해외직접투자는 국제 경영international operation과 관련되고 해외직접투자 규모는 국제 경영의 정도에 따라 결정된다. 해외직접투자란 한 기업이 다른 나라의 기업을 소유 또는 지배하는 것이다. 이윤 극대화를 추구하는 기업은 투자수용국에서 타 기업과의 경쟁을 없애거나 기업 특유 우위 요소를 활용하기 위해 투자한다. 따라서 해외직접투자는 일부 산업에서 전 세계적으로 일어나는 현상이지, 일부 국가에서 모든 산업에 일어나는 현상은 아니다. 기업은 국제 경영을 위해 자금을 이동시키기 때문에 국가 간 이자율 차이는 중요하지 않다. 이자율이 높은 나라에 있는 기업이 이자율이 낮은 나라에도 투자한다. 기업은 투자수용국에 자금을 조달하는 경향이 있는데 이자율이 낮은 나라에서는 저비용으로 자금을 조달하는 이점도 있다. 따라서 자본은 이자율이 낮은 나라에서 높은 나라로 이동한다는 '국제 자본 이동 이론'은 FDI에서는 적용되지 않는다."

글로벌 기업의 해외직접투자에 대한 또 다른 설명이다. 글로벌 기업의 국제 경영 방법은 크게 수출, 면허 생산license production, 해외직접투자가 있다. 〈그림 7〉[1]은 글로벌 기업이 완제품을 수출하거나, 현지 기업에게 면허 생산을 맡기면 해외직접투자를 선택하는 것보다 '외국인 비용'을 줄일 수 있는데 왜 직접투자 하는지를 잘 보여준다. 만약, 수입국에서 수입 규제가 없으면 글로벌 기업은 자국에서 생산한 제품을 해당국에 계속 수출할 것이다. 그러나 만약 수입국이 해당 제품에 쿼터나 수입 관세 등과 같은 무역 장벽을 세우면 수출 기업은 제품의 현지 생산을 검토한다. 이 경우 현지 기업에게 면허 생산을 맡기는 것도 방법이지만, 기술 유출이 우려되면 글로벌 기업은 국내의 인력·자본·설비를 현지로 옮겨 직접 공장을 세우는 투자를 결정한다.

　　예를 들어 미국은 2025년 2월 모든 수입 철강에 관세 25% 부과 방침을 발표했다. 미국의 철강 생산 기업을 관세로 보호하고, 무역적자와 재정적자를 축소하려는 배경도 있지만 외국 기업의 대미 투자를 유도하여 국내 생산을 확대하기 위한 목적도 있다. 이에 따라 미국에 철강재를 무관세로 수출하던 한국 기업은 미국 현지 생산을 늘리거나 현지 투자 확대를 계획하고 있다. 국내 언론 보도에 따르면[2] 현대제철은 미국 루이지애나주에 첫 제철소를 지을 예정이고, 포스코는 현지 합작 법인을 설립하거나 현지 제철소 인수를 검토한다. 세아그룹은 텍사스주에 특수 합금 공장을 건설 중인데, 이에 가속도가 붙을 것이다. 미국이 무역 장벽을 세우자, 이는 우리 기업이 대미 투자로 대응하는 것이다.

　　'외국인 비용'이란 한 기업이 다른 나라에서 투자하면 본국과 다른 경영 환경 때문에 사업, 노무, 언어, 문화 등에서 겪게 되는 추가적인 어려움(비용)이다. 예를 들어 해외 투자 법인의 노무는 어려운 문제 중 하나인데 현지 근로자들은 외국인 관리자가 현지 사정을 잘 모를 것이라고 전제하고 보수나 혜택을 일단 크게 요구하는 경향이 있다. 이 격차를 해소하기 위

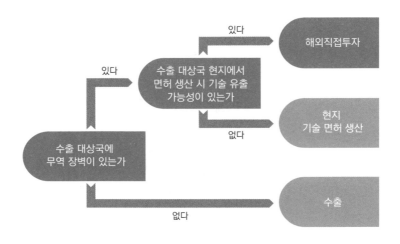

그림 7 | 왜 글로벌 기업은 해외에 직접투자 하는가?(자료원 : Rugman & Booth, 1986)

해 협의하는 시간이나 노력이 외국인 비용이다.

1970년대만 해도 각국은 FDI 유입을 크게 환영하는 분위기는 아니었다. 선진국을 따라잡기 위해 경제 개발에 나선 개도국들은 FDI보다는 차관을 선호했고 기술을 확보하기 위해 기술 도입을 병행했다.[3] 차관의 원리금 상환은 경제에 부담이지만 이를 상환하면 생산 설비가 국내에 남아서 자립 경제의 수단이라고 생각했다. 반면, FDI 유입은 외자 상환에 부담이 없고, 기술 습득에는 장점이 있지만 투자액보다 더 많은 이익이 해외로 유출되고, 국내 산업이 해외에 종속되며 투자 기업의 이전 가격에 따른 자본 유출 등의 문제가 있다고 보았다. 개도국 기업들도 합작 투자로 배당금을 지급하기 보다는 낮은 이자의 차관을 선호했다. 1950년대 경제 재건에 나선 일본도 차관과 기술 도입 병행 정책을 펼쳤고, 1964년 OECD 가입 때도 외국인직접투자에 대한 시장 개방을 최소화했었다. 한편, 석유 산업에서는 산유국들이 자원 민족주의를 주장하며 자국 석유 기업에 대한 외국인 지분을 인수하여 국유화하기도 했다.

그러나 이러한 환경 속에서도 FDI 증가하고 있었다. 1971년 브레턴우즈 체제의 종료로 환율 제도가 고정 환율제에서 변동 환율제로 전환되자 국제 자본 이동은 좀 더 자유롭게 되었다. 브레턴우즈 체제의 고정 환율제는 경쟁적 평가 절하, 핫머니 이동, 불안정한 환율 등을 방지하여 안정적인 금융·재정 환경을 제공했지만 국제 자본 이동에 대해서는 통제가 일반적이어서 FDI보다 차관이 많았다. 또한 서방이나 일본 기업들은 자국의 고임을 피해 저임 개도국에 노동 집약적 산업을 이전했다. 대형 프로젝트에서는 서방 기업이 개도국 기업과 합작 투자하면서 개도국의 FDI에 대한 대외 종속 우려는 줄기 시작했다.

반면, 차관의 누적은 개도국을 괴롭혔다. 개도국은 1970년대 두 차례의 오일쇼크, 1980년대 초 교역 조건 악화, 고금리, 무역적자 누적 등으로 외채가 급증하면서 빚이 누적되었다. 당시 최대 채무국은 브라질, 멕시코, 아르헨티나, 한국이었다.[4] 결국, 1982년 멕시코의 채무 불이행 선언을 시작으로 외채 위기가 번졌다. 다행히 한국은 1986년 이후 3저(저유가, 저달러·엔고, 저금리)로 수출이 증가하면서 경상수지 흑자로 외채를 조기 상환하며 이 위기를 넘길 수 있었다.

1980년대까지만 해도 미국·서유럽·일본이 전 세계 FDI 유출입의 80%를 차지하는 가운데 FDI 성장률은 무역이나 국제 생산의 성장률을 앞질렀다.[5] 미국과 영국이 주도한 신자유주의가 국제 경제의 기조가 되면서 무역·투자의 개방과 자유화가 확대되었다. 신자유주의는 정부의 간섭을 최소화하고 시장 경쟁에 기반하는 경제 사상이다. 1992년 EU 출범에 대비하여 글로벌 기업은 유럽에서 교두보를 확보하기 위해 투자했다. 유럽 내에서 국경 장벽이 낮아지면서 유럽 각국 간 M&A도 많아졌다. 미국 기업은 EU 출범에 대비하여 전자, 컴퓨터, 통신, 정밀 화학, 통신 장비 등의 유럽 기업을 적극 M&A했고(UNCTAD, 1991), 유럽의 거점으로 삼는 영국에 대한 투자가 많았다. 일본도 1985년 '플라자 합의' 이후 엔고에 따른 자산·가격 효과를 후광으로 미국과 유럽, 아시아에 투자를 늘리면서 주요 투자국으로 부상했다.

플라자 합의Plaza Accord는 1985년 9월 22일 미국 뉴욕의 플라자 호텔에서 G5 경제 선진국(미국, 영국, 일본, 서독, 프랑스)의 재무 장관, 중앙은행 총재들의 모임에서 발표된 환율에 관한 합의이다. 미국은 무역적자를 해소하기 위해 엔화와 독일 마르크(특히 일본 엔화) 대비 달러의 가치를 절하시켰다. 또한 엔화가 강세로 되면서 일본 기업들의 일본 내 자산이나 엔화의 달러 환산 가치는 높아졌고(자산 효과), 과거와 같은 규모로 미국에 투자하더라도 더 적은 엔화로 투자할 수 있었다(가격 효과).

1990년대는 세계화가 제도적으로 심화되면서 무역과 투자는 확대되었다. 1991년 소련 붕괴로 공산권이 시장 경제를 채택하면서 서방의 투자 대상은 확대되었다. 1992년 북미 NAFTA가 타결되었고, 같은 해 EU도 출범하면서 세계에서 소득 수준이 가장 높은 지역에서 대형 권역 경제가 탄생했다. 1995년에는 WTO가 출범했다. 중국은 1990년대부터 개혁·개방을 확대했고 2001년에는 WTO에도 가입하면서 2000년대 들어 중국도 주요 투자국이자 투자수용국으로 등장했다.

글로벌 기업의 영향력과 사회적 책임(corporate social responsibility)

세계화에 진입하면서 글로벌 기업의 영향력은 더욱 막강해졌다. 상위 글로벌 기업의 매출은 웬만한 개도국의 GDP보다 크다. 글로벌 기업은 군사력만 없을 뿐 대규모의 자본, 기술, 정보를 갖고 국경을 초월하여 전 세계에 투자한다. 이들이 투자수용국에 미치는 경제적, 정치적, 환경적, 문화적 영향력은 크다. 이 때문에 각국은 이들 글로벌 기업을 투자 유치하려고 한다.

예를 들어 영국의 소비재 기업 유니레버^{Unilever}는 연간 매출액이 620억 달러로서 영국에서 기업 순위 8위, 세계 205위의 기업이다. 전 세계 190개국에서 영업하면서 15만 명을 고용한다. 400여 개의 유명 브랜드를 갖고 있는데 Hellmann 마요네즈, Knorr 소스, Axe 개인 관리 용품, 바셀린, Dove 비누, 벤앤제리스^{Ben&Jerry's} 아이스크림 등은 잘 알려져 있다. 전 세계 34억 명이 이 회사 제품을 쓴다. 소비재의 특성상 소비자가 많지만 205위 글로벌 기업의 영향력이 이 정도이면 앞 순위 기업들의 영향력을 가늠할 수 있다.

미국 시카고에서 글로벌 기업의 영향력을 보여준 일이 있다. 시카고에서는 2022년 한 해에 보잉(항공기 제작, 포춘 500대 기업 리스트에서 58위), 캐터필라(건설중장비 생산, 73위), 시타델(헤지 펀드 운용, 투자 자본 620억 달러) 등이 시카고의 높은 세금, 고물가, 치안 불안, 낮은 교육 수준, 주 정부의 친노조 성향 등을 이유로 본사를 시카고에서 다른 주로 이전하겠다고 발표했다. 이 발표가 나자 시카고의 언론은 들끓었다. 언론은 이 이전이 시카고 경제에 미칠 영향을 크게 우려하고 이를 막지 못한 주지사를 비난했다. 이들이 떠나면 좋은 일자리도 없어지고 교육·문화·예술·공공 안전 등을 위한 대규모 기업 기부금도 사라지며, 혜택을 줄이거나 세금을 늘리지 않는 한 그 부담은 남아 있는 기업이나 시민이 몫이 된다는 것이었다. 언론은 시카고에 있는 유나이티드 에어라인(항공업), 월그린(약국업), Exelon(에너지), 애보트 랩스(제약)라도 떠나지 않도록 주 정부가 친기업 정책을 강화해달라고 요구했다.

　글로벌 기업은 모국인 투자국이나 투자수용국과 밀접한 경제적 관계를 갖는다. 글로벌 기업이 현지 투자수용국에서 불이익을 당하면 모국과 투자수용국의 통상 문제로 비화될 수 있고, 심하면 군사 행동의 빌미가 되기도 한다. 강대국의 글로벌 기업이 중견국의 글로벌 기업보다 투자수용국에 더 큰 영향력을 발휘할 것이다. 또한, 글로벌 기업은 투자수용국으로부터 인센티브를 받고 현지에 투자했기 때문에 투자수용국에게 투자 때 약속한 투자 이행이나 고용에 대한 의무가 발생한다. 투자 이행을 점검받기 위해서 기업의 기술, 영업, 재무 등에 대한 정보를 투자수용국에 제공하기도 한다.

　글로벌 기업은 자국에서 경영하기도 어려운데 해외에서 외국인 비용을 지불하면서 더 많은 기업들과 경쟁하는 것은 더욱 어렵다. 이에 따라 국제 경쟁력을 갖춘 기업만이 해외직접투자가 가능하다. 따라서 한 나라가 다른 나라에 많이 투자한다는 것은 그 나라에 국제 경쟁력을 갖춘 기업이 많다는 것이고, 그런 기업들이 많은 그 나라의 경제는 강하다고 할 수 있다. UNCTAD 세계 투자 보고서World Investment Report, 2021의 '전 세계 상위 100대 비금융 다국적 기업'에서 다국적 기업을 2개사 이상 보유한 국가는 미국(19개사), 프랑스(12개사), 영국(11개사), 독일(11개사), 일본(10개사), 중국(9개사), 스위스(5개사), 이탈리아(3개사), 스페인(2개사), 캐나다(2개사), 아일랜드(2개사), 한국(2개사, 삼성전자, 한화) 등이다. 이들 국가는 대부분 전 세계 주요 투자국이자 경제 강국이다. 한편, 글로벌 기업이 해외에 투자하는 이유는 현지 내수 시장 진출이 가장 큰 목적이다. 따라서 한 나라의 FDI 유입이 많을수록 그 나라의 시장 규모는 크고, 시장 개방도는 높다는 의미이다.

글로벌 기업의 영향력이 커진 만큼 그들에게 '사회적 책임corporate social responsibility'도 증가했다. 사회적 책임이란 기업이 경영 활동을 수행하면서 노동, 환경, 지배 구조, 인권, 공정 운영, 소비자, 지역 사회 등에서 광범위한 책임을 갖고 이를 수행하는 것이다. 1980년대 신자유주의 이후 분배보다는 성장, 공평보다는 효율이 중시되면서 시장 경쟁과 친기업 정책은 부의 양극화를 심화시켰다. 2008년 글로벌 금융 위기 때 월가 금융 기관의 탐욕, 모럴 해저드, 불투명한 투자 의사 결정 등이 문제시되면서 반기업 및 반부자 정서가 확산되었고, 기업의 사회적 책임에 대한 요구도 증가했다.

이미 OECD는 1976년 〈국제투자및다국적기업에관한선언〉을 제정하여 투자하는 다국적 기업과 투자수용국에게 책임 있는 자세와 투명성을 요구했다. 이 선언에 따르면 다국적 기업은 투자수용국에서 정보 공개, 공정 경쟁, 금융 정책, 조세, 노동, 환경, 과학 기술 등의 법규를 준수해야 한다. 투자수용국도 투자 기업에 대한 내국민 대우, 국가 간 법령 관할권의 상충 요인 제거, 투자 유인 및 제한 정책의 투명성 등을 요구한다.

국제적으로 다국적 기업의 가장 큰 문제는 이전 가격을 이용한 조세 회피이다. 이전 가격이란 다국적 기업이 세금 납부를 줄이기 위해 본·지사 거래에서 제품·서비스의 공급 가격을 임의로 정한 것이다. 이전 가격을 통해서 세율이 낮은 나라의 법인에 더 많은 매출이 쌓이게 한 뒤 이곳에서 세금을 납부하고 이중 과세 방지법을 활용하여 세율이 높은 나라에 있는 법인에서는 세금 납부를 최소화한다. 정상 가격으로 거래할 때보다 납부 세금을 줄일 수 있다. 일부 글로벌 기업은 낮은 법인세를 적용받거나 물류·금융의 이점을 활용하기 위해 네덜란드, 아일랜드, 룩셈부르크, 헝가리, 버진아일랜드, 케이만군도, 솔로몬제도 등을 경유하여 제3국에 투자하기도 한다. 이중 일부 국가나 지역은 조세 피난처^{tax haven}로 불린다. 미국 상무부의 2023년 FDI 통계에 따르면 네덜란드와 룩셈부르크의 대미 투자 총액에서 실제 네덜란드 기업과 룩셈부르크 기업에 의한 투자는 각각 1/3, 1/5 수준이었다.[6] 나머지는 다른 나라의 기업들이 두 나라를 경유하여 미국에 투자한 것이다.

아마존, 애플, 구글, 페이스북 등의 기술대기업도 시장 소재국에서 물리적 고정 사업장을 최소화하고 무형 자산으로 큰 매출을 거두지만 그 나라에는 적은 세금을 납부해서 문제가 되었다. 이에 대한 대책으로 G20 및 OECD는 글로벌 기업의 초국가적 조세 포탈 방지를 위해 협약을 맺었다.[7] 미국 등 일부 국가의 도입 지연으로 아직 유동적이지만 2025년부터 연결 매출액 200억 유로 이상의 글로벌 기업에 대해서는 고정 사업장 유무와 관계없이 통상 이익률(10%)을 넘는 초과 이익의 25%를 시장 소재국에 디지털세로 납부토록 했다. 조세 피난처에 대해서는 2025년부터 매출 7.5억 유로 이상의 글로벌 기업을 대상으로 글로벌 최저한세 15%를 도입했다. 최저한세란 글로벌 기업의 해외 자회사가 현지에서 15%보다 낮은 세율을 적용받으면 글로벌 기업의 본사가 글로벌 최저한세율의 차액만큼을 본사 소재국에 납부토록 하는 것이다.

글로벌 기업에 대해서는 긍정과 부정의 시각이 있다. 투자수용국의 경제 성장, 일자리 창출, 저가의 좋은 품질 제품의 공급 등에서는 긍정적이지만 특히 개도국에서 근로자를 착취하고, 현지 공공 정책을 지배하며 환경을 파괴하거나 문화적 가치를 저하시킨다는 비판도 받는다. 그러나 교통과 통신의 발달로 세계가 점점 작아지는 한 이들의 영향력은 계속될 것이다. 한편, 세계화와 기술 발전으로 각국의 비즈니스 환경이 비슷해지면서 전자상거래와 현지 물류업체를 활용하여 비즈니스를 하는 초소형 다국적 기업micro-multinational company도 등장하고 있다.

2. 투자 유치를 위한 세계의 줄다리기

FDI의 주체와 객체의 다른 입장

FDI의 주체는 투자하는 글로벌 기업, 이들의 모국인 투자국이다. FDI의 객체는 투자수용국과 투자수용국에 있는 현지 합작 파트너이다(그림 8 참조). 예를 들어 한국 LG엔솔은 미국 오하이오에 GM과 50:50 합작으로 배터리 생산 공장을 건설한다. 이 경우 LG엔솔은 투자하는 글로벌 기업이고, 한국은 투자국이다. 미국은 투자수용국이고 GM은 현지 합작 파트너이다. 같은 투자 건이지만 한국과 LG엔솔의 입장에서는 해외직접투자

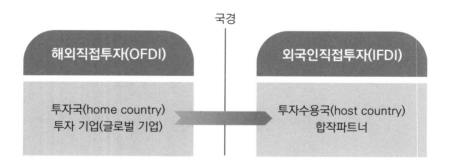

그림 8 | FDI의 주체와 객체

^{OFDI}이고, 미국의 입장에서는 외국인직접투자^{IFDI}이다.

투자의 주체와 객체는 FDI에 대한 입장이 다르다. 투자 기업은 현지 시장에 진출하여 이윤을 창출하는 미시적 동기 때문에 투자한다. 투자수용국의 합작 파트너도 자사에 없는 역량을 외국 기업으로부터 확보하여 이윤 창출을 위해 합작한다. 투자수용국은 산업 클러스터나 고용 창출 등 거시적 효과를 기대하여 외국인직접투자를 유치한다. 투자 기업, 합작 파트너, 투자수용국은 FDI에 대해 찬성하는 입장이다. 그러나 투자국은 자국 기업의 해외 투자가 반갑지 않다. 자국 기업이 해외로 가면 자국에서 생산 감소가 우려되기 때문이다. 첨단 기업에 대해서는 기술 유출을 막기 위해 해외직접투자를 금지하기도 한다.

투자국이 자국 기업의 해외직접투자를 장려할 때도 있다. 미국 정부는 전후 자국 기업의 유럽 시장 진출을 돕기도 했다. 이후 투자 진출이 과도해지자 이를 통제하려고 했다. 일본 정부는 1960대 중반부터 자국 산업이 고부가 가치 산업으로 전환하도록 경공업이나 공해 산업을 아시아에 이전하도록 장려했다.[1] 중국 정부도 경제 성장에 필요한 자원을 확보하거나 일대일로 프로젝트를 위해 자국 기업의 해외 투자를 장려했다. 그러나 정부의 목표가 달성되면 이후에는 자국 기업의 해외직접투자를 장려하지 않았다. 결국 투자 기업, 투자수용국, 투자국, 합작 파트너를 모두 만족시키는

---

1 일본 정부는 1960년대 고도 성장으로 임금이 상승하고 무역흑자가 지속되자 일본 기업들에게 경공업이나 공해 산업을 한국 등 아시아로 이전토록 장려했다. 해외 이전 기업에게는 조세 혜택, 저리 자금 지원, 투자 손실 보상 보험 등이 제공했다. 투자수용국과는 이중 과세 방지 협정을 체결하여 일본 기업의 해외 투자를 지원했다. 대신 일본에서는 일본 기업들이 자동차, 전기전자, 조선, 철강, 엔지니어링 등의 고부가 가치 산업에 집중토록 했다.

투자는 찾기가 쉽지 않은 것이 현실이다. 투자의 주체와 객체는 투자에 대해 서로 줄다리기를 한다.

투자 기업은 현지 시장 진출을 위해 투자

글로벌 기업의 해외 투자 결정 요인은 '경제적 결정 요인', '투자대상국의 투자 유치 정책', '현지 사업 편의성', '투자대상국의 국제 투자 협정'으로 나뉜다. 이 중에서 기업이 실제 이익을 창출할 수 있는 경제적 결정 요인이 가장 중요하다. 경제적 결정 요인은 현지 시장 진출, 자원 확보, 생산 효율 확보, 전략 자산 확보 등으로 세분화된다. 예를 들면 자동차 기업은 미국에 차를 팔기 위해 생산 공장을 짓는다(현지 시장 진출). 배터리 생산업체는 배터리 원료인 희토류를 확보하기 위해 아르헨티나에 투자한다(자원 확보). 의류나 신발 업체는 저임 노동력을 활용하기 위해 베트남에 공장을 건설한다(생산 효율 확보). 전기전자 기업은 ICT 기술을 확보하거나 R&D 역량을 강화하기 위해 이스라엘의 기술 기업을 인수한다(전략 자산 확보). 이 중에서도 기업이 실제 이익을 창출하는 '현지 시장 진출'이 FDI 결정 요인의 핵심이다. 기업이 한 나라에 여러 목적을 갖고 투자한다고 해도 같은 조건이면 시장이 큰 나라를 선택한다.

　시장 규모의 중요성은 다음의 보도 내용(2024년 8월 24일자 한국경제신문)으로도 알 수 있다.

"구글은 인공지능 '오버뷰'를 영국, 일본, 멕시코, 브라질, 인도, 인도네시아 등에는 출시하지만 한국을 제외했다. 오버뷰는 구글에서 검색하면 인공지능인 '제미나이'가 요약한 내용을 우선 보여주는 기능이다.

업계는 한국이 제외된 배경에 대해 한국에는 삼성전자(스마트폰), 네이버(검색), 카카오(메신저) 등과 같은 경쟁 기업이 많아 시장 확보가 어렵고, 인구 1억 명 미만의 작은 시장인데다가 주변국과 경제 블록을 형성하고 있지도 않기 때문이라고 분석했다".

기업의 해외직접투자 목적이 현지 시장 진출이라는 연구는 많다. UNCTAD에서 FDI를 전망하는 Vujanović 외(2021)[8]는 시장 규모GDP가 FDI의 결정 요인이라면서 관련 연구로 Rodrik(1999), Keller and Yeaple(2009), Resmini(2000), Hilber and Voicu(2010), Estrin and Uvalic(2014), Blonigen and Piger(2014) 등을 들었다. 이승래 외(2015)[9]도 전 세계 연구를 종합한 결과, 글로벌 기업의 해외직접투자는 투자수용국의 경제적 요소, 지적 재산권 보호 등의 영향을 받지만 가장 중요한 것은 투자수용국의 시장 규모라고 했다.

외국 기업이 한국에 투자하는 이유도 마찬가지이다. KOTRA[10]에 따르면 외투 기업이 한국에 투자한 목적은 '한국의 내수 시장 진출'이 가장 많았고, 다음은 '유망 기업에 대한 투자', '한국의 기술·인프라 활용', '수출 생산 기지로 활용' 등이었다. 권일숙(2017)[11], 김영태·강삼모(2012)[12], 조택희(2008)[13]는 외투 기업의 대 한국 투자는 한국 내수 시장의 규모와 성장에 관련이 있다고 했다. Jackson(2017)[14]은 해외에 직접투자한 미국 기업의 매출을 분석했는데 한국에 투자한 미국 기업의 매출 비중은 내수 70%, 제3국 수출 22%, 대미 수출 8%였다.

국내 기업에 의한 국내 투자나 외국 기업에 의한 해외직접투자나 본질은 같다. 차이는 투자가 국경을 넘느냐, 안 넘느냐 일뿐이다. 국내 투자가 국내 경기의 전망이 좋으면 많아지듯 해외직접투자도 투자수용국의 시장 전망이 좋으면 늘어난다. 다만, 외국 기업에 의한 투자는 외국인 비용이 추가된다. 따라서 외국 기업은 이 외국인 비용을 커버할 수만 있다면 어느 나라에서도 투자할 수 있다.

내수 시장이 투자를 유인하는 힘이 있기 때문에 미국, 중국, 브라질과 같이 큰 시장을 가진 나라는 이를 투자 유치에 활용했다. 미국은 한국의 배터리 · 반도체 기업에게 '미국에서 팔리면 미국에서 생산해 달라'는 요구로 투자를 유치했다. 미국 정부의 투자 인센티브는 한국 기업이 대미 투자를 결정하는 핵심 요인이라기보다는 촉진 요인이었다. 미국은 1980년대 일본에게도 같은 요구를 하여 일본차의 대미 투자를 유치했다. 중국도 1990년대 초부터 '이시장환기술以市场换技术'(시장을 내줄테니 대신 기술을 다오)의 전략을 펼쳐 1990년 중반부터 전기, 전자 및 통신 설비, 방직업 등에서 일본과 서방 기업을 유치했다. 최근에도 테슬라에게 중국에서 팔리면 중국에 투자하라고 요구하여 투자 유치했다. 중국의 이 전략은 2006년에 '자주창신自主創新'(자주적으로 기술을 개발하고 상용화하자)으로 대체되었다.[15]

한국도 한국 글로벌 기업의 구매력을 이용하여 투자를 유치한 적이 있다. 2019년 일본이 반도체 및 디스플레이 제조 핵심 소재인 불화수소, 포토레지스트, 불화폴리아미드의 대 한국 수출을 규제하자 한국 글로벌 기업은 이들 원료와 소재에 대한 높은 구매력을 이용하여 미국 · 유럽 · 일본 기업들의 대 한국 투자를 유도했다. 이 결과, 화학 소재 기업인 미국의 듀폰은 반도체 핵심 소재인 포토레지스트 생산 공장을 한국에 투자하기로 결정했다.

투자수용국은 '질 좋은 투자'를 원한다.

'어벤져스' 등과 같은 영화의 영상 후반 작업post production 전문 업체인 캐나다의 스캔라인VFX는 2019년 서울에 산학협력 연구센터를 열었다. 이 회사는 캐나다 본사에서 한국계 직원들이 일을 잘하자, 한국 인력을 적극 활용하기 위해 한국에 법인을 세우기로 결정한 것이다. 이 회사의 투자는 한국에서 환영받았다. 왜냐하면 한국 기업이 첨단 VFXvisual effects 기술을 더욱 접할 수 있는 기회를 제공하기 때문이다. 한국의 디지털 콘텐츠 산업의 발전에 기여하고 다른 동종 기업의 추가적인 투자 유입도 기대할 수 있다. 일반적으로 FDI 유입은 투자수용국에게 자본(외화) 유입, 고용 증진, 기술 이전, 생산성 향상, 국내 시장 성장, 수출 증가, 전후방 생산 유발 연관 효과, 경쟁 제고, 선진 경영 기법 도입, 구조조정 촉진, 세수 증진 등의 좋은 효과를 준다고(문휘창·정진섭, 2010)[16] 하는데 첨단 기술 기업 투자 유입은 투자수용국에서 더욱 환영받는 '질 좋은 투자'이다.

한국 배터리와 반도체의 대미 투자도 미국의 입장에서는 '질 좋은 투자'이다. 한국의 배터리 3사와 미국 빅3의 합작 투자는 미국의 전기차 산업을 지지한다. 미국에서 생산되는 반도체는 미국의 인공지능, 사물 인터넷, 사이버 보안, 빅데이터, 로보틱스 등의 산업 발전에 기여한다. 또한 투자수용국의 주력 산업의 경쟁력을 높이는 투자도 '질 좋은 투자'이다. 한국의 반도체·석유화학·자동차 등에 부품·소재·장비를 공급하기 위한 투자가 이에 해당된다. 예를 들면 2018년 한국에 미국의 차세대 웨이퍼 생산 공장 증설 투자, 일본의 반도체 실리콘 부품 생산 기업에 대한 지분 투자, 벨기에의 첨단 신소재 특수폴리머 생산 공장 투자, 영국의 자율주행 부품의 생산, 보잉의 AI 기반 자율비행 연구센터 설치, 싱가포르의 암 치료 바이오시밀러 투자 등은 한국의 산업을 강화시킨다. 많은 나라들은 첨단 업종의 투자 유치를 위해 인센티브를 제공하는 이유이다.

이러한 '질 좋은 투자'가 앵커 기업에 의해 실행된다면 금상첨화이다. 앵커 기업이란 전후방 산업에 강한 영향력을 주는 기업이다. 일반적으로 최종재를 생산하고 시장점유율은 높으며 기술력과 자본력이 뛰어난 기업이다. 삼성전자나 하이닉스는 반도체 산업의 앵커 기업이다. 앵커 기업이 한 지역에 투자하면 그곳에는 전후방 연관 기업, 기술 연구소, 벤처 캐피털, 비즈니스 지원 기관 등이 모이면서 산업 클러스터가 형성된다.

KOTRA가 선진국의 성공한 산업 클러스터를 분석한 결과[17]도 앵커 기업이 클러스터의 성공 요인이었다. 미국의 보스턴 바이오텍 클러스터에는 노바티스, 사노피 등의 글로벌 제약사가 있는데 이들을 정점으로 연관 기업, 벤처 캐피털, 병원, 연구소, 대학, 지원 기관 등이 모여 있다. 영국의 테크시티에는 아마존, 인텔, 구글, 딥마인드 등의 IT 앵커 기업이 있다. 이 클러스터에서는 신제품 개발이나 실험이 쉽고, 우수 인력도 쉽게 공급받을 수 있다. 현지에서 자금과 기술을 확보할 수 있어 스타트업 창업도 용이하다. UNCTAD에 따르면 전 세계 147개국에 5,400개의 특별 경제 구역Special Economic Zone이 있고, 각국의 투자 유치 경쟁 때문에 특별 경제 구역은 매년 증가한다. 대부분 낙후 지역을 개발하기 위해 지정된 경우가 많지만 앵커 기업 유치가 성공의 관건이다.

투자국은 해외직접투자가 반갑지만은 않다.

1990년대 우루과이 라운드 협상에 참가했던 미국 정부의 한 인사는 2021년 미국의 한 언론과의 인터뷰에서 "금융서비스 산업의 해외직접투자는 산업 공동화의 우려가 없다는 월가의 말에 따라 미국 정부는 우루과이 라운드의 서비스 무역 협상을 타결 지었다. 그러나 이후 미국 국내에서 창출된 고용 효과는 크지 않았고 월가의 이익만 높였"고 말했다. 당시 월가는 "제조업과 달리 서비스 산업은 생산 즉시 소비되는 '소비의 즉시성'과 이에 따른 '비(非)교역성' 때문에 투자수용국 현지에서 얻는 매출이 많고 현지 생산된 서비스를 미국으로 가져올 수 없어서 제조업과 달리 수입은 증가하지 않는다. 오히려 미국 본사의 기획 관리 인력이 확대될 수 있다"고 했었다.

또한, 전후 세계화를 선도한 미국조차도 자국 기업의 과도한 해외직접투자에 부정적인 태도를 보인 적이 있다. 미국은 자국 기업의 유럽 진출이 많아지자 미국 국내의 고용과 수출 감소를 우려하여 1960년대 Burke-Hartke 법이나 1965~1967년 자본 이동 제한에 대한 자발적 프로그램the Voluntary Program of Capital Restraints, 그리고 해외직접투자 규제 사무소Compulsory Office of Foreign Direct Investment를 도입했다. 그러나 논쟁 끝에 자유 무역을 저해한다는 이유로 1974년 최종 철회했다.

선후진국을 막론하고 투자국은 자국 기업의 '과도한' 해외 진출이 반갑지 않다. 국내에서 창출해야 할 경제 활동이 해외로 이전되기 때문이다. 특히, 자국 앵커 기업이 해외로 나가면 협력사도 따라 나가기 때문에 산업 공동화 우려가 높아진다. 해외직접투자는 투자국 기업의 부품·소재·기계 장비·기술 수출이 증가하는 기회도 만들지만 투자 기업이 현지화 수준을 높이면 이러한 수출 효과도 반감된다. 오히려 해외 투자 법인이 현지 생산된 제품을 투자국에 수입하면 투자국의 경상수지는 나빠질 수 있다. 또한, 해외 투자 법인이 현지에서 거둔 이익을 재투자나 절세를 이유로 본국에 가져오지 않으면 투자국의 경상수지 개선에도 기여하지 못한다.

여기에서 '과도한'은 투자국마다 경제 규모가 달라서 절대적 기준은 없지만 투자국의 산업이 흔들릴 정도로 해외직접투자가 많다면 과도하다고 볼 수 있을 것이다. 이러한 일은 세계화 과정 중 미국 제조업에서 일어났던 일이다. 또한, 일본의 경기 침체가 '잃어버린 30년'까지 진행된 것도 1980년대 중반의 엔고 이후 일본 기업의 대규모 해외직접투자와 무관하지 않다. 과도한은 한 나라의 FDI 유출입이 균형 상태에서도 발생할 수 있다. 한 산업이 붕괴할 정도로 많은 기업들이 해외에 투자하는 가운데 다른 산업에서 FDI 유입이 많으면 그 나라의 FDI는 균형이 될 수 있기 때문이다. 따라서 과도한 해외직접투자는 산업별로 볼 필요가 있다.

한국의 해외직접투자(FDI 유출)는 외국인직접투자(FDI 유입)보다 훨씬 많지만 수치만 보고 '과도한'으로 단정할 수는 없다. 2018~2022년 연평균 한국의 해외직접투자는 667억 달러(한국수출입은행 신고 기준)이고, 외국인직접투자는 134억 달러(산업부 도착 기준)이다. 이 차이는 근본적으로 한국 기업은 세계 시장을 추구하기 위해 전 세계에 많이 투자하지만 외국 기업은 시장이 작은 한국에 투자하기 때문이다. 만약, 한국의 배터리나 반도체 기업들이 우리 산업의 뿌리가 흔들릴 정도로 해외에 많이 투자한다면 이는 '과도한' 해외직접투자로 볼 수 있을 것이다.

3. 미국의 제조업 투자 비중 감소

2차 세계대전이 끝난 직후 전 세계 해외직접투자는 미국의 독무대였다. 당시 유럽은 전후 재건에 집중하고 있어서 해외 투자의 여력이 없었다. 그러나 유럽은 회복했고 1980년대에 도달해서는 미국과 유럽이 전 세계 해외직접투자를 양분하고 있었다. 일본도 재기하여 1970년대부터는 자동차, 전자제품, 공작기계 등을 미국에 대규모 수출했다. 막대한 대일 무역적자를 보던 미국은 일본에게 대미 투자를 요구했다. 1985년 '플라자 합의'로 엔화가 절상되자 일본의 대미 투자는 급증했다. 일본도 미국과 유럽에 이어 주요 투자국에 합류했다. 중국은 1990년대 이후 개혁·개방의 본격화 이후 세계 경제의 중요한 일원으로 부상했다. 2000년대부터 중국은 FDI 유출입에서 2위의 국가가 되었다. 미국과 같이 FDI 유출입이 동시에 많은 특별한 지위의 국가가 된 것이다.

전 세계 주요 투자국이 2극(미국·서유럽) → 3극(미국·서유럽·일본) → 4극(미국·서유럽·일본·중국)으로 확대되면서 상대적으로 미국의 전 세계 해외직접투자 비중은 계속 감소했다. 전 세계 해외직접투자(FDI 유출)에서 미국의 비중(스톡 기준)은 1990년 32.5%에서 2023년에는 21.3%로 떨어졌다. 다만, 미국이 세계 최대 시장을 계속 갖고 있기 때문에 전 세계 외국인직접투자(FDI 유입)에서 미국의 비중(스톡 기준)은 연도별로 큰 폭의 변동은 있지만 1990년 24.6%, 2023년 26.1%로 비슷한 수준이다. 참고로 세계 2위의 FDI 국가인 중국은 전 세계 FDI 유출(2023년 스톡 기준) 비중은 11.2%이고, FDI 유입 비중은 11.8%이다.

구분	1990	2000	2010	2020	2023
전 세계 FDI 유출(억 달러)	22,549	74,087	204,405	407,180	443,806
미국의 비중(%)	32.5	36.4	23.5	20.2	21.3
전 세계 FDI 유입(억 달러)	21,962	73,772	198,429	418,928	491,308
미국의 비중(%)	24.6	37.7	17.2	24.2	26.1

표 2 | 미국의 연도별 전 세계 FDI 비중 변화(자료 : UNCTAD 스톡 기준)

강한 산업이 해외직접투자도 선도한다. 미국 경제가 제조업에서 서비스 산업으로 전환되면서 미국의 해외직접투자도 서비스 산업 중심이 되었다. 미국의 연도별 해외직접투자에서 제조업이 차지하는 비중(스톡 기준)은 1982년 40.2%, 1990년 39.5%, 1997년 32.0%, 2019년 14.5%로 계속 감소했고, 이는 상대적으로 서비스 산업의 투자 비중 증가를 의미한다.

미국의 업종별 투자 비중(미국 상무부 2019년 스톡 기준)을 보면, 지주 회사 46.9%, 파이낸스·보험 14.8%(예금업 제외), 제조업 14.5%, 기타 산업 7.0%, 정보 4.9%, 도매·무역 4.1%, 광업 2.7%, 직업·과학·기술 서비스 2.6%, 예금업 2.4% 등이다. 지주 회사holding company는 투자 업종은 아니고, 미국 모기업의 해외 투자 법인으로서 해외에서 50% 이상의 지배 지분을 가진 여러 비은행 종속 법인을 계열사로 소유한다. 지주 회사의 업종은 제조업과 비제조업이 모두 있다. 이 지주회사 때문에 미국의 정확한 투자 업종의 파악을 어렵게 하기도 한다.

　미국 글로벌 기업이 해외에 지주 회사를 두는 이유는 구글의 예로 설명할 수 있다. 구글의 지주 회사인 알파벳은 이익을 창출하는 검색·유튜브의 종속 법인과 성공이 불확실한 로보틱, 생명과학 등의 종속 법인을 소유한다. 종속 법인들은 독립적으로 경영되기 때문에 한 종속 법인의 문제가 다른 종속 법인에 번지지 않아 위험 관리에 도움이 된다. 지주 회사는 높은 지명도를 이용하여 좋은 조건으로 자금을 조달하여 종속 법인에 공급할 수도 있다. 그러나 지주 회사의 지배 구조는 복잡하고 공시·회계 보고 등 관리 비용이 많이 드는 단점이 있다.

　미국 제조업(14.5%)에서는 화학에 대한 투자가 가장 많다. 미국 화학 산업은 세계적인 경쟁력을 갖고 있다. 범용 화학 제품보다는 정밀 화학이나 제약이 강하다. 전통적으로 화학 산업의 CEO는 R&D의 중요성을 잘 이해하는 이공계 출신이 맡으면서 기술 개발을 지속할 수 있었고, 다른 제조업보다 자동화 수준이 높아 인건비 부담이 적고 노사 문제도 많지 않았다. 화학 산업은 오랜 기술 축적과 많은 투자비가 드는 업종으로서 다른 산업의 원료나 중간재로 많이 쓰이기 때문에 타 산업에 대한 경제적 파급 효과가 크다. 두 번째로 투자가 많은 업종은 산업 기계·장비, 운송 장비 등인데 이는 주로 자동차 산업이다.

　해외직접투자가 제조업에서 비제조업으로 전환된 것은 미국만의 현상은 아니다. 〈표3〉은 OECD 투자 통계를 활용하여 만든 전 세계 주요 투자국 7개국의 연도별 산업별 투자 비중 변화이다.[18] 7개국 모두 비제조업 투자 비중은 50%를 넘고, 일본을 제외한 나머지 6개국은 최근으로 오면서 비제조업의 투자 비중은 증가했다. 특히 미국 비제조업의 투자 비중은 다른 나라보다 훨씬 크다. 미국의 산업과 투자가 다른 나라보다 더 크게 서비스 산업으로 전환된 것이다. 이 통계에서 중국은 OECD 회원국이 아니어서 제외되었고, 입수 가능한 통계가 달라서 각국의 최근 연도 통계는 다르다. 마이너스(-)는 투자 회수를 의미한다.

전 세계적으로 투자 업종이 제조업에서 비제조업으로 전환된 것은 비제조업의 상당 부분을 차지하는 서비스 산업에 대한 투자 개방과 서비스

국가	산업	1990	2000	2010	2020
미국	1차 산업	13.6	5.6	4.5	2.6
	제조업	39.5	26.1	15.0	15.5
	비제조업	46.9	68.3	80.5	81.8
일본	1차 산업	6.8	–	6.4	63.3
	제조업	27.0	–	46.3	40.9
	비제조업	66.2	–	47.2	51.3
네덜란드	1차 산업	0.1	0.6	1.2	-4.5
	제조업	56.8	41.0	48.1	31.2
	비제조업	43.1	58.4	50.7	75.4
영국	1차 산업	19.1	9.4	15.6	10.4(2018년)
	제조업	39.0	26.7	18.3	16.5(2018년)
	비제조업	41.9	63.9	66.2	63.3(2018년)
독일	1차 산업	2.1	0.9	–	0.6(2019년)
	제조업	32.0	23.8	–	15.6(2019년)
	비제조업	65.9	75.4	–	71.6(2019년)
캐나다	1차 산업	21.2	19.2	33.9	12.3
	제조업	41.3	–	-30.9	6.7
	비제조업	37.4	–	57.7	79.6
프랑스	1차 산업	8.3	3.2	1.5	8.6
	제조업	41.0	23.5	40.4	29.5
	비제조업	50.7	73.2	58.1	59.7

표 3 | 주요국 해외직접투자의 산업별 비중(자료 : OECD, 단위 : %)

산업의 발전도 중요한 이유이다. 예를 들면 1995년 〈서비스무역에관한일반협정〉의 타결로 서비스 산업에 대한 개방과 자유화의 무역·투자가 제도화되었다. 1980년대 중반까지만 해도 유럽은 자연 독점이나 정치·문화·전략적 이유로 통신·전기·가스·철도·전철·항공·상하수도·우편·쓰레기 수거 등에서 국영 기업 체제를 유지했으나 신자유주의 기조와 EU 출범 과정에서 이들은 민영화되고 FDI도 허용되었다. 공산주의에서 자본주의로의 체제 전환국은 제조업 중심에서 벗어나 서비스 산업에 대한 투자를 늘렸다. 자본주의에 필요한 경영·금융·회계·컨설팅·물류 등에서 서방의 투자가 유입되었다. 또한, 정보화 시대에 접어들면서 새로운 데이터의 분석·가공·처리 등 신산업이 등장했고 이 분야의 투자도 많아졌다. 국제 교류가 많아지면서 숙박·오락·문화 콘텐츠·관광·소매 유통 등에 대한 투자가 증가했다. 기술의 발전으로 완제품에서 차지하는 원료비와 생산비 등 제조비는 줄었지만 R&D·기술·디자인·마케팅 등 서비스의 부가 가치는 높아졌다.

4. 제조업 투자 약화의 영향

경제적 관대함과 서비스 산업에 부정적 효과

미국 제조업의 쇠퇴와 이에 따른 해외직접투자 역량의 약화는 그 파급 효과가 적지 않다. 미국이 패권국이라는 것은 어떤 사안에 대해 미국 스스로의 자율적인 결정에 따라 다른 나라를 미국의 요구에 따라 움직이게 할 수 있는 권력을 갖고 있다는 의미이다. 미국은 다른 나라에 대해 군사력과 경제적 힘으로 권력을 행사할 수 있다. 그 권력의 원천은 여러 다른 요소들을 제시할 수 있겠지만 전 세계적인 네트워크 측면에서 보면 전 세계에 펼쳐 놓은 '군사 네트워크'와 경제 네트워크인 '글로벌 금융 네트워크'와 '해외투자 자산'에서 나온다고 할 수 있다. 그런데 미국 제조업의 쇠퇴는 이 3가지 네트워크에 부정적인 영향을 미친다. 먼저, 군사력은 제조업에서 나오기 때문에 미국의 전쟁 수행 능력을 감소시킨다. 기축통화를 기반으로 한 미국의 금융 네트워크는 아직도 강력하지만 제조업 약화로 계속되는 미국의 상품수지 적자는 미국 금융 시스템에 위협 요소이다. 그리고 미국이 투자수용국에 줄 수 있는 '경제적 관대함'을 줄인다.

미국은 다른 나라(특히 개도국)에 투자하면 그 나라에 대한 권력이 생긴다. 과거부터 제국들은 '군사적 강압'과 '경제적 관대함'으로 주변국을 관리했다. 아무리 강한 제국이라도 전쟁만으로 주변국을 제압할 수는 없다.

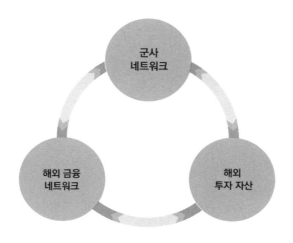

그림 9 | 네트워크 측면에서 본 미국 권력의 원천

경제적 관대함으로 주변국의 도전 의지를 꺾는 것도 중요하다. 미국이 다른 나라에 경제적 관대함을 베푸는 경제적 수단은 무역, 기술 협력, 원조 그리고 투자이다. 이 중에서 투자는 다른 수단보다도 경제적 효과가 강하고 지속가능성도 크다. 그런데 선후진국을 막론하고 어느 나라나 서비스 산업보다는 제조업의 투자 유입을 원한다. 첨단 제조업은 말할 것도 없고 개도국은 적정 기술appropriate technology의 제조업도 환영한다. 미국이 개도국 제조업에 투자하면 개도국의 생산과 고용은 늘고, 인프라·시스템·기술의 발전 계기가 되며 무역도 유발된다. 해당 개도국은 미국에 대한 우호적인 인식을 갖게 되고 미국의 투자를 유지하기 위해 미국에 대한 지지를 계속할 것이다. 투자라는 경제적 관대함을 통해 개도국의 지지를 얻는 것이다. 적정 기술이란 개도국의 산업 수준에 알맞은 단순 또는 저위 기술을 의미한다.

그러나 서비스 산업은 개도국에게 경제적 관대함을 제공하는 효과가 적다. 국가 경제는 먼저 제조업이 발전하고 다음에 서비스 산업이 발달하기 때문에 제조업이 발전 중인 개도국은 선진국보다 서비스 산업의 경쟁력이 약하다. 특히 금융 보험, 도소매·유통, 문화·콘텐츠 등은 고용이 많고 투자수용국에 대한 사회·문화적인 영향이 큰 산업이어서 개도국은 이 산업의 FDI 개방을 꺼린다. 개도국이 서비스 산업을 개방하면 선진국의 경쟁력이 강한 기업에 의해 시장이 장악당하고 산업의 구조조정으로 실업이 증가할 가능성이 높다. 또한, 서비스 산업은 현장을 보면 기술이나 노하우를 바로 알 수 있는 업종이 많아서 제조업보다 기술 이전 효과도 적다. R&D 서비스 등의 투자가 아닌 한 서비스 산업에 투자하여 개도국의 지지를 얻기는 쉽지 않다.

미국은 1차 세계대전 이후 해외직접투자를 외교적 수단으로 활용했다 (김치욱, 2012).[19] 김치욱(2012)은 미국과의 동맹, 군사 지원, 능력 격차, 경제 원조, 외국인직접투자, 수출, 민주주의, 이데올로기, 소득 수준 등이 대미 지지도(유엔총회 표결에서 미국에 대한 지지)에 미친 영향을 분석했다. 그 결과, 미국의 투자가 많은 나라일수록 대미 지지도는 높았다. 이 연구는 제조업에 특정하지는 않았지만, 미국의 대 개도국 투자는 저임 활용을 위한 제조업 투자가 많다는 점을 고려하면 제조업 투자의 효과로 해석할 수 있다. 미국의 해외직접투자가 서비스 산업 중심이 되면 미국이 개도국에 제공하는 경제적 관대함도 줄고 그들의 미국에 대한 지지도에도 부정적 영향을 줄 것이다. 반면, 제조업 강국이 된 중국은 제조업 투자로 개도국의 지지를 얻을 수 있을 것이다.

미국 제조업의 해외직접투자 역량 약화는 서비스 산업의 투자에도 영향을 준다. 서비스 산업의 해외직접투자는 제조업의 해외직접투자를 지원하기 위한 투자가 적지 않다. 예를 들어 한 제조업 기업이 해외에 공장을 설립하여 가동하면 그 나라의 금융·보험·물류·마케팅 등의 서비스 산업도 이를 지원하기 위해 따라서 투자한다. 서비스 산업이 제조업의 수요를 기반^{captive market}으로 해외에 투자하는 것이다. 진출 이후에는 점차 현지 기업을 대상으로 비즈니스 영역을 넓힐 것이다. 미국의 서비스 산업은 서비스 교역 수지가 1971년부터 한해도 빠짐없이 흑자이고 해외직접투자도 활발하다. 다만, 서비스 산업의 수출액은 제조업 수출액의 50% 정도(2020년대 기준)여서 서비스 산업의 흑자가 상품수지의 적자를 메꾸지는 못한다. 미국 제조업의 해외직접투자가 약화가 계속되면 서비스 산업의 투자도 영향을 받을 수밖에 없다.

해외 이전과 국내 생산 약화로 상품수지 적자 유발

국제수지란 일정 기간 한 나라의 거주자와 비거주자 사이에 발생한 모든 경제적 거래를 IMF의 가이드라인에 따라 기록한 것이다. 〈그림 10〉과 같이 국제수지는 경상수지, 자본수지, 금융계정으로 구성되고, 경상수지는 하위 항목에 상품수지, 서비스수지, 본원소득수지, 이전소득수지를둔다. 한 기업이 해외에 직접투자하면 투자국의 국제수지에 여러 항목에 걸쳐 영향을 준다. 예를 들어 한국 기업이 미국에 공장을 짓기 위해 현금 5천만 달러와 설비 5천만 달러의 총 1억 달러를 투자했다고 하자. 이 투자의 효과는 경상수지의 상품수지의 수출입, 서비스수지, 본원소득수지와 금융계정의 직접투자에 영향을 준다. 먼저 미국에 투자한 현금 5천만 달러는 금융계정의 직접투자에 계상된다. 한국에서 미국 현지 법인에 보낸 5천만 달러의 설비는 상품수지의 수출로 잡힌다. 한국 본사가 미국 현지 법인에게 생산에 필요한 중간재를 공급하면 수출이 되고, 현지 법인이 생산한 제품을 한국에 반입해오면 수입이 된다. 한국 본사가 미국 현지 법인에 상표권이나 기술 사용료를 받으면 서비스수지의 수입이 된다. 한국 본사가 미국 현지 법인으로부터 투자 배당을 받으면 본원소득수지의 수입이 된다.

제조업의 과도한 해외 이전이나 국내 제조업의 약화는 미국의 국제수지에도 부정적인 영향을 준다. 여기에서는 국제수지의 상품수지와 본원소득수지에 나타난 문제를 살펴본다.

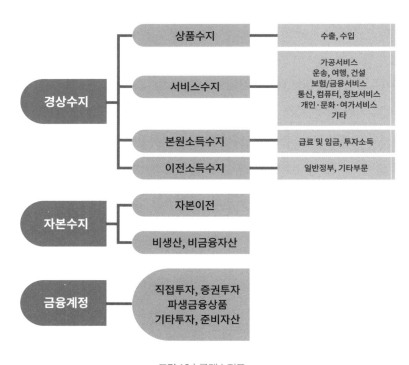

그림 10 | 국제수지표

미국의 상품수지는 2021년 연간 기준으로 8,613억 달러 적자(수출 2조 5,330억 달러-수입 3조 3,943억 달러)이다. 1976년부터 계속 적자이고, 1980년대 이후 더 커졌다. 원인은 국내 제조업의 경쟁력이 약화되어 수출은 크게 늘지 않는데 원료, 중간재, 완제품의 수입은 증가했기 때문이다. 미국 경제는 제조업에서 서비스 산업으로 전환되고, 제조업은 시장 개방으로 수입산에 경쟁력을 잃으면서 폐업 또는 축소되었다. 또한, 1994년 NAFTA 체결 및 2001년 중국의 WTO 가입 이후 미국 제조업이 멕시코나 중국 등으로 공장을 많이 이전하면서 해외에서 생산한 상품의 수입이 늘었다. 미국 기업의 해외 투자로 부품·소재·장비·기술의 수출이 유발되기도 했겠지만 결과적으로 이보다는 수입의 증가가 더 컸던 것이다. 이와 같은 미국 경제의 '수입 의존형' 구조 때문에 미국은 경제가 성장하면 수입도 같이 늘면서 상품수지 적자는 더 커진다. 상품수지 적자를 해소하기 위해 특정국에 대해 수입을 제한하면 대신 다른 나라에서의 수입이 늘릴 수밖에 없게 되어 있다. 미국이 상품수지 적자를 해소하는 최선의 방법은 수입을 줄이기보다는 첨단 제조업을 강화해서 수출을 확대하는 것이다.

대미 무역 흑자국 순위는 교역 파트너나 미국의 FDI에 직결된다. 1990년대 초 대미 무역 흑자국은 일본, 중국, 캐나다, 독일, 대만 등의 순이었다. 일본은 미국과의 무역 갈등을 피하기 위해 제3국에 투자하여 생산한 제품을 미국에 수출하거나 미국에 직접 공장을 세우면서 미국에 대한 직접 수출을 줄였다. 이 결과 2021년 현재 대미 무역 흑자국 순위에서 일본은 중국, 멕시코, 베트남, 독일, 아일랜드에 이어 6위로 내려왔다. 대신 미국은 자국 기업의 투자 진출이 많은 중국과 멕시코에서 수입이 늘어 이제는 두 나라가 대미 최대 흑자국이 되었다. 또한, 주요 수출국은 베트남에 대한 투자를 확대하여 대미 우회 수출 기지로 활용하면서 베트남이 3위의 대미 무역 흑자국이 되었다.

본원소득수지에서도 미국의 해외 투자 법인이 해외에서 번 이익을 미국에 충분히 송금하지 않는 문제가 있다. 본원소득수지란 한 나라의 기업들이 해외에 투자하여 벌어들인 소득(급료, 임금, 배당 소득, 이자 소득)에서 외국 기업들이 그 나라에 투자하여 벌어들인 소득을 뺀 것이다. 미국의 본원소득수지는 1960년 이후 계속 흑자(2018~2023년 연평균 1,964억 달러)이다. 미국의 FDI 유출(6.7조 달러, 2023년 스톡 기준)이 FDI 유입(5.4조 달러, 2023년 스톡 기준)보다 많은 것이 본원소득수지 흑자의 근본 배경이다. 그런데 미국의 해외 투자 법인이 본국에 보내지 않고 현지에 쌓아놓은 해외 유보금은 2016년 현재 2.5조 달러에 달한다. 마이크로소프트 1,000억 달러, GE 1,000억 달러, 애플 915억 달러, 화이자 800억 달러 등 기술대기업과 제약사가 많다.[20] 지금보다 더 많은 해외 유보금이 미국에 송환되어 미국의 본원소득수지에 기여했어야 하는 돈이다. 2018년 트럼프 정부 때는 해외 유보금의 본국 송환을 촉진하기 위해 기업들이 해외 유보금을 미국에 송환하면 한시적으로 법인세 할인 혜택을 주기도 했다.

5. 흔들리는 '규범 제정자'의 지위

미국, 개방과 자유의 국제 투자 규범 제정을 주도

미국은 국제 투자 규범에서 '규범 제정자rule maker' 역할을 수행해 왔다. 미국이 모든 규범을 직접 쓴 것은 아니지만 미국이 앞장서 창설한 GATT · WTO, IMF, IBRD · WB, OECD가[2] 가개방과 자유화의 국제 투자 규범 제정을 만들어 왔고 이에 미국은 주도적인 역할을 했다. 대표적인 투자 규범은 OECD의 〈자본이동자유화규약〉과 〈경상무역외거래자유화규약〉, 〈국제투자및다국적기업에관한선언〉이 있고, WTO의 〈서비스무역에관한일반협정〉, 〈무역관련투자조치협정〉, 〈무역관련지적재산권협정〉, 〈분쟁해결절차에관한양해〉 등에도 투자 관련 규범이 있다.

이들 규범을 간략하게 살펴보면 다음과 같다. OECD는 1962년 양대 자

---

2 GATT · ITO · WTO는 무역 · 투자의 자유화와 경상수지의 규범을 만든다. ITO는 바로 설치되지 못하고 GATT가 역할을 대신하다 1995년 WTO로 출범했다. IMF는 고정 환율 제도 운용, 국제 금융 시스템 관리, 자본수지 규범 등을 제정했다. 1950년대 소련, 중국, 폴란드 등 공산권 국가들이 탈퇴하면서 자유 진영 국가 중심으로 운용되었으나 소련 붕괴 이후 구 공산권 국가도 회원국에 가입했다. IBRD는 세계은행(World Bank)이 되었는데 개도국에 대한 경제 개발을 지원한다. OECD는 마샬 플랜의 실행 주체인 OEEC(Organization for European Economic Cooperation)가 모태로서 1961년 미국과 캐나다가 회원국으로 합류하여 만들어졌다. 일반적으로 OECD가 새로운 국제 경제 정책을 개발하면 GATT · WTO, IMF, IBRD · WB가 이를 채택했다.

유화 규약인 〈자본이동자유화규약〉과 〈경상무역외거래자유화규약〉을 제정했다. 〈자본이동자유화규약〉은 신규 투자에 대한 정의, 투자 방법, 적용 범위, 내국민 대우 등과 장단기 국제 자본 거래를 규정한다. 〈경상무역외거래자유화규약〉은 자본 이동과 직접 관련되지는 않지만 해외 투자 법인의 모기업에 대한 배당금, 이자 등의 자유로운 지급 등을 규정한다. 1976년 OECD가 제정한 외국인 투자 기업과 투자수용국에 대한 권고적 규범인 〈국제투자및다국적기업에관한선언〉은 외국인 투자 기업에게는 투자수용국에서 정보 공개, 공정 경쟁, 금융 정책, 조세, 노동, 환경, 과학 기술 등의 법규 준수를 요구한다. 투자수용국에게도 외국인 투자 기업에 대해 내국민 대우를 하고, 국가 간 법령 관할권의 상충 요인 제거, 투자 유인·제한의 투명성 등을 요구한다. 〈자본이동자유화규약〉은 신규 투자, 〈국제투자및다국적기업에관한선언〉은 기존 투자에 대한 규범이라고 할 수 있다.

〈서비스무역에관한일반협정〉은 서비스 산업의 정의와 FDI에 대한 자유화를 규정한다. 상업적 주재[FDI]가 서비스 교역의 한 형태로 인정되고, FDI를 WTO 체제에서 다루게 되었다. 〈상품교역협정〉에 있는 〈무역관련투자조치협정〉은 투자수용국이 외국인 투자 기업에게 부과하는 수출 이행, 국산품 사용, 무역수지 균형을 위한 이행 사항, 기술 이전 등을 규정한다. 투자 기업은 투자수용국에서 투자 인센티브를 받기 때문에 이러한 의무도 부과받는다. 투자국은 교역을 왜곡시킨다는 이유로 〈무역관련투자조치협정〉을 반대하지만 투자수용국은 투자 기업의 현지화와 증액 투자를 유도할 수 있기 때문에 이를 찬성한다. 〈무역관련지적재산권협정〉은 위조 상품의 무역 방지가 주목적이지만 지재권 소유권자에게 독점적 사용권을 보장하여 기업들의 기술 제휴와 기술 동맹을 통한 특허 공유·Cross-license, 첨단 기술의 공동 개발, 투자 상호보완 등을 규정한다. 〈분쟁해결절차에관한양해〉는 기존 GATT 협정과 WTO 협정들에 대한 국가 간 분쟁을 규율한다.

이러한 국제 투자 규범의 목적은 개방과 자유화의 기조에서 각국의 투자 업종, 투자 지분율, 투자 형태 등에 대한 제한과 차별을 없애 국제 투자를 촉진하는 것이다. 내국민 대우, 무차별 대우, 상호주의를 대원칙으로 하여 직·간접투자에 대해 투자 기업, 투자국, 투자수용국의 권리와 의무를 정한다. 2000년대 들어 통상 협정이 다자간 협정에서 양자·지역 협정으로 전환되면서 투자 규정은 양자·지역 협정에 포함된다.

이와 같이 미국이 개방과 자유화의 국제 투자 규범을 주창한 것은 당시 미국 제조업이 세계 최고의 경쟁력을 갖고 있었기 때문이다. 1960년대까지만 해도 미국 제조업에 경쟁할 만한 나라는 없어서 개방과 자유화는 미국의 수출 확대를 의미했다. 상호주의에 따라 미국이 상대국에게 자국 시장을 개방해도 외국 기업에 의해 자국 시장을 잠식당할 염려가 없었다. 1995년 타결된 우루과이 라운드에서도 미국과 유럽이 서비스 산업 및 농산물의 개방과 자유화를 요구한 것도 두 대륙은 이 산업에서 높은 경쟁력을 갖고 있었기 때문이다. 지금도 미국은 디지털 산업의 경쟁력이 강하기 때문에 국경 간 자유로운 데이터 이전, 데이터의 현지화 금지, 프라이버시 보호, 광범위한 국제 협력 등을 요구한다.

클린턴 행정부에서 국방부 국제 안보 담당 차관보를 지낸 정치학자 조지프 나이(2000)는 "개방과 자유화의 세계화는 독립적 기원을 가지고 있는데 전후 미국은 대공황 재발을 막기 위해 개방의 국제 경제를 만들고 서유럽과 일본의 경제를 재건하며 공산주의를 봉쇄하고자 한 욕망으로 거슬러 올라간다. 이 정책이 실행될 수 있었던 것은 미국 제조업의 경쟁력이 강해서 개방과 자유화로 이익을 얻을 수 있었기 때문이다"라고 말했다.

흔들리는 미국의 '규범 제정자' 지위

2017년 트럼프 정부 출범 이후 미국은 보호무역주의, 신고립주의[3], 일방
주의로 구성된 '미국우선주의America first'를 채택했다. 2018년 미국은 보호
무역주의적 색채가 강한 1988년 종합 무역법Omnibus Trade and Competitiveness
Act of 1988[4]에 근거하여 중국산 수입품에 25% 관세를 부과하고 중국의 지재
권 위반 여부를 조사했다. 보호무역주의는 관세와 비관세의 무역 장벽을
쌓아 자국 산업을 보호하는 정책인데 관세 장벽은 국가 분쟁으로 이어지
기 쉬워서 대신 비관세 장벽이 많이 활용된다. 그럼에도 불구하고 미국은
중국에 관세 부과를 택했다. 이에 대해 중국은 미국이 WTO 규정을 위반
했다고 항의하고 관세의 철회를 요구했다. 미국의 전략국제연구소CSIS도
이 관세 부과는 WTO 설립 정신의 위배이며 전후 미국이 설계해온 다자간
통상 체제에 대한 '규범 파괴자rule breaker'에 가깝다고 비판했다.[21] 그러나
트럼프의 후임인 바이든도 이러한 정책을 계속하여 2024년에 중국산 전

---

3   신고립주의는 1823년 미국 먼로 대통령의 유럽의 아메리카 대륙에 대한 불간섭 선언이 시작이다. 당
시는 외교·안보적 요인이 컸다면 지금은 경제적인 요인이 크다.

4   미국 경제의 국제 경쟁력 약화에 대응하기 위해 기존 1974년 무역법(Trade Act of 1974)을 개정한 것
이다. 종합 무역법은 1974년 무역법의 301~309조(통상 301조라고 함) 조항에 USTR이 불공정 무역국(대
규모 대미 무역흑자를 보거나 지적 재산권 보호가 미흡한 나라)에 대해 직권 조사한 후 보복할 수 있도록 강화했
기 때문에 '슈퍼301조'라고도 불린다. 또한, 종합 무역법 제1303조의 지적 재산권(특허권·상표권·저작권)
의 보호 조항을 '스페셜301조'라고 한다. 지재권에 별도 조항을 둔 것은 미국이 비교 우위가 있는 지재권
을 보호하기 위함이다. 한시 규정인 '슈퍼301조'는 1989~1990년 적용되었다. 이후 1994년 클린턴 대
통령이 재가동하여 2001년까지 연장 운용한 뒤, 트럼프 대통령이 2018년 부활시킨 것이다.(출처 : 위키피
디아 등 종합)

기차에 100%, 알루미늄·철강에 25% 등의 관세를 부과했고, 시장 개방이 필요한 무역 자유화 협정은 추진하지 않았다. 트럼프 2기 정부도 더욱 강한 관세 부과 정책을 시작했다.

미국은 WTO가 중국의 산업 보조금 지원, 기술 탈취, 비관세 장벽 등의 비시장적 행위에 대처하지 못했다고 비난하면서 WTO를 외면하고 있다. WTO 출범의 최대 성과 중 하나인 분쟁 해결 제도도 2017년부터 미국이 상소 기구 심사위원의 임명을 거부하면서 그 기능이 마비되었다. 미국은 WTO의 투자 원활화 협정investment facilitation for development에서도 인도, 남아공 등과 함께 반대한다. 이 협정문에 시장 접근, 투자자 보호, 투자가·국가 간 분쟁 해결 제도Investor-State Dispute Settlement가 포함되어 있지 않았다는 이유이다. WTO의 164개 회원국 중에서 한국을 포함하여 중국, 일본, 영국, 호주 등 119개국이 이 협정에 찬성한다.

이렇게 미국이 다자주의를 회피하고 국제 규범보다는 국내 규범으로 자국 이익을 추구하면 중소국의 미국에 대한 지지는 약화된다. 왜냐하면 중소국은 강대국과의 힘의 차이를 극복하기 위해서 강대국을 국제 제도의 틀에 끌어들여 같은 틀 안에서 그들도 통제받기를 원하며 그 틀 안에서 강대국들끼리 협상하면서 서로의 힘이 상쇄되기도 하기 때문이다. 미국이 다자주의를 회피하면 중소국은 이러한 효과를 얻을 수 없다.

미국이 없는 가운데 새로운 국제 규범이 만들어지기도 한다. 2018년 EU와 일본의 경제 동반자 협정에서는 농식품·음료 등의 '지리적 표시제geographical indication'를 합의했다. 이 표시제의 대상 상품이 많은 EU가 국제적으로 확산시키려고 하는 제도이다. '지리적 표시제'란 농수산물 및 식음료가 특정 지역의 특성을 갖고 있으면 '지명+품목'을 상표로 인정하는 것이다. 예를 들어 상파뉴에서 생산되지 않은 제품에 '샴페인'(프랑스어인 상파뉴의 영어식 발음)이라고 표기할 수 없다. 이를 준수하지 않는 제품은 유럽과 일본에서 판매될 수 없다. 또한, EU와 일본은 '개인 정보의 자유로운 국경 이전'에도 합의했다. 이는 미국이 참가를 철회한 환태평양 경제 동반자 협정TPP : Trans Pacific Partnership에서 요구했던 핵심 사항의 하나였다.

TPP 협정 참가국인 베트남은 미국의 TPP 협정 불참을 활용하여 2018년 사이버 보안법을 제정하기도 했다. 이 법에 따르면 구글, 페이스북 등 외국 인터넷 서비스 업체는 베트남에 사무소와 서버를 두고 데이터를 축적해야 하며, 베트남 정부의 요구가 있으면 24시간 이내에 온라인 정보를 삭제해야 한다. 하노이 주재 미국 대사관은 이 법은 베트남의 국제 무역에 대한 약속 위반이라고 성명을 냈다. 만약, 미국이 TPP 회원국이고, WTO 권위를 약화시키지 않았었다면 이 성명의 효과는 강력했을 것이다.

미국의 규범 제정자 지위에 도전하는 나라는 중국이다. 중국은 국제 정치·경제에서 주변부에서 중심부로의 이동을 원한다. 국제 비즈니스의 플랫폼이 되고자 한다. 중국은 2008년 글로벌 금융 위기 때 미국이 '헬리콥터 머니'를 살포하자, 미국의 달러 패권을 비판하고 이즈음 또는 이후부터 위안화 국제화와 IMF·세계은행을 보완하는 아시아인프라투자은행AIIB : Asian Infrastructure Investment Bank등을 추진했다. 2015년에는 미국 주도의 국제 결제망인 국제은행간통신협회SWIFT : Society for Worldwide Interbank Financial Telecommunication에 대응하여 중국국제결제체제CIPS : China Cross-border Inter-bank Payment System를 설립했다. 최근 들어 미중 갈등이 격화되면서 미국의 중국에 대한 경제 제재에 대비하여 대체 지불 수단의 인프라 구축을 추진한다. 2018년에는 위안화로 원유를 거래하는 상해국제에너지교환시장INE : Shanghai International Energy Exchange도 개장했다. 또한, 2018년 중국은 심천과 시안에 일대일로의 국제 분쟁 처리를 위한 법정을 세웠는데 심천은 해상, 시안은 육로에 관한 다툼을 처리한다. 이는 홍콩, 런던, 뉴욕 등에 있는 국제중재센터를 활용하지 않고 독자적으로 국제 규범을 쓰겠다는 의미이다.[22]

일대일로는 2013년 시작되었는데 정책 소통, 인프라 연결, 무역 원활화, 자금 융통, 민심 상통의 5대 사상에 기반하여 동남아시아·중앙아시아·

그림 11 | 중국의 일대일로

서아시아·아프리카·유럽을 육해공으로 잇는 인프라·무역·금융·문화 교류의 경제 벨트이다. '일대'는 중국 시안과 독일 뒤스부르크를 육로로 잇고, '일로'는 중국 북경에서 출발하여 이탈리아 베니스까지 해상으로 연결한다. 총 49개국을 도로, 철도, 해상으로 연결한다. 중국은 일대일로 연선 국가의 인프라(항만·도로·철도·에너지·통신)에 투자하고, 관련 기업을 M&A하고 있다. 한편, 일대일로 이후 중국이 미국과 1:1(일대일)로 경쟁하면서 두 나라의 관계가 '악화일로'가 되었다고 할 만큼 미중 관계에서는 변곡점이 되었다.

국제 플랫폼의 규범 제정자가 얻는 혜택

UN, WTO, IMF, OECD, World Bank 등은 국제적으로 정치·외교·경제 정책의 수요자와 공급자가 만나는 '국제 플랫폼'이다. 미국은 독자적으로 다른 나라에게 직접 영향력을 행사하기도 하지만 이들 기구를 통해 간접적인 방법으로 영향력을 행사하기도 한다. 미국은 실질적으로 국제 플랫폼의 운영자이자 이들 기구의 규범 제정자 역할을 해왔다. 이러한 국제 플랫폼은 국제 비즈니스에서도 볼 수 있는데, '국제 비즈니스 플랫폼'이 그것이다. 이 플랫폼에는 제품·서비스·기술, 금융·자산, 데이터·콘텐츠 등이 유통된다.

　　미국은 국제 비즈니스 플랫폼에서도 운영자 역할을 하는 경우가 많다. 예를 들어 시카고 상품 거래소나 뉴욕 상업 상품 거래소, 국제 결제 시스템 등은 주식·곡물·광물·석유·금융·외환 등의 국제 거래를 돕는다. 이들 플랫폼은 초기에는 민간 기업이나 공공 기관에 의해 국내 비즈니스를 위해 만들어졌지만 점차 국제 비즈니스로 확대했다. 디지털 경제 시대에서도 미국 기술대기업은 누가 국제 비즈니스 플랫폼이 될 것인가를 놓고 경쟁한다. 애플, 마이크로소프트, 아마존, 구글, 페이스북 등은 앱장터, S/W, 전자상거래, 검색, SNS 등에서 자사의 시스템이 국제 플랫폼이 되기 위해 경쟁한다.

그러면 왜 국가는 플랫폼 운영자가 되려고 하는가? 그것은 운영자에게 혜택이 있기 때문이다. 플랫폼에는 국내외 거래 당사자들이 스스로 찾아와 중개 수수료를 내고 거래한다. 운영자는 추가적인 큰 비용 투입 없이도 큰 이익을 창출할 수 있다. 전 세계의 돈, 정보, 사람이 한곳에 모여서 국제 정보를 파악할 수 있다. 운영자는 플랫폼의 데이터에 접근할 수 있어서 위험에 미리 대비하거나 정보를 활용하여 이익을 얻을 수 있다. 플랫폼 주변에는 물류·유통, 금융, 컨설팅, 식음료, 숙박 등의 연관 산업이 만들어진다. 운영자는 자신의 이익을 위해 필요한 정보를 플랫폼을 통해 직접 전 세계에 즉시 확산시킬 수 있다. 그리고 무엇보다도 가장 큰 혜택은 플랫폼 운영자는 자국에게 유리한 규정을 제정하고, 이 규범은 국제 표준이 된다는 것이다. 플랫폼을 만든 주체가 민간이나 공공 부문 누구이든 이러한 플랫

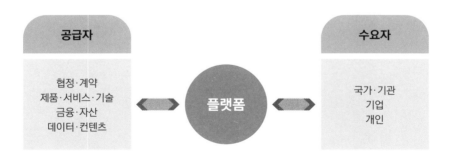

그림 12 | 국제 비즈니스 플랫폼

폼은 최종적으로 국가의 법에 의해 통제받기 때문에 국제 비즈니스 플랫폼의 최종적인 규범 제정자는 국가이다.

국제 플랫폼의 운영자가 되려면 몇 가지 자격 조건이 있다. 정보·상품·서비스의 공급자와 수요자가 자발적으로 참여해야 한다. 플랫폼 운영자는 사용자들로부터 신뢰를 얻어야 한다. 플랫폼의 운용을 위해 운영자는 지식과 경험이 있어야 한다. 그동안 미국은 이러한 역할을 해왔다. 세계 경제 1위 국가로서 많은 나라와 무역·투자 관계가 있고, 개방과 자유화 무역·투자를 주창하면서 세계화를 이끌어 왔다. 많은 국제 규범 제정의 경험이나 국제 거래의 결제를 위한 금융 네트워크도 있다. 그러나 미국 주도의 다자주의나 탈세계화는 미국이 국제 플랫폼의 운영자이나 규범 제정자의 역할에 손상을 주는 일이다.

지금까지 2부에서는 투자(FDI)를 둘러싼 이슈들과 미국 제조업의 쇠퇴가 미국의 해외직접투자 등에 미친 영향을 알아보았다. 다음 3부에서는 미국 제조업이 쇠퇴하는 반면, 중국 제조업이 강해지면서 벌어지는 미중 투자 전쟁을 설명한다.

미중 FDI 전쟁

1. 신냉전 속 미중 경쟁

중국, 서방의 동반자에서 경쟁자로 등장

신냉전은 미중 무역 분쟁, 코로나 때 공급망 교란, 러시아의 우크라이나 침공으로 형성되었다. 미중 무역 분쟁은 2018년 미국이 중국산에 25% 관세를 부과하면서 시작되었다. 이제는 미국의 대중 첨단 기술 통제로 이어지고 있다. 코로나 팬데믹 때 중국이 코로나 발생 지역을 원천 봉쇄하는 '제로 코로나' 정책을 펼치자, 전 세계 공급망은 교란되었다. 미국은 중국 수입산이 없어서 생산에 차질이 빚었다. '중국 생산 편향'의 위험을 확인한 순간이었다. 이후 미국은 중국 정점의 글로벌 가치사슬 재편에 착수했고, 중국을 배제하고 안보·보건에 필수적인 업종의 공급망을 국내에 구축하고 있다.

2022년 러시아는 우크라이나를 침공했다. 서방은 러시아를 규탄하며 러시아를 국제 결제망에서 퇴출시키고 각종 무역·투자 통제를 시작했다. 러시아는 대외 거래와 자본 이동에서 제약을 받았다. 러시아에 진출한 석유화학, 자동차, 금융, 식음료 등 글로벌 기업은 러시아에서 철수하거나 투자를 보류했다. 서방이 떠난 빈자리는 중국이나 러시아 기업들이 채웠다. 서방은 중국이 러시아에 군수와 민수 겸용의 공산품을 공급하면서 전쟁을 치르는 러시아에 대한 최대 기여자라고 비난한다.

서방이 중국과 러시아를 제재하고 중국과 러시아는 서방에 맞대응하는 상황이 과거 '냉전'과 비슷하다고 하여 지금의 상황을 '신냉전'이라고 부른다. 과거 냉전은 민주주의와 공산주의로 나뉘어 각 진영의 대표인 미국과 소련이 대립하는 '미소 냉전'이었다. 당시는 민주주의와 공산주의 간의 경제 교류가 많지 않았고 소련 경제는 지금의 중국 경제보다 훨씬 약했다. 그러나 신냉전은 모든 나라가 자본주의를 채택한 가운데 서방과 중국·러시아의 대결이다. 그러나 신냉전은 국가 간 경제 교류가 활발해진 상황에서 일어났고, 중국 경제는 강하다. 신냉전은 세계 경제와 FDI 규모에서 1·2위인 미국과 중국의 싸움이나 마찬가지인 '미중 신냉전'이다.

신냉전 속 미중 경쟁은 아시아를 대표하는 중국과 서방을 대표하는 미국의 싸움이기도 하다. 기독교 문화 아래에서 일심동체인 유럽에게 미국이 쇠퇴하고, 중국이 부상하는 것은 유럽의 쇠퇴를 의미한다. 반제국주의와 반봉건주의에 기반한 공산주의 사상으로 건국된 중국은 서방에 대한 분노가 있다. 근대에 서방과 일본은 중국의 영토를 나누어 점령했다. 중국에 공산당 정권이 들어섰을 때는 미국 주도로 서방은 중국을 봉쇄했다. 2018년 시진핑은 중국 CEO와의 한 미팅에서 미중 무역 갈등에 대해 "서양의 성경에서는 오른뺨을 맞으면 왼뺨을 갖다 대라고 했지만, 중국 문화는 한 대 맞으면 펀치로 응징한다"고 했다. 중국은 서방의 기독교를 거부하고 독자적인 사상을 갖고 있다.

지금 펼쳐지는 미중 경쟁의 근본 배경은 미국 제조업은 쇠퇴했지만 중국 제조업은 강해졌기 때문이다. 1950년대 전 세계 제조업 생산의 30%까지 차지했던 미국 제조업은 2023년 현재 15.9%로 떨어졌다. 반면, 중국 제조업의 비중은 31.6%이다. 참고로 한국 제조업은 2.7%이다. 생산 규모에서 중국 제조업은 미국 제조업의 2배가 되었다. 이미 세계은행의 구매력

순위	국가	2023년 구매력 기준 GDP (억 international dollars)
1	중국	346,437
2	미국	273,609
3	인도	145,373
4	러시아	64,523
5	일본	62,515
6	독일	58,578
7	브라질	44,549
8	인도네시아	43,330
9	프랑스	41,690
10	영국	40,262
11	튀르키예	37,672
12	이탈리아	34,525
13	멕시코	32,886
14	한국	27,941
15	스페인	25,531
16	캐나다	24,693
17	이집트	21,209
18	사우디아라비아	20,317
19	오스트레일리아	18,411
20	폴란드	18,146

표 4 | 구매력 기준 전 세계 GDP 상위국

(자료 : 세계은행 2023년, 'international dollars'란 각국의 물가 수준이
반영된 구매력으로 새로 계산된 달러 환율로 산출된 달러 환산액임.)

기준의 GDP는 중국이 미국을 추월하여 세계 1위이다(표 4 참조). 대표적인 제조업인 자동차만 보아도 중국은 연간 3천만 대를 생산하는데 미국은 연간 1천5백만 대를 생산한다. 2007년경 북경의 GM 경영진은 중국은 절대 미국을 따라 올 수 없다고 했지만 중국의 자동차 생산은 미국, 유럽, 일본을 합한 수준이 되었다. 서방 제조업은 아무리 계산해도 나오지 않는 저렴한 중국산 때문에 1990년대 이후 쇠퇴했다. 이제 서방에게 중국은 큰 소비 시장을 가진 세계의 공장 역할을 하는 '서방의 동반자'가 아니고, 강한 제조업으로 서방의 시장을 넘보는 '서방의 경쟁자'가 된 것이다.

아태 지역에서의 미중 경쟁

지정학적으로 밖으로 팽창하려는 중국과 이를 막으려는 미국이 처음 싸워야 하는 곳이 아세안 지역이다. 아세안 지역은 오래전부터 강대국의 침략을 받았다. 중국과는 오랜 기간 조공 무역 관계가 있었고, 서방의 지배도 받았다. 2차 세계대전 때는 일본에게 점령을 당했으나 일본이 미국에 패하면서 지금은 미국의 영향력 아래에 있다. 그러나 1997년 아시아 금융 위기를 겪은 태국, 인도네시아, 말레이시아, 라오스, 필리핀 등은 IMF 구제 금융을 받는 대가로 혹독한 구조조정을 겪었다. 이때 주권 침해를 경험하면서 서방에 대한 반감도 있다.[1] 아세안은 1967년에 결성된 동남아시아 국가의 협력 기구로서 회원국은 태국, 인도네시아, 말레이시아, 필리핀, 싱가포르, 브루나이, 라오스, 캄보디아, 베트남, 미얀마 등 10개국이다.

---

1 각국은 전기·가스·수도·통신·금융 등 핵심 기업의 지분이 선진국 기업들에게 매각했다. IMF는 IMF 지분의 17%를 보유한 미국이 회원국 중 유일하게 비토권을 갖고 있다.(장동식·김영일, 2008)

미국은 오바마 정부 때 중동에 집중했던 아시아 정책에서 아시아에서 중국과 패권 경쟁을 하겠다는 '아시아로의 회귀pivot to Asia'를 2012년부터 채택했다. 중국 지도부는 2000년대 초부터 인도·태평양 지역에서 미군의 주둔, 미국의 행동이나 지역 국가와의 동맹 등은 모두 중국에 대한 적대적 목적을 갖고 있다고 인식한다.[1] 경제적으로도 미국 기업에게도 아세안은 중국을 대신하는 저임 지역이다. 중국에게도 아세안은 미국에게 보다도 더 중요하다. '일대일로'의 육상·해상 실크로드 노선이 관통하는 지역이다. 중국의 임금 수준이 높아지자 중국 제조업도 이곳 아세안으로 이전한

구분	1990	2000	2010	2020	2023
전 세계 투자액(십억 달러)	2,196	7,377	19,843	41,893	49,131
아메리카	34.6	46.7	30.0	32.4	35.5
북미	(29.7)	(42.1)	(22.2)	(27.3)	(29.5)
라틴 아메리카, 카리브	(4.9)	(4.6)	(7.8)	(5.1)	(6.0)
남미	(3.4)	(2.5)	(5.5)	(3.2)	(3.9)
유럽	42.5	33.7	40.9	39.4	35.0
북유럽	(12.8)	(10.8)	(10.5)	(11.6)	(11.0)
남유럽	(6.5)	(4.6)	(6.5)	(4.5)	(5.2)
서유럽	(23.1)	(16.6)	(18.3)	(20.2)	(16.2)
아시아	16.1	15.5	22.9	23.8	25.5
북동아시아	(11.4)	(10.1)	(10.5)	(10.6)	(13.2)
남동아시아	**(2.8)**	**(3.5)**	**(5.8)**	**(7.3)**	**(7.9)**
오세아니아	4.1	2.0	3.0	2.2	1.9
아프리카	**2.7**	**2.1**	**3.1**	**2.3**	**2.1**

표 5 | 전 세계 대륙별 FDI 유입 비중(자료 : UNCTAD 스톡 기준, 단위 : %)

다. 아세안에는 경제력을 가진 화교가 많고, 위안화 국제화의 출발점이 될 수 있다. 1980년대 이후 대규모 투자를 통해 이 지역의 맹주 역할을 해온 일본이 '잃어버린 30년'을 겪으며 쇠퇴하고 있어 중국은 이 지역에서 일본을 대신할 수 있다. 신냉전 시대에 아세안은 미국과 중국의 구애를 받으면서 수혜 지역으로 평가받는다.

이 지역의 중요성은 FDI 유입으로도 알 수 있다. 〈표5〉를 보면 아세안 회원국이 있는 남동아시아(라오스, 말레이시아, 미얀마, 베트남, 브루나이 다레살람, 싱가포르, 인도네시아, 캄보디아, 태국, 필리핀)에 대한 FDI 유입 비중은 1990년 2.8%(620억 달러)에서 2023년 7.9%(3조 8,690억 달러)로 크게 증가했다. 주요 투자수용국은 베트남, 인도네시아, 말레이시아, 싱가포르, 필리핀, 태국 등이다. 글로벌 기업의 투자를 받으면서 아세안은 글로벌 기업의 전기전자 제품 생산 허브이자 수출 기지로 부상했다.[2] 말레이시아는 세계 5위 반도체 수출국으로 반도체 후공정(조립·테스트·패키징)에서 두각을 나타낸다. 싱가포르도 반도체 생산 거점 일뿐만 아니라 반도체 장비의 수출에서 세계 시장의 20%를 차지한다. 베트남도 반도체를 국가 전략 산업으로 육성하고 있다.

CPTPP, RCEP, IPEF를 둘러싼 아태 지역 미중 경쟁

미중은 아태 지역의 지역무역협정Regional Trade Agreement에서도 주도권을 잡기 위해 경쟁하고 있다. 아태 지역에는 3개의 지역무역협정인 포괄적·점진적 환태평양 경제 동반자 협정CPTPP : Comprehensive and Progressive Agreement for Trans-Pacific Partnership, 역내 포괄적 경제 동반자 협정RCEP : Regional Comprehensive Economic Partnership, 인도·태평양 경제 프레임 워크IPEF : Indian-

Pacific Economic Framework가 있다. 지역무역협정은 공동의 이해관계를 가진 지역 국가들이 공동의 경제 규칙을 만들어 지역 내에서 무역·투자를 촉진하거나 공동의 행위 규칙을 마련하기 것이다. 미국이 다자주의를 회피하면서 전 세계적으로 다자 무역협정은 지역무역협정으로 전환되었다

2018년 발효된 CPTPP는 일본이 주도했고 호주, 브루나이, 캐나다, 칠레, 말레이시아, 멕시코, 뉴질랜드, 페루, 싱가포르, 베트남 등이 참가한 11개국이 맺은 협정이다. 미국, 중국, 한국은 비회원국이다. CPTPP는 미국 오바마 정부 때 추진한 환태평양 경제 동반자 협정TPP : Trans Pacific Partnership과 관계가 있다. 당시 미국은 아시아 회귀 정책을 선언하면서 "중국이 아태 지역의 경제 규범을 쓰게 내버려 둘 수 없다"며 일본과 함께 TPP 논의를 시작했다. 그러나 오바마에 이어 취임한 트럼프 대통령이 2017년 자유무역협정은 시장 개방을 통해 미국 산업에 피해만 준다며 TPP 탈퇴를 일방적으로 선언했다. 이후 일본이 남아 있던 나라들과 협상을 타결 지어 CPTPP로 명명했다.[2]

중국은 처음에는 CPTPP가 자국에 대한 미국의 봉쇄 전략으로 판단하여 참가에 부정적이었으나 2021년 가입 신청을 했다.[3] 중국의 의도는 CPTPP와 RCEP을 모두 끌어안아 아태 지역에서 우방을 만들고, 미국을 압박하며, 중국 주도의 지역 통상 질서를 만들기 위한 것으로 알려졌다. 그러나 미국의 견제로 중국이 CPTPP에 가입하기는 어려울 것으로 보인다. 미국은 CPTPP 회원국은 아니지만 CPTPP 회원국인 캐나다와 멕시코가

---

2 협정 명칭은 TPP에서 CPTPP로 되었는데 C는 Comprehensive로서 상품서비스의 시장 개방과 함께 디지털 등 새로운 무역 의제도 폭넓게 다루고, P의 Progressive은 노동·환경 기준 보호 등의 미래의 주제도 담았다는 의미로 해석된다.

미국의 동의 없이 중국을 CPTPP 회원국으로 받아들이지는 않을 것이다. 미국도 CPTPP에 다시 합류할 가능성은 적다. 왜냐하면 아태 지역에서 미국의 최대 관심은 대중 견제인데 CPTPP에 있는 노동, 환경, 디지털 무역의 조항은 대중 견제 효과가 부족하고, 중국을 배제하기 위한 공급망 재편 등의 규범도 없기 때문이다.

RCEP은 2020년 아세안 10개국과 한국, 중국, 일본, 호주, 뉴질랜드 등 총 15개국이 맺은 지역무역협정이다. 미국은 회원국이 아니다. 이 협정은 2012년부터 아세안의 제안으로 논의가 시작되었고, 타결도 아세안이 주도했다. 아세안은 미국의 TPP 탈퇴에 실망했고, 미국에 의한 대중 무역 보복, 지역 공급망의 혼란 등으로 지역의 자유 무역 질서가 불안해지자 이를 지키고자 RCEP 타결을 주도했다. RCEP에서 중국의 영향력이 커질 것으로 우려되기도 한다.

한편, 미국은 TPP에서 탈퇴한 이후 아태 지역에 대한 경제적 관여가 약화되는 상황에서 중국의 지역 영향력을 견제하기 위해 2022년 IPEF를 출범시켰다. 미국, 한국, 일본, 호주, 뉴질랜드, 말레이시아, 베트남, 브루나이, 싱가포르, 인도, 인도네시아, 태국, 피지, 필리핀 등 14개국이 회원국이다. IPEF는 미국 의회의 비준이 필요 없는 행정부 단독 협정Sole Executive Agreement이고, 시장 접근을 위한 관세 인하 계획이 없는 느슨한 형태의 경제 블록이다. IPEF는 4개 영역인 무역, 공급망, 청정 경제, 공정 경제로 구성되어 있다. 세부적으로 회복력 있는 공급망의 지원을 위한 무역 원활화, 높은 수준의 노동권과 포용성 확보, 디지털 경제 규범, 기후 위기 대처를 위한 환경 보호, 지속가능한 농업 등을 추구한다. IPEF는 회원국에 대한 시장 접근이나 이행 의무 수단이 부족하여 지속가능성에 대한 의문도 있다.

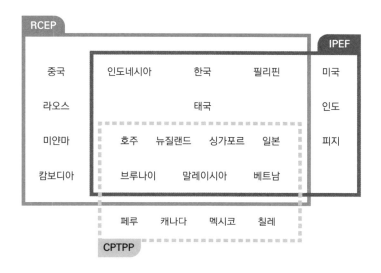

그림 13 | 아태 지역의 지역 경제 협정(RCEP, CPTPP, IPEF)

CPTPP, RCEP, IPEF는 같은 점도 있고, 다른 점도 있다.[4] CPTPP와 RCEP은 회원국 간 교역 활성화를 위해 관세 및 비관세 장벽을 완화하거나 투자 활성화를 위해 내국민 대우, 최혜국 대우, 이행 요건 금지, 고위 경영진 국적 제한 금지, 과실 송금 등을 규정한다. CPTPP은 RCEP보다 협정의 항목이 10개 더 많고, 상품 관세 철폐, 서비스 산업 개방, 투자, 디지털 무역·전자상거래, 지식 재산권 등에서 RCEP보다 더 높은 수준의 개방을 규정한다. RCEP에는 포함되지 않은 섬유 및 의류, 국영 기업, 노동, 환경, 경쟁력과 산업 촉진, 투명성과 반부패, 규제 조화 등을 포함한다. 무역과 서비스 규정에서 벗어나지 못하는 RCEP에 비해 역내 경제와 무역 질서에 미치는 영향력이 더 크다. 반면, IPEF은 대중 견제를 위해 주요 이슈에 대해 참가국의 공동 행위 규칙을 담은 협정이다.

미국은 자국 우선주의를 추구하고 다자주의를 회피하지만 중국은 미국이 오랫동안 자임해 온 자유 무역의 수호자 지위를 얻기 위해 미국을 자유 무역의 교란자라고 공격하며 자유 무역을 추구한다. 과거의 미국처럼 중국은 강한 제조업을 갖고 있어서 자유로운 무역·투자의 혜택을 볼 수 있기 때문이다. 두 나라 중 누가 아태 지역의 규범 제정자가 될 것인가는 군사력을 통하기보다는 경제력이 좌우할 것이다. 러시아가 우크라이나를 침공하자 중립국이었던 주변국들이 즉각 나토 가입을 결정했듯이 군사적 방법은 반대 진영의 결속만 초래할 뿐이기 때문이다. 한 나라가 '규범 제정자'가 되면 다른 쪽은 '규범 수용자rule taker'가 될 것이다.

미중 경쟁의 귀결은 '투자 전쟁'

미국의 대중 경제 통제는 크게 중국산 수입에 대한 관세 부과, 미국의 첨단 기술 수출 제한, 첨단 기술의 양방향 FDI 교류 제한이다. 미중 경쟁은 '무역(관세) 전쟁', '기술 전쟁', '체제 전쟁'에 이어 '투자 전쟁'으로 확산되고 있다. 여기에서 첨단 기술은 '민감하거나 중요하며 민수와 군수의 겸용 사용이 가능한 고위 기술로서 AI, 양자 정보 과학 등의 신흥 기술 등을 포함한다.

무역(관세) 전쟁은 2018년 미국이 중국의 불공정 무역 관행(지적 재산권 침해, 강제적인 기술 이전 요구, 국영 기업에 대한 보조금 지급 등)으로 미국 산업이 피해를 보았다며 중국산 수입품에 25%의 추가 관세를 부과하면서 시작되었다. 근본적으로 미국은 중국이 내수 증진이나 서비스 산업 육성이 아니라 제조업 수출 중심의 경제 정책을 계속 펼치는 데에 불만이 있다. 중국도 이에 반발하여 미국산 수입품에 보복 관세를 부과했다. 2019년 양국의 합의로 한 때 소강상태로 접어들기도 했지만 바이든 정부는 2024년 중국산

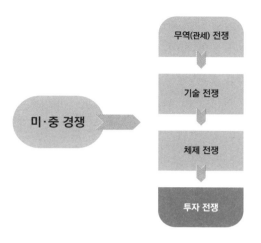

그림 14 | 미중 경쟁의 전개

전기차, 알루미늄, 철강에 다시 고율 관세를 부과했다. 트럼프 2기 정부 들어서 미중은 다시 관세와 보복 관세를 부과하기 시작했다.

미중 '기술 전쟁'은 미국이 우위에 있는 정보통신, 인공지능, 항공우주 등의 첨단 기술이 중국으로 이전되는 것을 막기 위한 싸움이다. 미국은 동맹국과 공조하면서 중국에 대한 첨단 기술 수출을 제한한다. 미국 상무부는 2024년 양자컴퓨팅, 반도체 제조, 적층 제조(3D 프린팅) 관련 등 24개 품목을 대중 수출 통제 대상에 추가했다. 이와 같은 미국의 조치에 중국도 미국산에 보복 관세를 부과하고, 첨단 산업에 필요한 핵심 광물의 대미 수출을 금지했다. 중국의 핵심 광물에 대한 영향력은 절대적인데 배터리, 전기차, 풍력 발전 등에 쓰이는 리튬, 니켈, 코발트, 흑연, 희토류 등의 전 세계 처리 및 가공 역량의 70%가 중국에 집중되어 있다.[5]

미중 경쟁이 격화되면서 민주주의 대 권위주의의 '체제 전쟁'이 추가되었다. 바이든 대통령은 시진핑을 독재 또는 권위주의 정권이라며 자유 진영이 물리쳐야 할 공동의 적이라고 말했다. 중국이 국유 기업을 활용하거나 보조금 지급 등을 통해 공정한 무역을 하지 않는 비시장 국가^{non-market economy}라고 본다. 그리고 이러한 중국의 행태는 미국의 안보와 산업을 심각하게 위협한다고 생각한다. 미국은 중국이 정부 주도로 미국을 빠르게 따라잡았기 때문에 중국식 체제에 대한 경계심이 있다. 미국식 체제는 다양성과 창의성의 장점에도 불구하고 여론을 조성하고 실행하는 데 많이 걸리고 이해관계자의 저항 때문에 경제의 근본적 변화를 만들어내기 어렵다. 반면, 중국식 체제는 경직적이고 창의적이지는 못하지만 국가의 필요에 따라 단기적인 이익이 없어도 꾸준한 방향성을 갖고 계속 투자할 수 있다.

이제 미중 경쟁은 '투자 전쟁'으로 확산되고 있다. '투자 전쟁'이란 "자국 기업들이 특정 산업에서 상대국 기업에 대해 경쟁 우위를 유지 또는 확보토록 돕기 위해 상대국과의 투자 교류를 제한 또는 금지하는 행위"라고 정의할 수 있다. 미국은 국내 법규, 동맹국과의 국제 협정 등을 통해 대중의 양방향 투자를 제한하고 있다. 2018년부터 「외국인투자위험심사현대화법 FIRRMA」으로 중국의 대미 투자를 통제한 데 이어서 2025년부터는 미국 신흥 기술(반도체·AI·양자컴퓨팅·마이크로 전자기술)의 대중 투자도 금지했다.

2. 중국의 투자 공습

중국 FDI의 부상

중국은 1979년부터 계획 경제를 개혁하기 위해 시장 경제를 부분적으로 도입했다. 1979년 심천 등 5개 지역에 경제특구를 설립하면서 외국인직접투자 유치를 시작했다. 외국 기업은 중국 국내에서 문제를 일으킬 가능성이 가장 낮다고 판단했다. 1980년대에는 화웨이(창립연도 : 1987년, 취급 업종 : 통신), 레노버(1984년, 컴퓨터), 하이얼(1984년, 가전), 신희망그룹(1982년, 농축산) 등과 같은 민영 기업도 창업되었다. 1989년 천안문 사태를 겪으면서 중국의 시장 경제는 위축되기도 했지만 1992년 덩샤오핑의 '남순강화^{南巡講話}'[3] 이후 다시 강화되었다. 중국 전역으로 개방을 확대하고, 외국인직접투자의 문호도 확대했다. 미국의 월스트리트와도 좋은 관계를 유지했다. 중국은 '인진라이^{引进来}' 전략을 통해 외국인직접투자를 끌어들였다. 1998년부터는 '저우추취^{走出去}' 전략으로 능력이 있는 중국 기업의 해외 투자도 장려했다. 이를 위해 정부 지원을 늘리고 투자 규제를 완화했다. 무역수지 흑자와 FDI 유입으로 축적된 막대한 외환보유고가 해외직접투자의 재원이

---

3 덩샤오핑이 1992년 1~2월에 걸쳐 우한, 선전, 주하이, 상하이 등을 시찰하며 천안문 사태와 베를린 장벽 붕괴 이후 공산당의 권력이 강화되면서 답보 상태에 있었던 개혁·개방 정책에 대해 재개 의지를 표명한 일련의 담화이다. 이후 중국 경제의 개방에 다시 속도가 붙었다.

였다. 이때부터 전 세계적으로 '차이나 신드롬'이 불기 시작했다.

2001년 중국은 미국의 지지 아래 WTO에 가입했다. 중국 경제는 수출 경제의 체제를 갖추고 이를 기반으로 성장했다. 외국인직접투자를 유치하여 2000년대 중반부터 '세계의 공장'이 되었다. 중국은 2001년 WTO에 가입 이후부터는 양적인 투자 유치에서 점차 첨단 산업 투자 유치로 전환했다. 그동안 중국의 시장과 선진국의 기술과 자본을 교환한다는 '以市場換技術(이시장환기술)' 전략은 기술 습득은 미비한 반면, 시장만 내주고, 무분별한 산업의 유입으로 환경 오염, 노동 집약적 사업만 유치되었다고 판단했기 때문이다. 중국은 2010년에는 일본을 추월하면서 세계 2위 경제 대국이 되었다.

중국의 해외직접투자는 2008년 글로벌 금융 위기 이전까지는 주로 국유 기업에 의한 에너지, 광물 등의 자원 확보를 위한 투자가 많았다. 2005년부터는 민영 기업의 투자도 본격 시작되었고, 서방 기술 기업에 대한 M&A도 적극 추진했다. 2008년 글로벌 금융 위기로 미국과 유럽의 해외직접투자는 감소했지만 중국의 해외직접투자는 증가했다. 2013년부터는 시작된 '일대일로' 이후 중국의 투자 규모와 범위는 커졌다. 일대일로 연선 국가의 인프라(항만·도로·철도·에너지·통신)에 투자하고, 관련 현지 기업을 M&A했다. 2018년 이후 중국의 대 서방 투자가 막히자 아시아 및 아프리카 등지의 일대일로와 관련된 사업에 대한 투자가 늘었다.

2015년에는 〈중국 제조 2025〉를 수립하여 자주적 발전, 핵심 기술 개발, 산업 공급망 구축 등을 추진했다. 2016년에 중국의 해외직접투자는 역대 최대를 기록했다. 투자 업종은 에너지, 광물, 부동산, 가전, 자동차, 엔터테인먼트뿐만 아니라, 외국 기업의 M&A도 많았다. 이 당시 서방의 중국의 투자에 대한 우려가 시작되었다. 결국, 미국의 주도로 서방은 중국의 서방 첨단 기업에 대한 M&A 투자를 제한하기 시작했다.

2019년 코로나 팬데믹의 영향 등으로 중국의 양방향 FDI는 감소했다. 2020년 잠시 회복했으나 2021년 이후 다시 감소세이다. 이 감소세가 단기에 끝날지 앞으로도 계속될지는 아직 알 수 없다. 그러나 글로벌 기업의 대중 투자에서 변화된 모습이 보인다. 제로 코로나 정책의 해제에도 불구하고 중국의 경기 회복이 지체되면서 글로벌 기업의 대중 투자가 재개되지 못하는 모습을 보인다. 외투 기업들은 중국에서 번 이익을 재투자하지 않고 더 높은 수익을 얻을 수 있는 다른 지역으로 송금한다. 미중 경쟁에 따른 지정학적 위험을 피해서 멕시코, 인도, 베트남, 브라질, 동남아시아 등으로 공장을 옮기기도 한다.

미국의 턱 밑까지 추격한 중국의 FDI

중국의 FDI는 〈그림 15〉와 〈그림 16〉에서 보는 것처럼 FDI 유출입(점선)이 모두 1990년 이후 지속적으로 증가했다. 〈그림 17〉과 같이 2011년 이후 중국의 해외 자산에서 외환보유고(준비 자산)의 비중은 계속 줄어왔지만 해외직접투자의 비중은 증가하여 해외 자산의 30%를 차지할 정도로 중요해졌다. 한편, 〈그림 18〉과 같이 외국인이 중국에서 보유한 자산에서 FDI 비중은 큰 기복 없이 50%대를 유지한다. 중국의 점진적인 금융시장 개방을 반영하여 포트폴리오 투자도 증가 추세이다. 지난 30년 동안 중국의 적극적인 양방향 FDI 촉진 정책의 결과, 중국은 〈표 6〉과 같이 전 세계 해외직접투자(FDI 유출)의 11.2%, 전 세계 외국인직접투자(FDI 유입)의 11.8%를 차지하는 나라가 되었다. 미국처럼 외국인직접투자와 해외직접투자가 모두 많은 특별한 지위의 나라가 된 것이다.

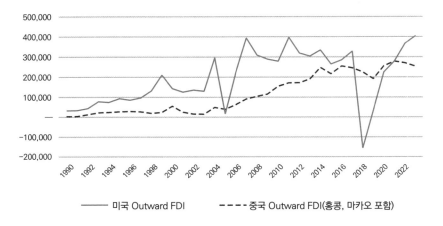

미국 Outward FDI   ----- 중국 Outward FDI(홍콩, 마카오 포함)

그림 15 | 미중의 FDI 유출(자료 : UNCTAD 플로 기준, 단위 : 백만 달러)

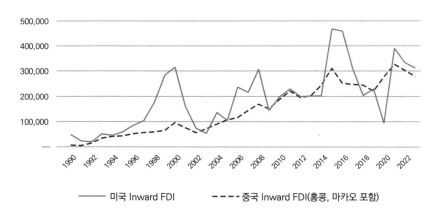

미국 Inward FDI   ----- 중국 Inward FDI(홍콩, 마카오 포함)

그림 16 | 미중의 FDI 유입(자료 : UNCTAD 플로 기준, 단위 : 백만 달러)

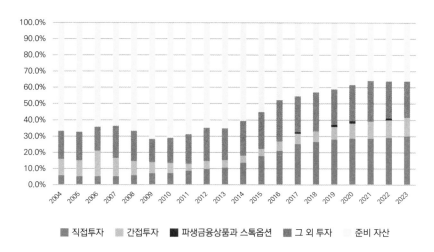

직접투자 ■ 간접투자 ■ 파생금융상품과 스톡옵션 ■ 그 외 투자 ■ 준비 자산

그림 17 | 중국의 해외 자산 중 FDI 유출 비중(자료원 : 국가외환관리국)

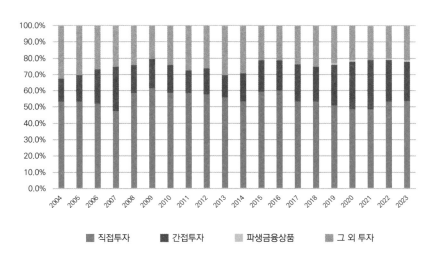

직접투자 ■ 간접투자 ■ 파생금융상품 ■ 그 외 투자

그림 18 | 중국 내 외국인 자산 중 FDI 유입 비중(자료원 : 국가외환관리국)

순위	국가	FDI 유출 비중	순위	국가	IFDI 유입 비중
1	미국	21.3	1	미국	26.1
2	중국(홍콩, 마카오 포함)	11.2	2	중국(홍콩, 마카오 포함)	11.8
3	네덜란드	7.6	3	영국	6.2
4	캐나다	6.2	4	네덜란드	5.5
5	독일	4.9	5	싱가포르	5.4
6	일본	4.8	6	남아공	3.9
7	영국	4.8	7	캐나다	3.4
8	남아공	4.6	8	아일랜드	2.9
9	싱가포르	4.0	9	룩셈부르크	2.4
10	룩셈부르크	3.8	10	스위스	2.3
17	한국	1.5	28	한국	0.6

표 6 | 세계 10대 투자국 및 투자수용국

(자료 : UNCTAD 2023년 스톡 기준,
전 세계 FDI 유출 : 44.4조 달러, 전 세계 FDI 유입 : 49.1조 달러, 단위 : %)

미국의 정책 변화나 경기 침체에 따른 한시적인 현상이지만 중국의 FDI가 미국의 FDI보다 많아진 때도 발생했다. 미국의 FDI 유출(그림 15 참조)은 2005년과 2018년에 크게 감소했다. 2005년 미국이 「American Jobs Creation Act of 2004」에 의해 역외 소득에 대한 과세 면제를 폐지했고, 2018년 「Tax cut and Jobs of 2017」에 의해 미국의 해외 투자 법인이 현지에서 번 이익 잉여금[4]을 미국에 송환하면 한시적으로 법인세 감면 혜택을 주었다. 이때 미국 기업들은 이익 잉여금을 현지에 재투자하는 대신 미국으로 송환(투자 회수)하면서 해외직접투자가 감소했다.

---

4 국제 통계에서 FDI 인정 금액은 해외 투자 법인의 지분 자본(equity capital)분만 아니라, 현지 법인의 미처분 이익 잉여금(retailed earning), 현지 법인의 모기업 차입도 포함된다.

FDI 유입에서도 〈그림 16〉과 같이 2003년과 2020년에 미국의 FDI 유입이 크게 감소하면서 중국의 FDI 유입이 미국의 FDI 유입을 앞질렀다. 글로벌 기업의 대미 투자는 주로 미국 내수 시장을 겨냥하여 투자하는데 2000년의 닷컴버블 붕괴, 2001년의 9.11 사태 등에 따른 경기 침체로 2001~2003년 미국의 GDP 성장률은 낮았다. 2020년에는 코로나로 내수가 침체되었다. 이에 따라 해당 기간 글로벌 기업의 대미 투자가 크게 감소한 것이다.

미중의 직접적인 FDI 교류 규모는 크지 않다. 2018년부터 미·중 경쟁이 표면화되면서 미중의 투자 교류도 2019년부터 감소 추세이다. 앞으로도 증가할 가능성은 크지 않아 보인다. 미국 상무부 BEA 투자 통계에 따르면 중국의 대미 투자(플로 기준)는 2016년 197억 달러로 역대 최대를 기록한 이후 계속 감소했고, 오히려 2020~2023년 4년간 총 90억 달러의 투자를 회수했다(표 7 참조). 미국의 대중 투자도 2014년 172억 달러로 정점을 찍은 후 기복은 있지만 감소 추세이다. 스톡 기준으로도 2023년 현재 중국의 대미 투자액은 461억 달러(대미 투자국 순위 17위)로서 미국의 외국인 직접투자 유입 총액에서 0.9%를 차지한다. 중국은 제조업에서는 컴퓨터·전자 제품, 운송 장비 등과 비제조업에서는 예금 은행, 부동산·렌탈·리싱 등에 투자했다. 중국의 대미 투자 460억 달러는 미국의 대중 투자 2,175억 달러보다 훨씬 적다.

중국의 대미 투자보다 미국의 대중 투자가 많다는 것은 투자 전쟁에서 중국보다 미국이 더 큰 위험에 노출되어 있다는 의미이다. 양국이 자국에 있는 상대국 기업에게 보복을 시작한다면 미국이 중국보다 더 크게 손해를 볼 수 있다. 양국의 무역 교류와는 반대의 상황이다. 2023년 미국의 대중 수출은 1,480억 달러이나 수입은 이보다 훨씬 많은 4,270억 달러이다. 미국은 중국보다 더 많은 수입에 대해 고관세 등의 보복을 할 수 있지만 중국은 같은 규모로 미국산 수입에 보복하기 어렵다.

구분		2013	2014	2015	2016	2017	2018	2019	2020	2021	2022	2023
미국의 대중 투자	플로 기준	138	172	110	91	90	70	128	117	-42	55	84
	스톡 기준	1,172	1,470	1,615	1,667	1,842	1,888	2,071	2,110	2,087	2,081	2,175
중국의 대미 투자	플로 기준	37	69	58	197	30	36	40	-22	-51	-7	-11
	스톡 기준	153	198	257	434	514	506	528	510	485	469	461

표 7 | 미중의 FDI 교류

(자료 : 미국 상무부 BEA, 단위 : 억 달러, 중국은 홍콩을 포함)

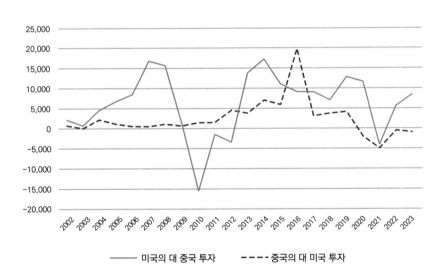

그림 19 | 미중의 FDI 교류

한 보고서[6]에 따르면 미국의 대중 수출액과 중국에서 미국계 투자 기업이 거두는 매출액의 합계는 중국의 대미 수출액과 미국에서 중국계 투자 기업의 매출액의 합계와 비슷하다. 실제로 〈표 8〉과 같이 중국 기업이 미국에서 버는 소득은 미국 기업이 중국에서 버는 소득보다 훨씬 적다. 물론 이 수치만 보고 중국이 미국과의 투자 교류에서 손해만 본다고는 할 수 없다. 왜냐하면 중국은 미국 기업을 인수하여 첨단 기술을 확보할 수 있었기 때문이다.

구분	2000	2005	2010	2020	2021	2022	2023
미국의 대중 투자 소득	1,211	3,768	8,890	10,756	14,138	11,586	11,281
중국의 대미 투자 소득	-22	11	36	-534	1,113	-1,438	-2,168

표 8 | 미중의 상대국에 대한 투자 소득(자료 : 미국 상무부 BEA, 단위 : 백만 달러)

서방 기업의 M&A로 첨단 기술 확보

먼저, 이하에서 언급되는 M&A 투자액 수치는 2023년 대외경제연구원의 〈시진핑 시기 중국의 해외직접투자 전략 변화와 시사점〉에서 인용한 것이다. 이 보고서는 투자 프로젝트 정보나 언론 보도 등을 통해 투자 통계를 파악하는 외국 기관의 정보를 사용했다. 따라서 여기에서 M&A 투자 수치는 앞서 미국 상무부나 UNCTAD의 투자 수치와 다르다.

전 세계적으로 FDI는 그린필드보다 cross-border M&A 방식(국제 M&A)이 많은데 중국도 2017년까지 FDI에서 M&A 투자가 그린필드 투자보다 많았다. 2008~2022년 중국의 해외직접투자에서 M&A 비중(금액 기준)이 가장 낮았던 때는 2022년 51.2%이고, 가장 높았던 때는 2017년 90.0%였다.[7] 대미 M&A 투자도 2010년대 초반부터 증가세를 보이며 2016년 442억 달러로 사상 최고치를 기록했으나 2018년에는 43억 달러로 감소했다. 2011~2018년 중국의 대미 투자에서 M&A의 비중은 연평균 90%에 달했다.[8] 중국에게 2008년 미국발 글로벌 금융 위기나 2010년 유럽 부채 위기는 M&A 매물로 나온 서방 기업들을 적극 인수할 수 있는 기회였다. 그러나 중국의 서방 기업에 대한 M&A 투자는 서방의 중국 기업에 대한 M&A 제한으로 2017년을 정점으로 이후 빠르게 감소했다.

국내외 언론에 보도된 중국의 서방 기업 M&A 투자 사례는 다음과 같다. 2010년 지리자동차는 2008년 글로벌 금융 위기로 어려움을 겪던 포드로부터 2010년에 볼보를 인수했다. 당시 중국 언론은 "시골 총각이 아름다운 서양 신부를 얻었다"고 평가했다. 포드는 1999년 스웨덴의 볼보로부터 65억 달러에 승용차 부문을 인수했었다. 그러나 포드는 글로벌 금융 위기로 어려움을 겪었고, 볼보 브랜드의 수익성 악화, 자체 브랜드 육성을 이유로 지리자동차에 18억 달러에 매각했다. 지리자동차는 볼보의 인지도, 원천 기술, 마케팅 노하우, 해외 판매망 등을 얻으면서 중고급 자동차 메이커로 발돋움하는 계기가 되었다. 지리자동차가 볼보를 인수한 이후 미국에서는 볼보 판매량이 감소했지만 중국에서는 증가했다.[9]

2016년 중국 메이디(전자)는 독일 쿠카(로봇), 2019년 일본 도시바의 가전 사업부, 2011년 미국 캐리어의 남미 사업부를 인수했다. 독일의 로봇 제작사인 쿠카의 인수는 중국의 로봇 산업 고도화에 기여한다. 당시 독일 정부와 EU는 쿠카의 중국 매각을 반대했으나, 메이디가 쿠카의 지분 가치보다 훨씬 높은 가격을 제시하면서 매각이 결정되었다. 또한, 2012년 샨이(건설 장비)의 독일 푸츠마이스터(콘크리트 펌프) 인수, 2012년 린균그룹의 독일 키케르트(차문) 인수, 2016년 하이얼(전자)의 GE 가전 사업부 인수, 2005년 레노버(PC)의 IBM PC 사업부 인수, 2014년 레노버의 미국 모토로라의 스마트폰 사업부 인수 등도 있다. 중국의 최대 자동차 부품 회사인 Wanxiang사는 미국의 A123사를 인수하여 리튬인산철^{LFP} 배터리의 원천 기술을 확보했다.

중국은 한국 기업도 M&A 했다. 중국 최대의 디스플레이 생산업체가 된 BOE는 2002년 당시 현대그룹의 디스플레이 계열사였던 하이디스를 인수했다. BOE는 이 인수를 통해 초박막 액정 표시 장치$^{TFT-LCD}$ 기술을 확보하여 중국에서 LCD 패널, 모듈을 생산했다. 이후 세계 1위의 LCD 기업이 되었다. 이제는 차세대 디스플레이인 OLED에도 투자하면서 한국 기업과 경쟁하고 있다. 중국 국영 기업인 상하이자동차는 2004년 쌍용자동차를 인수한 뒤 2010년에 인도 기업에 매각했다. 쌍용자동차의 SUV 기술 등을 확보하면서 성장의 발판을 마련했다.

중국의 M&A가 항상 성공한 것은 아니다. 중국의 TCL(전자)은 2003년 프랑스의 톰슨 TV 사업부를 인수했지만 3년 만에 적자를 이기지 못하고 이 회사의 유럽 공장들을 매각 또는 폐쇄했다. 또한, 이 회사는 2005년 프랑스 알카텔과 휴대전화 합작 법인을 세웠으나 9개월 만에 사업을 청산했다. 레노버는 2005년 IBM의 PC사업 부문을 인수하여 성공했으나 2014년 구글에서 인수한 모토로라(이동전화)는 아직 큰 성과를 내지는 못하고 있다. 중국 기업의 M&A의 실패 원인은 시장 환경 파악 부족, 인수 이후 현지 시장 전략 부재, 구조조정 과정에서 우수 인재 이탈, 인수 기업의 한계

업종 전략 등이다.

한편, 2018년 미중 경쟁으로 중국의 미국 기업에 대한 M&A는 눈에 띄게 감소하고, 대신 그린필드 투자가 많아졌다. 예를 들어 중국 태양광은 미국의 규제로 대미 수출이 어려워지자 〈인플레이션감축법〉을 계기로 미국에 직접 공장을 건설하기 시작했다. 2023년 중국의 론지^{LONGi}, 진코솔라^{JinKO}, 후넌솔라^{Hounen}, JA솔라^{JASOLAR}, 트리나솔라^{Trinasolar} 등이 미국 공장 건설 계획을 발표했다. 2024년 중국 태양광 기업이 미국에 상업 가동 중이거나 건설할 예정인 태양광 설비 규모가 30GW에 달한다. 론지는 2024년 미국 오하이오주 5GW 모듈 공장을 가동 중이며, JA솔라는 2GW 모듈 생산 설비를 건설하고 있다.[10] 한편, 미국 정부의 압박에 중국 기업은 미국 공장을 매각하기도 한다. 트리나솔라는 2024년 5GW 규모의 모듈 공장을 노르웨이 프레이어에 매각했다.[11]

중국 기업들이 M&A에 적극 나설 수 있는 것은 큰 내수 시장에 얻은 큰 매출과 금융시장에서 대규모 M&A 자금을 동원할 수 있기 때문이다. 중국 정부의 지원도 있다. 중국 기업은 외국 기업을 인수한 후에는 중국의 저비용 제조업 역량을 투입하여 생산비를 낮추고, 인수된 기업이 중국 시장에서 매출을 올리도록 했다. 미국 기업이 M&A로 성장했듯이 중국 기업도 M&A로 짧은 시간에 서방의 기술과 시장을 확보하면서 글로벌 기업으로 부상할 수 있었던 것이다.

그러나 기업을 매각한 국가에서는 고용과 생산이 한동안 유지되고 주주나 채권자의 손실을 줄일 수 있었지만, 국가적으로 전략 자산의 손실, 매각 기업의 비국적화 또는 규모 축소, 중국 기업의 자국 산업 독과점화 등에 따른 손실은 불가피했다. 만약 M&A로 경영권을 획득한 중국 기업이 현지 사업장을 폐쇄하거나 해외로 이전하면 기업을 매각한 국가 산업에 타격을 준다. 중국의 서방 기술 기업에 대한 M&A가 서방에게 위협의 부메랑이 되는 것이다. 서방은 더 이상 이러한 국가적 손실을 막기 위해 중국과 투자 전쟁을 벌이고 있다.

아시아, 중남미, 아프리카에 대한 투자[12]

중국은 선진국에서는 주로 첨단 기술이나 시장 진출을 위해 투자하지만 아시아, 중남미, 아프리카 등에서는 에너지·광물·식량 확보, 시장 진출, 일대일로 협력 등의 목적으로 투자한다. 아시아에서는 아세안, 중동, 중앙아시아 등을 중심으로 투자한다. 아세안은 중국의 핵심 투자 지역으로서 생산 효율, 자원 확보, 시장 진출, 일대일로 협력, 녹색 및 디지털 전환 협력 등이 목적이다. 중국 상무부가 매년 발표하는 「중국 해외직접투자 통계공보」에 따르면 2007년부터 2022년까지 아시아가 중국의 투자수용국 순위에서 1위였다. 동남아시아에서는 싱가포르, 인도네시아, 말레이시아, 라오스, 태국 등에 주로 투자했다. 중국은 한국에 1990년 최초로 투자했다. 1999년 1억 달러를 넘은 후 2015년에 26.3억 달러로 정점을 찍었다. 그러나 2016년 사드 사태의 영향으로 감소하기 시작했고, 2023년에는 6.4억 달러를 기록했다.

중국에게는 중동도 중요한 투자 지역이다. 문지영 외(2023)는 중국의 투자에서 중동의 중요성을 4가지로 설명했다. 중동 석유 의존도가 높은 중국에게 안정적인 에너지 자원 확보를 위해 중동 투자가 필요하다. 일대일로에서 중동은 아시아, 유럽, 아프리카를 연결하는 지리적 요충지에 있다. 미중 경쟁에서 중동에 대한 영향력을 확대하고자 하는 이유도 있다. 중동도 중국과의 경제 협력을 원하고 있어서 협력 수요가 일치한다. 중국은 사우디아라비아, 시리아, UAE, 요르단, 이라크 등에 많이 투자한다.

　미국의 유력 경제 신문인 〈월스트리트 저널〉은 2024.11.3 중국 자동차 기업의 브라질 진출에 대해 이렇게 보도했다.

> "중국 자동차 업체들이 미국, 유럽 등 서구 업체들을 몰아내고 중남미 시장을 장악하고 있다. 브라질의 공업 도시 카마사리에 있던 미국 포드 자동차 공장은 지난 2021년 폐쇄됐다. 100년 넘게 운영된 이 공장이 문을 닫고 직원들이 해고되자 지역 경제는 곤두박질쳤다. 이 버려진 공장을 인수한 것이 중국의 BYD였다. BYD는 지난해 이 공장을 사들여 이 일대를 BYD의 중남미 허브로 탈바꿈시키고 있다. 중국의 창청자동차도 브라질 상파울루주 이라세마폴리스에 있던 메르세데스-벤츠 브라질 공장을 인수해 브라질 진출을 준비 중이다. 오는 2032년까지 18억 달러를 투자해 중남미의 지역 허브로 만든다는 방침이다."

　2000년대 초부터 중국이 에너지·발전, 광물, 곡물 확보를 위한 해외 직접투자를 확대하면서 중남미와 아프리카에 대한 투자도 증가했다. 문지영 외(2023)는 중국의 투자에서 중남미의 중요성을 이렇게 설명했다. 중남미는 원유, 구리, 철광석 등 자원과 농산물(대두, 육류, 어분 등)의 주요 생산지로서 중국의 핵심 수입 지역이다. 또한, 중남미는 미국에 대한 지나친 의존에서 탈피하고자 한다. 중국과의 경제적 협력에 이해관계가 맞는 한 부분이다. 이제 중국의 이 지역 투자는 자원, 광물에서 벗어나 전기차 공급망 구축이나 내수 시장 확보를 위한 제조업, 교통·물류, 농업, 해양 인프라 등으로 확대되고 있다. 중남미에서는 브라질, 아르헨티나, 칠레, 페루 등이 주요 투자수용국이다. 한편, 중국의 대아프리카 투자는 원유, 광물 자원 확보를 위한 인프라 투자가 중심이다. 일대일로 이후에는 동아프리카에서의 인프라 투자도 증가했다. 중국은 DR콩고, 기니, 나미비아, 나이지리아, 남아공, 니제르, 라이베리아, 모잠비크, 이집트, 짐바브웨, 탄자니아 등에 투자했다.

중국의 전 세계 투자 확대로 개도국 시장에서는 중국 기업이 서방이나 한국 기업의 새로운 경쟁자로 등장하고 있다. 일반적으로 개도국 시장에는 미국이 가장 먼저 투자 진출하여 시장을 점유한 이후 유럽, 일본이 연이어 진출하고, 가장 늦게 한국에 합류한 경우가 많다. 이제 중국 기업이 합류하고 있는 것이다. 서방이 중국산 수입을 규제하면서 중국 기업은 개도국에 대한 무역·투자 진출을 더욱 강화하고 있다.

3. 미국의 반격

첨단 기술은 끝까지 수성

미국 제조업은 생산액 기준으로 중국 제조업의 절반 수준이어서 미국이 중국과 양적으로 경쟁하기는 어렵다. 이제 미국의 선택은 첨단 기술에서 대중 우위를 지키는 것이다. 미중 투자 전쟁도 여기에 초점이 맞추어져 있다. 첨단 기술은 미중의 패권 경쟁에서 매우 중요하다. 첨단 기술이 사회를 변화시키고, 새로운 산업을 일구며, 국가 간 새로운 의존성을 만들뿐만 아니라 전쟁의 판도도 바꾸기 때문이다.

빠르게 추격해 오는 중국의 첨단 기술에 대한 미국의 대응은 대중 수출 통제와 양방향 투자의 제한이다. 미국은 시장 경쟁으로는 중국을 제압하기 어렵기 때문에 지금처럼 대중 경제 규제에 관한 법규나 동맹국 협력을 통해 중국을 억제할 수밖에 없다. 미국은 이미 중국의 미국 기술 기업에 대한 M&A 투자를 제한하기 위해 2018년부터 「외국인투자위험심사현대화법」을 제정했다. 이 법은 중국을 명시적으로 표시하지는 않았지만 실제로는 중국을 겨냥한 것이다. 이전에도 미국에는 국방·원자력에 관련되는 지배 지분 이상의 투자에 대해 외국인 투자 위원회의 심사가 있었으나 이 심사의 대상과 기준을 강화한 것이다.

이 법은 외국 기업이 미국의 핵심 기술, 핵심 인프라, 민감 데이터를 취급하는 기업에 대한 M&A 투자와 일부 부동산 거래를 제한한다. 구체적인 심사 대상은 반도체, 이동통신, 배터리 등 27개 산업의 핵심 기술에 관련되는 생산·설계·시험·개발 기업, 통신·교통·에너지 등의 핵심 인프라를 소유·운영·공급하는 기업, 민감 데이터를 수집·유지하는 기업이다. 위원장인 재무부 장관과 16개 부처의 대표로 구성된 외국인 투자 위원회는 소수 지분 투자까지 심사한다. 다만, 영국, 캐나다, 호주의 3개국은 지배 지분 이상의 투자가 아니면 심사가 면제된다.

미국의 조치에 발맞춰 유럽과 일본도 자국의 첨단 기업에 대한 중국의 M&A 투자를 규제한다. 투자 심사 대상에 안보 산업뿐만 아니라 인공지능, 머신러닝, 빅데이터, 정보처리기기, S/W, 정보·통신, 나노, 생명공학, 반도체, 로봇, 우주·항공 등의 신기술을 추가하고, 투자 지분율이나 시장 지배력에 대한 기준을 낮추어 심사한다. 한국도 〈외국인투자촉진법〉과 〈산업기술보호법〉으로 외국인직접투자를 규제한다. 이에 따르면 공공 서비스, 인프라, 기반 산업 등은 투자가 금지 또는 제한되고, 〈산업기술보호법〉은 기술 유출 방지를 위해 12개 분야 69개 핵심 기술 기업에 대해서는 정부의 승인을 받아야 한다.

중국도 서방의 조치에 대응하여 서방 기업의 중국 기업 M&A에 대한 투자 심사를 강화했다. 2020년에는 기존 외자 3법인 외자 기업법, 중외 합자 경영 기업법, 중외 합작 경영 기업법을 〈외국인투자법〉으로 통합했다. 미국의 요구를 반영하여 지식 재산권 및 기술 이전 관련 법적 책임의 명문화, 내·외자 기업의 동등 대우 강화, 정부 조달 서비스 시장 개방, 행정 간소화, 외국인 투자 기업의 자본 이동 자율성 확대 등을 담았지만 자국 기업이 해외에 투자할 때 투자수용국에서 차별 대우를 받는 경우에 대비하여 관련 법적 보호 조항을 신설했다. 재무성과 국가 발전 개혁 위원회는 반독점법에 근거하여 방위 분야, 국가 안보 관련, 네거티브 리스트의 외국인 투자 금지 또는 제한 목록 등에 있는 중국 기업에 대한 외국인 투자의 심사를 강화했다.[13]

　미국은 자국 첨단 기술 기업의 대중 투자(직접투자와 간접투자 모두 포함)도 금지한다. 미국 재무부의 해외 투자 안보 프로그램Outbound Investment Security Program은 2025년부터 미국의 반도체·마이크로 전자기술microelectronics, 양자 정보 기술, AI의 3개 부문에서 미국 기업의 대중 투자를 금지한다.[14] 이 3개 부문의 저위 기술 투자도 미국 정부에 신고해야 한다. 이 규정이 마련된 배경은 2016년으로 거슬러 올라간다. 2016년부터 미 의회 일각에서는 미국 기업이 중국에 생산 시설, R&D 센터, 합작 등으로 투자하면서 민감 또는 전략 부문의 기술이나 노하우가 중국에 유출되는 것을 우려했다. 2018년 「외국인투자위험심사현대화법」을 제정할 때도 첨단 기술의 해외 직접투자 금지를 포함할 것을 검토했으나 최종 채택되지는 않았고, 그 대신 수출 통제 규정을 크게 바꿔 우려 국가에 대한 신흥 기술, 이중 목적 기술, 기술 이전 등을 통제했다. 그러나 미중 경쟁이 격화되면서 2023년 8월 바이든은 행정 명령으로 재무부에 민수·군수 겸용 기술이나 첨단 기술의 대중 투자를 통제하기 위한 규정 마련을 지시했다. 일각에서 새로운 규정의 도입에 대해 현재의 제재나 수출 통제로 충분하다는 의견도 있었지만 중국이 미국의 대중 투자 기업에게 기술 이전을 요구하고 이에 대해 인센티브를 제공하는 비시장적 행태에 대처하기 위해서는 필요하다고 최종 결정한 것이다. 3개 부문의 저위 기술에 대해서도 투자 신고를 모니터링한 뒤 추가적으로 투자를 금지할 수 있다.

미국의 대중 통제에 대해 글로벌 기업은 반발하고 그 효과성에 대한 의구심을 제기하고 있다. 세계 최대 시장인 중국에서 비즈니스를 제한받으면서 글로벌 기업들은 반발한다. 미국이 자국 기업의 경쟁력을 저하시킨다는 지적도 있다. 이제는 미국이 모든 기술을 갖고 있지 않아서 미국의 조치에 동맹국의 동참은 필수이다. 그러나 근본적으로 각국 우수 인재의 중국 유입을 막지 않는 한 중국의 기술 발전을 막기는 현실적으로 어렵다. 중국의 기술 개발을 늦추는 효과만 있을 것이다. 미국은 국가 안보에 대해서는 종합적인 전략이 있지만 경제 안보에 대해서는 그렇지 못하다는 비판도 받는다. 중국은 미국의 통제에서 빈틈을 찾아 계속 우회를 시도할 것이고, 이에 대응하여 미국의 통제도 다양한 방식으로 추가될 것이다.

한편, 미국의 대중 투자는 첨단 기술에서는 제한을 받지만 비첨단 분야에서 중국 내수 시장을 겨냥한 투자는 계속된다.[15] 중국 인구의 고령화에 따라 의료 분야나 중국이 앞서 있는 전기차에 대한 투자가 진행된다. 조선(크루즈선), 의류 소매업, 레스토랑 체인, 라이프 스타일(건강, 패션, 재무, 경험), 위생 부문, 디지털 인프라, 부유한 중국인을 겨냥한 펀드 등에 대한 투자도 있다. 2025년까지 중국의 중상류 이상의 가구 수는 2억 가구에 도달하고, 고소득 도시도 82개가 될 것으로 전망되기 때문에 글로벌 기업에게 중국 시장은 놓칠 수 없다.

미중의 첨단 기술 경쟁력 현주소

중국의 스타트업 딥시크[Deepseek]가 2025년 1월 공개한 AI 모델인 'R1'이 미국과 전 세계에 큰 충격을 주고 있다. 딥시크는 미국의 AI인 챗GPT의 'o1'에 버금가는 인공지능 'R1'을 개발했다. 일각에서는 구글, 메타, 앤스

로픽 등의 AI 모델을 능가한다고 평가한다. 더욱이 R1은 챗GPT 개발비의 1/20를 투입하여 개발한 것이어서 그 충격이 더 크다. 중국 기업은 미국의 대중 첨단 기술 수출 통제로 미국산 첨단 AI 칩을 구하기 어렵게 되자 엔비디아가 2022년 개발한 상대적으로 구형인 'H800' 칩, 알고리즘, 아키텍처 등의 혁신을 통해 고성능 AI를 만든 것이다. 미국의 AI 칩 수출 규제가 오히려 중국의 혁신을 자극한 셈이다.

트럼프 대통령은 "딥시크 AI가 미국 AI보다 더 빠르고 훨씬 저렴해 보인다. 미국 산업은 중국과의 경쟁에 극도로 집중해야 한다"고 말했다. 신임 상무부 장관으로 지명된 하워드 러트닉은 "중국이 미국의 기술을 훔치고, 침입하고, 지적재산권을 빼앗았다. 이제 이런 행태를 끝내야 한다"고 말했다. 그는 더욱 강력한 대중 규제를 새로 도입하겠다고 밝혔는데 미국은 대중 첨단 기술 통제를 저위 기술의 무역·투자로까지 더욱 확대할 가능성이 높다. 한편, AI 칩을 만든 엔비디아의 중국 시장 매출은 큰 타격을 받을 것으로 예상된다. 엔비디아가 중국 수출용으로 만든 저가 모델인 'H20' 칩까지 미국의 수출 통제가 확대될 가능성이 있기 때문이다. 이에 대해 엔비디아는 "미국 정부의 규제가 오히려 중국의 기술 자립을 촉진하고, 미국 기업의 경쟁력을 약화하는 결과를 초래할 것"이라고 비판했다.

그러면 미중의 첨단 기술에서 경쟁력 차이는 어느 정도인가? AI에서 보듯이 첨단 기술에서 미중의 기술 격차가 빠르게 좁혀지고 있지만, 미국의 미국·중국 경제안보 심의위원회US-China Economic and Security Review Commission의 2024년 연간 보고서[16]는 참고가 된다. 이 보고서는 두 나라의 인공지능, 양자 정보 과학quantum information science, 생명공학biotechnology, 배터리 에너지 저장 시스템battery energy storage systems의 경쟁력을 다음과 같이 평가했다.

　미국은 AI에서 대중 우위이다. AI의 경쟁력은 구성 요소인 고급 반도체, 컴퓨팅 파워, AI 모델, 모델 훈련용 데이터 집합 등에 의해 결정된다. 미국은 고급 반도체, 컴퓨팅 파워, AI 모델, 클라우드에서 대중 우위이다. AI 모델이란 일련의 데이터에서 특정 패턴을 인식하거나 의사 결정을 내리도록 훈련된 프로그램이다. 중국의 AI 기술도 빠르게 발전하고, 미국의 대중 통제에도 불구하고 개발 능력을 보여주기도 했다. 중국은 AI가 경제 발전이나 군사력 증진에 기여하기 때문에 정부와 민간이 함께 기술 개발에 노력한다. AI는 군사적으로 자율 무인 시스템, 데이터 처리, 의사 결정, 심리전cognitive warfare 등에서 활용되면서 전쟁의 판도를 바꿀 수 있다.

　양자 정보 과학은 발전 초기 단계의 기술이다. 이 기술은 양자컴퓨팅, 센싱, 통신의 3개 하위 기술로 구성된다. 지금까지 불가능했던 속도와 규모로 컴퓨터의 계산 능력을 획기적으로 바꾼다. 기존 암호를 깨고, 통신 보안을 보장한다. 미중 모두 컴퓨팅, 센싱, 통신 등에 많이 투자한다. 중국은 양자 통신에서 미국에 앞서 세계 최초로 양자 통신 위성을 출시했다. 암호화 된 통신 시스템을 뚫었다거나 고급 레이다 기술을 개발했다는 발표도 있었다. 안후이성의 국가 연구소나 정부가 지원하는 민간 스타트업에서 이 기술을 연구한다. 미국은 통신을 제외한 컴퓨팅과 센싱 등에서 대중 우위이다.

　생명공학에서 중국은 바이오 제약, 게놈, 신물질 활용 등 미국과 기술 격차를 빠르게 좁히고 있다. 중국 바이오 제약 회사의 국제적 영향력은 확대되고 있으며 이들은 미국 바이오 기업의 신약 개발과 공급망에서 필수적인 요소가 되었다. 중국은 생명공학을 사용하여 미국 농업에 대한 의존

도를 낮추고, 미국의 제약, 게놈, 타 생명공학 분야, 식품 생산 등의 공급망
에 참여하는 것이 목표이다.

전기차와 배터리에서는 중국이 미국을 앞질렀다. 중국 정부의 대규모
보조금 지원 등에 힘입어 중국 배터리 산업은 배터리 공급망의 상류인 광
물 채굴, 중류인 원료 가공, 하류인 배터리 소재 및 완제품 생산에서 독점
에 가까울 정도로 전 세계 시장을 장악했다. 미국 자동차도 중국산 광물이
나 원료에 대한 의존도가 높다. 미국의 전력망이나 산업용 백업 시스템에
서 중국산 배터리 에너지 저장 시스템의 사용 증가는 중국에 대한 의존도
를 심화시키고 있다.

2015년 〈중국 제조 2025〉에서 나타났듯이 중국 경제의 최대 과제는
첨단 기술 확보이다. 중국은 첨단 기술이 양질의 생산력을 창출하고, 인프
라와 중저위 기술에 의존하는 구 성장 모델을 초월하며, 21세기 초강대국
이 되는 데 필수라고 본다. 외국에 대한 기술 의존을 끊고 자급자족 경제로
가는 수단으로 본다. 미국도 대부분의 제조업이 경쟁력을 잃은 가운데 첨
단 기술에서는 중국에 밀릴 수 없다는 인식이 강하다. 미중 모두에게 첨단
기술을 둘러싼 투자 전쟁에서는 양보할 수 없는 입장이다.

안에서는 공급망 구축, 밖에서는 글로벌 가치사슬 재편

미국은 중국을 배제한 채 필수적인 안보·보건 업종의 공급망을 국내에 구
축하고 밖에서는 중국 정점의 글로벌 가치사슬의 재편을 추구한다. 우선
미국은 안보·보건 5개 업종의 국내외 기업의 투자를 유치하여 국내 공급
망을 구축한다. 투자 기업에게는 저렴한 공장 부지, 인프라(전기·가스·상하
수도·통신·도로), 세금 감면, 보조금, 교육 훈련비 등을 제공한다. 이를 위

해 미국은 「반도체및과학법」^{CHIPS and Science Act}, 「인플레이션감축법」^{Inflation Reduction Act}, 「국가생명공학바이오제조이니셔티브」^{National Biotechnology and Biomanufacturing Initiative}, 「생물보안법」^{Biosecure Act}(제정 중) 등을 마련했다.

2022년 제정된 「반도체과학법」은 미국이 중국과의 기술 패권 경쟁에서 우위를 선점하기 위해 반도체 제조업 및 공급망 강화, 첨단 기술에 대한 R&D 확대 등을 담았다. 2022년 제정된 「인플레이션감축법」은 물가 상승 억제와 기후변화 대응이 주목적이지만 북미에서 생산된 전기차, 배터리, 광물 등에 세액 공제 혜택을 제공하여 미국 국내 공급망 구축을 유도한다. 2022년 행정 명령인 「국가생명공학바이오제조이니셔티브」는 미국의 바이오 기술 혁신을 통해 건강, 농업, 에너지 등의 성장을 촉진하는 것이 목적인데 중국 바이오 산업의 급성장에 따른 위협이 직접적인 원인이다. 제정 중인 「생물보안법」은 미중 기술 전쟁이 바이오로 확산되는 양상을 반영하며 중국의 유전체 분석 및 첨단 바이오 기업이 미국에서 사업하는 것을 제한한다.

또한, 미국은 민감 데이터를 중국에서 보호하고, 국가 안보 위협에 대처하기 위해 추가적으로 중국산 수입을 규제하는 법을 제정 중이다.[17] 중국산 배터리 이용을 제한하는 「배터리의존도감소법」은 2027년 10월부터 국토안보부가 승인하거나 자금을 제공한 경우 이를 중국산 배터리 구입에 쓸 수 없다. 중국의 CATL, BYD, 엔비전에너지, EVE에너지, 고션하이테크, 하이티움에너지 스토리지 등 6개 기업을 규제 대상으로 지목했다. 「중국드론대응법」은 세계 1위 드론 회사 DJI의 신형 제품 수입을 금지한다. DJI의 드론이 미국에서 촬영한 데이터를 중국으로 전송하고 있다는 우려가 있다. 소비자용 라우터와 모뎀 등으로 인한 안보 위협에 대응하는 「라우터법」도 제정 중이다. 미국의 대중 통제 조치는 냉전 시대에 서방 전략 물자의 대 공산권 금수를 위한 대공산권 수출 조정 위원회Coordinating Committee for Multilateral Export Controls와 비슷해지고 있다.

이러한 미국 정부의 시장 개입에 대한 비판도 있다. 미국의 최대 경제지인 월스트리트 저널의 칼럼이스트 Creg IP는 2024년 3월 21일자 〈미국은 중국식 자본주의로 흘러가고 있다America is sliding toward Chinese-style capitalism〉는 칼럼에서 "미국은 정의조차 필요에 따라 바뀌는 안보라는 이름 아래 기업의 비즈니스에 이윤보다 정치를 우선순위에 두고 있다. 미국 정부는 중국 ByteDance에게 TikTok의 미국 비즈니스를 미국에 팔게 하거나, 일본 제철의 United States Steel 인수를 불허하거나, 인텔에 85억 달러를 지원하여 미국에 공장을 짓도록 결정했다. 미국은 사회주의는 아니지만 국가가 경제를 직접 관리 및 통제하는 국가자본주의state capitalism로 가는 것 같다"라고 말했다.

지금 미국이 펼치는 산업 정책은 불과 몇 년 전 미국이 중국을 비난할 때 언급했던 중국의 산업 정책과 유사하다. 덩샤오핑은 1992년 남순강화에서 당시 중국 보수주의자들의 '자본주의냐 사회주의냐'에 대한 이념 논쟁에 대해 "자본주의에도 계획이 있고 사회주의에도 시장이 있다"고 말했는데 이제는 미국이 중국식 계획 경제의 요소를 채택하고 있다. 국가가 경제에 한번 개입하기 시작하면 계속 개입하게 될 수밖에 없는데,[5] 이는 앞

---

5 예를 들어 한 제품에 가격 상한을 정하면 그 제품의 생산을 지속시키기 위해서 그 제품의 생산에 필요한 요소 가격까지 제한해야 한다. 이러한 과정은 결국 모든 제품이나 서비스로 확대된다. 가격 제한을 받지 않는 품목으로 자원이 이동하면 제한받는 품목의 생산이 줄기 때문에 모든 품목에 대해 가격 제한이 필요해진다. 이는 임금이나 이자까지 통제하는 결과를 초래된다. 시장이 아닌 국가가 가격을 정하는 셈이다.

으로도 미국의 중국 견제를 위한 산업 정책이 광범위하게 계속될 것을 시사한다.

한편, 미국은 중국이 정점에 있는 글로벌 가치사슬의 재편을 추구한다. 중국 생산 편향은 미국 경제에 위협이다. 특히, 전문화 정도가 크거나 대체 공급선이 한정된 전기전자, 자동차, 제약, 기계 장비 등이 더욱 취약하다. 미국은 시간이 걸려도 중국 편향이 제거될 때까지 글로벌 가치사슬을 재편할 것이다. 그렇지 않아도 코로나 이전에도 글로벌 기업들은 중국의 경기 침체, 인건비 상승, 디지털 전환 등으로 대중 투자의 조정 필요성을 느끼고 있었다. 이미 개도국의 월 평균 임금을 보면 중국이 가장 높고, 다음은 말레이시아, 태국, 멕시코, 필리핀, 베트남, 인도네시아의 순이어서[18] 중국 기업조차도 저임의 동남아시아에 이전한다.

서방이 대중 수입을 규제하면 중국에 진출한 서방 기업 투자에 대한 이전·축소·폐업을 유발한다. 중국 수출의 41.1%(2023년 기준)는 선진국으로 향한다.[19] 중국에 있는 외투 기업은 중국 전체 기업 수의 2%이지만 전자나 첨단 제품에서는 이들이 중국 수출에서 차지하는 비중이 각각 50%, 60%이다.[20] 중국의 대미 무역흑자의 45%가 외투 기업에 의한 것이다.[21] 이와 같은 통계는 서방이 중국산 수입을 규제하면 중국의 외투 기업이나 중국 기업의 투자 조정이 불가피해지는 것을 의미한다. 만약 최종재 생산 기업이 투자를 조정하면 이들에게 원료·부품·소재·장비를 공급하는 협력사의 투자도 후속적으로 조정될 것이다.

중국을 떠난 글로벌 기업은 다른 지역에서 권역 가치사슬regional value chain이나 본국에서 국가 가치사슬national value chain을 창출할 것이다. 권역 가치사슬은 글로벌 기업의 본사와 지리적·문화적으로 가까운 '사업 편의성'이 있는 인근국에 만들어질 것이다. 미국 기업은 중남미나 동유럽에 투자할 것이다. 한국·일본·중국의 기업은 아시아나 미국에, 서유럽은 동유럽에 투자할 것이다. 또한, 각국은 해외에 진출한 자국 기업을 복귀시키거나 FDI 유치를 통해 자국에 국가 가치사슬national value chain도 창출할 것이다. 한편, 글로벌 기업이 큰 시장인 중국에서 전면 철수하는 것은 쉽지 않은 결정이다. 따라서 중국 투자를 유지하면서 다른 나라에도 추가적으로 투자하는 '중국+1' 전략도 구사될 것이다.

미중 경쟁은 이미 국제 경제에 영향을 주고 있다. IMF에 따르면[22] 2017~2022년과 2022~2024년 1/4 분기의 평균 상품 교역액을 비교한 결과, 경제 블록 간 교역이 경제 블록 내 교역보다 2.5%P 더 크게 감소했다. 지정학적 불안정으로 전 세계 교역이 감소하는 가운데 각국은 경제 블록의 역내 무역에 더 집중하는 것이다. 서방 기업들이 러시아 시장을 떠나자, 그 빈자리를 중국 자동차나 러시아의 식품, 의류 기업들이 접수하고, 미국이 첨단 반도체의 대중국 수출을 금지하자 중국은 희토류의 대미 수출을 통제했는데, 이러한 조치가 반영된 결과일 것이다. 무역과 투자는 동전의 양면이기 때문에 '무역의 블록화'는 '투자의 블록화'로 이어진다. 그리고 투자의 블록화는 권역 가치사슬이나 국가 가치사슬로 나타나고 있다.

중국 금융·자본시장에 대한 진출 기회 모색

중국의 금융시장은 정부의 규제 때문에 개방 수준이 낮고, 자본시장에 대한 규제는 많다(조고운, 2019).[23] 중국 제조업은 대부분 개방했지만, 금융업은 아직도 폐쇄적이고 개방 속도는 느리다. 2019년 상반기 현재 중국 외자 은행의 자산 규모는 중국 은행업 총자산의 1.64%이고, 중국 A주[6] 시가 총액 중 외국 자본이 차지하는 비중은 3.2%, 외국 금융 자본이 중국 채권 시장에서 차지하는 비중은 2.9%에 불과하다.

　미중 투자 전쟁의 또 다른 전선은 미국이 달러 패권을 이용하여 중국 우수 기업의 지분을 확보하는 것이다. 미국은 중국의 금융·자본시장 진출에 대한 욕구가 강하다. 2022년 미국 제조업이 중국 공장을 인도, 멕시코, 태국, 베트남 등 제3국으로 이전하는 계획을 발표하는 와중에도 골드만삭스(투자), 모건스탠리(투자), 시그나(보험), 시티은행(소매금융), 아메리칸 익스프레스(신용카드), 피델리티(펀드) 등은 대 중국 투자 진출 계획을 발표하기도 했다.

　아직까지 중국은 금융 위기를 겪지 않았다. 앞으로도 금융 위기의 가능성이 높지 않다는 분석이 많다. 그러나 2000년대 초반 미국의 투자 은행이나 저명 경제학자, 국제 금융 기구 관계자 등은 중국 은행들의 높은 부실 채권 비율을 근거로 금융 위기의 발생 가능성을 이야기했다. 2018년에도 기업 부채, 지방 정부 부채 등으로 중국 발 금융 위기설이 제기되었다. 이때는 주의를 환기시키려는 목적도 있었겠지만 중국의 기관이나 학자도 중국의 금융위기 가능성을 말했다.[24] 지금 중국은 국유 기업과 지방 정부가 부채로 어려움을 겪고 있다. 중국 상장사 시장 가치의 50%가 국영 기업이고 인프라·조선·알루미늄·철강·석탄 등의 국유 기업의 부채가 전체 기업 부채의 50% 이상을 차지한다. 이들은 중국의 고속 성장기에 과잉 투자

───────────────

6　중국 A주(China A-Shares)는 상하이와 선전 증시에서 거래되는 중국 본토에 기반을 둔 회사의 주식 종목이다. 처음에는 중국 본토 시민만 투자할 수 있었으나 이제는 적격 외국 기관 투자자와 외국인 개인 투자자도 투자할 수 있다.

와 과잉 생산을 하면서 과잉 부채를 갖게 되었다. 그리고 이들에게 자금을 공급한 금융 기관도 부실화되었다. 기업들에게 보조금을 지급한 지방 정부의 부채도 늘어났다. 중국의 계속되는 경기 침체와 부동산 경기 하락으로 이들의 부채는 늘고 있다.

선후진국을 막론하고 많은 나라들이 금융·외환 위기를 겪었다. 1980년대 중남미의 채무 불이행 사태, 1997~1998년 아시아와 러시아의 금융·외환 위기, 2008년 미국발 글로벌 금융 위기, 2010~2012년 유럽의 재정 위기 등이 있었다. 일본은 금융 위기를 겪지 않았지만 1986년 〈플라자 합의〉 이후 엔화의 급격한 절상으로 많은 기업들이 해외로 나가면서 잃어버린 30년을 겪었다. 위기 때 각국은 금융·외환 위기를 극복하기 위해 자국 국영 기업을 민영화하거나 민간 기업을 해외에 매각했다.

중국 기업의 부채는 1990년대 한국의 외환 위기도 연상시킨다. 한국은 1973년부터 대규모 자금을 투자하여 중화학 공업 육성을 시작했다. 한국 기업의 투자 재원은 선진국이나 국제기구에서 도입한 차관이었다. 기업의 투자가 증가하면서 차관은 누적되었고, 결국 1980년대 외채 위기를 맞이했다. 다행히 한국은 1986~1989년 3저 효과(저유가, 저달러·엔고, 저금리)로 자동차, 조선, 전기전자, 화학 등의 수출이 증가하면서 외채를 조기에 갚으며 위기를 넘겼다. 그러나 이때 선제 투자의 효과를 확인한 기업은 다시 투자를 확대했고, 기업의 부채는 늘어났다. 1990년대 아시아 금융 위기가 닥치자 서방 금융 기관은 한국 기업으로부터 자금을 회수했다. 이때 한국은 고비를 넘기지 못했다. IMF에서 구제 금융을 받는 조건으로 자본시장을 전면 개방하고, 적대적 M&A도 허용했다. 외환 위기 이전에는 기업 규모 2조 원 이상인 한국 대기업에 대해 외국인이 이들 기업의 구주를 인수할 때는 허가를 받아야 했기 때문에 외국인이 한국 대기업의 지분을 50% 이상 소유하기는 쉽지 않았다. 그러나 자본시장과 M&A를 전면 개방한 결과, 많은 기업들이 외국인 투자를 받았고 2019년 현재 누적 투자액이 1천만 달러 이상인 한국 외투 기업 1,387개사는 평균 외국인 지분율이 82.2%가 되었다. 미국계 외투 기업 243개사의 외국인 지분율도 84.2%이다.[25]

중국이라고 금융 위기에서 예외는 아닐 것이다. 중국의 관치 금융의 부실을 해결하기 위해서는 시장 논리에 맡겨 산업의 개혁·개방이 필요하다는 의견도 있다. 국유 기업이 임계점에 도달하면 통폐합 등 구조조정, 민영화, 해외 매각 등이 필요할 것이다. 금융·자본시장의 개방도 불가피할 것이다. 이때 서방 기업이 중국 제조업 기업의 지분을 인수한다면 그동안 제조업에서의 패배를 만회할 수 있을 것이다.

4. 미중 경쟁의 전망

　　미중 경쟁은 한 산업에 한 기업만 있는 독점^{monopoly} 산업에 새로운 기업이 진입하는 상황에 비유할 수 있다. 두 기업의 경쟁 전략은 4가지 경우를 생각해 볼 수 있다. 첫 번째는 두 기업이 서로 공격 경영(가격 인하, 생산 확대 등)을 하는 경우이다. 이 경우가 가능성이 가장 높다. 경쟁에서 승리한 기업은 시장을 석권하고, 패배한 기업은 퇴출될 것이다. 서로 공격 경영을 하다가 서로 상대의 실력을 인정하고 타협(담합)할 수는 있다. 그러면 독점 기업은 신규 기업에게 시장을 허용했기 때문에 실질적으로는 독점 기업의 패배, 신규 기업의 승리이다. 두 번째는 독점 기업은 시장을 빼앗기지 않기 위해 공격 경영을 하고, 신규 기업은 방어 경영을 하는 경우이다. 그러나 신규 기업은 방어 경영을 해서는 새로운 시장을 얻을 수 없기 때문에 이 경우는 발생하기 어렵다. 세 번째는 독점 기업이 방어 경영을 하고, 신규 기업은 공격 경영을 하는 경우이다. 그러나 기존 독점 기업은 처음부터 방어 경영을 할 이유가 없기 때문에 이 경우도 발생하기 어렵다. 네 번째는 둘 다 방어 경영을 하는 경우인데 앞서 말한 이유들 때문에 이 또한 발생하지 않을 것이다. 결국, 두 기업은 초기에 치열하게 공격 경영을 할 수밖에 없다. 지금 공격 경영(공세 전략)을 하는 나라는 미국이고, 이에 대응적 공격 경영(대응적 공세 전략)을 하는 나라는 중국이다.

구분	미국의 전략	중국의 전략	가능성	비고
시나리오 ①	공세적	대응적 공세	높음	
시나리오 ②	공세적	방어적	낮음	**미국** : 중국에 방어적 전략을 펼칠 이유가 없음
시나리오 ③	방어적	공세적	낮음	**중국** : 미국의 공세에 방어적 전략으로는 패권국이 될 수 없음.
시나리오 ④	방어적	공격적	낮음	

표 9 | 미중 경쟁 전략 매트릭스(matrix)

　　그렇지만 미중은 경제적 공생 관계에 있어서 그 경쟁은 급격하게 파국을 맞지는 않을 것이다. 과거 미중 경제의 '디커플링'이라는 말이 나왔을 때 "과연 이것이 가능하겠는가?"의 의문이 있었을 만큼 두 나라 경제는 연결되어 있다. 미중이 서로 준비되지 않은 상태에서 충돌하면 서로에게 피해이다. 아직 두 나라는 서로를 필요로 한다. 미국은 중국에서의 수입이 많다. 수입 의존형인 미국의 산업은 중국산이 없으면 가동되기 어렵다. 이미 코로나 때 경험한 바 있다. 중국이 대미 무역흑자로 얻은 외화로 미국의 국채를 매입하기 때문에 중국은 미국의 재정적자를 메꾸는 데 일조한다. 미국 기업이 중국에서 거두는 매출도 적지 않아서 미국의 대중 수출이나 대중 투자 통제는 오히려 미국 기업에게 부정적 영향을 주고 나아가 경쟁력을 약화시킬 가능성이 있다.

　　예를 들어 세계 반도체 매출의 30% 이상이 중국 시장에서 발생한다. 2022년 미국 주요 기업의 매출에서 중국 시장 비중은 퀄컴 62%, 인텔 27%, 테슬라 22%, 애플 18%이다. 엔비디아는 미국 정부가 고성능 칩의 대중 수출을 통제하자 연산 능력이 기존 칩의 1/5인 칩을 새로 개발하여 수출한다. 인텔 CEO는 중국의 주문이 없다면 오하이오에 계획된 공장과 다른 국내 프로젝트를 추진할 이유가 줄 것이라고 말했다. 2023년 미국반도체산업협회는 백악관에 중국에 대한 추가 반도체 수출 제한을 하지 말도록 촉구했다. 또한 미국의 중국 수입산에 대한 고관세 부과는 미국의 물가 상승과 이에 따른 정치·사회 불안으로 이어질 수 있다.

중국도 미국이 필요하다.[26] 중국은 미국의 지지 하에 WTO에 가입하고, 국제 무역을 통해 성장할 수 있었다. 중국의 대미 수출 의존도는 아직도 높다. 중국의 금융·자본시장은 취약하고, 위안화의 국제 거래 비중은 4.7%(2024.3 현재)로서 달러 47.4%, 유로화 21.9%보다 낮은 수준이다.[27] 중국은 자원과 곡물의 수입을 위해서는 달러가 필요하다. 각종 제도의 선진화를 위해 선진국과의 국제 협력도 필요하다. 아직은 중국이 서방 주도의 국제 경제 체제에서 이탈하기는 쉽지 않은 것이다. 미국의 대중 수출과 중국에 투자한 미국계 외투 기업의 매출이 중국의 대미 수출과 미국에 투자한 중국계 외투 기업의 매출과 비슷하여 어느 한쪽이 크게 무역·투자에서 크게 손해 보는 상황이 아니기 때문에 미중 경제 교류의 단기적인 파국은 둘 다 손해이다.

두 나라는 서로 공멸할 수밖에 없는 군사력의 사용보다는 국내 규범과 동맹국과의 국제 협정으로 상대방을 계속 압박할 것이다. 이것은 서방 패권국들이 패권 도전국을 막기 위해 사용하는 전통적인 외교적 수단이다. 미중의 승패는 어느 한쪽이 스스로 무너지면 결판날 것이다. 미소 냉전도 승자 독식이 예견되는 상황에서 두 나라는 군비 확장 경쟁을 계속했고, 결국 1991년 소련 붕괴로 끝났다.

1990년대 세계화가 한창일 때 "아이디어만 있으면 생산은 어느 나라에서나 할 수 있다", "사업 편의성이 높은 외국으로 이전하겠다"는 글로벌 기업도 있었다. 그리고 "해외로 나간 자국 기업보다 자국에 투자한 외투 기업이 더 중요하다"는 말도 있었다. 그때는 지금 전개되는 탈세계화 시대를 상상하기 어려웠다. 국제 질서는 그동안 진행된 세계화와 교통·통신의 발달로 세계화 이전으로 완전히 돌아가기는 어렵겠지만 앞으로 미중 경쟁은 그동안 만들어진 세계화 규범을 미국과 중국이 지속 회피하거나 파괴하면서 자국 우선주의에 기반한 새로운 규정이 도입되는 과정에서 서로 갈등하는 지구전이 예상된다.

지금까지 3부의 미중의 투자 전쟁에서는 개혁·개방 이후 미국의 턱 밑까지 추격한 중국 FDI와 미국 제조업의 쇠퇴와 중국 제조업의 부상에서 시작된 미중 투자 전쟁을 알아보았다. 다음 4부에서는 미중 투자 전쟁 때문에 한국이 미국 시장에서 얻는 기회를 살펴본다.

4부

미국을 구하는
한국 제조업의 대미 투자

1. 미국은 한국이 필요하다

한국은 10대 제조업 강국이자 10대 대미 투자국

2023년 3월 시카고 무역관은 캔자스주 위치타에서 한국 경제 설명회를 가졌다. 위치타는 보잉, 세스나 등의 항공 기업과 공군 사령부 등이 있는 도시이다. 이때는 한국의 반도체와 배터리 기업들이 미국에 대규모 투자를 결정한 때여서 설명회에는 기업, 지자체, 공군, 학계 등에서 100여 명이 넘는 사람들이 참석했다. 무역관은 한국의 반도체, 미래차, 배터리, 원전, 그린수소, 조선, 항공기 제작(KF-50 전투기) 등의 산업을 소개했다. 참석자들은 한국의 발전을 어느 정도는 알고 있었지만 한국이 생각보다 다양한 제조업에서 국제 경쟁력을 가진 것에 놀라워했다.

이날은 질문도 많았지만 코멘트도 적지 않았다. 나이가 좀 들어 보이는 한 남성은 자신은 과거 미국 동부에서 신발 공장을 운영하다가 한국과 중국으로 이전한 적이 있다며 소개하고, "도대체 지금 미국은 천연가스나 곡물 말고 무슨 제조업 제품을 수출할 수 있나?"라며 미국 제조업의 현실을 안타까워했다. 한 참석자는 "미국인 중에서 외국어를 구사하는 사람은 얼마나 될까?" 자문하며 "다른 나라 사람들은 미국을 연구하는데, 미국인들은 외국에 관심이 적다"고 말했다. 또 다른 참석자는 "미국의 정치인들은 중국을 경쟁자가 아닌 적으로 생각한다. 경쟁자로 보면 이길 때도 있고 질 때도 있지만 적으로 생각하면 싸워서 문제를 해결할 수밖에 없다"라고 말했다. 참석자들의 질문과 코멘트는 미국 제조업의 현실과 미국인의 고민을 잘 보여주었다. 그리고 이날 참석자들은 미국 제조업의 필요를 채워줄 수 있는 대안은 한국이라고 생각하게 되었을 것이다.

미국은 첨단 기술의 양방향 대중 투자 교류를 제한·금지하고 안보·보건 업종에서는 중국을 배제하고 미국 기업과 동맹국 기업의 투자 유치를 통해 미국 국내에 공급망을 구축 중이다. 글로벌 기업이 해외에 투자하는 이유는 투자수용국에서 생산하여 현지에 공급하기 위함이다. 미국이 중국 기업의 대미 투자를 제한하면 중국 기업은 미국 시장 진출의 기회를 잃게 된다. 반면, 수입 의존형이 된 미국 경제가 중국을 배제하면 필요한 중간재나 완제품을 다른 나라에서 확보해야 한다. 한국은 대미 투자를 통해 미국이 필요한 제품이나 중간재를 공급할 수 있다.

미국이 「반도체과학법」과 「인플레이션감축법」으로 중국을 배제하자 한국은 반도체와 배터리의 대미 투자를 진행 중이다. 제정 중인 「생물보안법」, 「배터리의존도감소법」, 「중국드론대응법」 등도 한국에게는 기회가 될 것이다. 예를 들어 「생물보안법」은 미국 정부와 관련 기관의 자금을 받은 미국 기업은 중국의 우시바이오로직스, 우시앱텍, BGI그룹, MGL, 컴플리트 지노믹스 등 5개사와 거래하는 것이 금지된다. 미국 기업들은 이들 중국 기업과의 비즈니스가 적지 않은데 우시바이오로직스는 매출의 47%

를 북미에 벌고, 미국바이오협회의 회원사 79%가 이 회사에 위탁 개발 생산^{Contract Development & Manufacturing} 한다. 미국 기업이 이들 중국 기업을 배제하면 한국의 삼성바이오로직스, 롯데바이오로직스 등에게는 미국 비즈니스의 확대 기회가 될 것이다.[1]

미국 제조업이 전반적으로 쇠퇴한 가운데 미국은 자국의 긴급 필요에 따라 추가 분야에서 한국 제조업이 필요할 것이다. 국내외 언론에 보도되었듯이 트럼프 2기 정부는 미국 해군의 함정 건조 및 유지·정비·보수^{MRO}를 위해 한국 조선 산업과의 협력이 필요하다고 말했다. 2024년 한국의 한화가 미국의 Philly Shipyard를 인수했듯이 한국 조선 산업의 대미 투자도 확대될 것이다. 우리 기업이 미국 제조업에 투자를 늘려 미국 시장을 확보해 가면 이로 인한 선점 효과는 오래 지속될 것이다. 미중 투자 전쟁에서 한국이 가장 집중해야 할 시장은 미국의 필요와 한국의 이익이 맞아떨어지는 미국 시장이다.

한국은 제조업 강국이면서 대미 투자 경험이 많은 나라이다. 이는 통계로 확인된다. UN 통계(2021년)에 따르면[2] 전 세계 10대 제조업 강국은 〈표 10〉과 같이 1위 중국(제조업 생산 4조 9천억 달러), 2위 미국(2조 5천억 달러), 3위 일본(9.9천 달러), 4위 독일(8.0천억 달러), 5위 한국(4.6천억 달러), 6위 인도(4.5천억 달러), 7위 이탈리아(3.1천억 달러), 8위 영국(2.8천억 달러), 9위 프랑스(2.6천억 달러), 10위 러시아(2.6천억 달러)이다. 이 중 미국의 공급망에서 배제 대상인 중국과 러시아를 빼면 남은 제조업 강국은 일본, 독일, 한국, 인도, 이탈리아, 영국, 프랑스의 7개국이다.

한국은 미국에도 활발하게 투자한다. 2022년 스톡 기준으로 미국은 전 세계에서 5조 380억 달러의 투자를 받았는데 상위 대미 투자국은 〈표

10〉의 오른쪽과 같이 1위 일본(미국의 총 투자 유입액 비중 13.5%), 2위 영국 (12.6%), 3위 네덜란드(11.7%), 4위 캐나다(11.2%), 5위 독일(8.2%), 6위 룩셈부르크(6.2%), 7위 스위스(5.8%), 8위 프랑스(5.7%), 9위 아일랜드(5.6%), 10위 오스트레일리아(2.0%), 11위 스웨덴(1.9%), 12위 영국령 케이만군도 (1.8%), 13위 스페인(1.5%), 14위 한국(747억 달러, 1.4%) 등이다. 한국은 14 위이지만 한국보다 앞 순위에 있는 네덜란드, 룩셈부르크, 스위스, 아일랜드, 영국령 케이만군도 등은 다른 나라 글로벌 기업의 비즈니스 허브 기능

순위	국가	제조업 생산액	중국=1	순위	국가	대미 투자액	비중
1	중국	48,658	1.00	1	일본	7,120	13.5
2	미국	24,968	0.51	2	영국	6,634	12.6
3	일본	9,952	0.20	3	네덜란드	6,171	11.7
4	독일	8,032	0.17	4	캐나다	5,893	11.2
5	한국	4,611	0.09	5	독일	4,314	8.2
6	인도	4,474	0.09	6	룩셈부르크	3,237	6.2
7	이탈리아	3,141	0.06	7	스위스	3,072	5.8
8	영국	2,749	0.06	8	프랑스	2,976	5.7
9	프랑스	2,626	0.05	9	아일랜드	2,950	5.6
10	러시아	2,606	0.05	10	오스트레일리아	1,605	2.0
				14	한국	747	1.4

표 10 | 세계 10대 제조업 강국 및 세계 10대 대미 투자국
(자료 : 제조업 강국-세계은행 2021년 기준,
대미 투자국-미국 상무부 BEA 2022년 스톡 기준, 단위 : 억 달러, %)

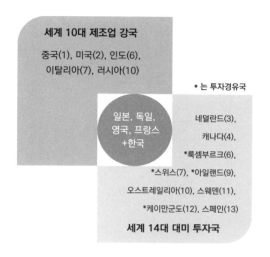

그림 20 | 세계 10대 제조업 강국 및 대미 14대 투자국

을 하거나 조세 회피처로 활용되는 국가이다.[1] 글로벌 기업은 이들 나라를 경유하여 미국에 투자하는 경우가 적지 않다. 따라서 이들 국가를 제외하면 한국이 실질적으로 대미 10대 투자국이라고 할 수 있다.

즉, 미국, 중국, 러시아를 제외한 세계 10대 제조업 강국이면서 실질적인 대미 10대 투자국인 나라는 일본, 영국, 독일, 프랑스, 한국의 5개국뿐이다. 이들이 제조업 역량이나 대미 투자 경험에서 미국이 가장 필요한 나라이다. 이 중에서 한국보다 제조업 생산액과 대미 투자액이 모두 많은 나라는 일본과 독일이다. 그러나 미국이 필요한 업종에서 보면 일본은 반도체, 독일은 반도체와 배터리에서 대미 투자 역량이 부족하다. 영국과 프랑

---

1 많은 글로벌 기업은 물류 편리, 가공 무역, 금융 활용, 세금 절감 등의 효과를 얻을 수 있는 네덜란드에 유럽 비즈니스의 허브를 둔다. 또한 룩셈부르크는 금융 · 자산 운용, 아일랜드는 ICT · 제약, 스위스는 제약 · 금융 · 엔지니어링 등의 글로벌 기업이 많이 진출해 있다.

스도 반도체와 배터리에서 대미 투자 역량이 없다. 반면, 한국은 미국이 원하는 반도체, 배터리, 첨단 소재, 바이오·제약, 재생에너지 등에 모두 투자할 수 있다. 즉 한국은 미국이 가장 필요한 나라이다.

더욱이 한국 제조업은 다른 선진국과 달리 아직도 국가 경제에서 그 중요성도 퇴색되지 않았다. 〈표 11〉은 세계 10대 제조업 강국의 GDP 대비 제조업의 비중 변화이다. 한국을 제외한 모든 나라가 최근으로 오면서 제조업의 비중이 감소했다. 그러나 아직도 한국 경제의 제조업 비중은 중국 다음으로 높은 수준이다.

한국의 10대 기업을 보아도 한국이 미국에 필요한 업종을 갖고 있는 것을 알 수 있다. 각국의 10대 기업은 그 나라의 주력 산업인 경우가 많고, 이들 대기업은 자본이나 기술 면에서 대규모 해외직접투자가 가능하다.

순위	국가	1970	1980	1990	2010	2021
1	중국	–	–	–	30.4	26.9
2	미국	23.3	20.5	17.5	12.0	10.7
3	일본	34.9	28.4	27.0	20.8	20.1
4	독일	31.3	26.9	25.4	19.7	18.9
5	한국	17.4	22.0	25.0	27.4	25.5
6	인도	14.0	16.2	17.0	17.0	14.0
7	이탈리아	24.0	25.9	20.1	14.2	14.9
8	영국	26.7	21.8	16.7	9.5	8.8
9	프랑스	19.8	18.5	16.2	10.3	8.9
10	러시아	–	–	24.9	13.0	14.6

표 11 | 세계 10대 제조업 강국의 GDP 대비 제조업 비중(자료 : 세계은행. 단위 : %)

한국의 10대 기업은 삼성그룹(반도체, 배터리), 현대차(자동차), SK그룹(반도체, 배터리), 기아자동차(자동차), 포스코(철강, 소재), LG그룹(전기전자, 배터리), 한국전력(전기), 한화(방산, 조선), HD현대(조선), GS칼텍스(석유화학)이다. 이미 이들 대기업은 반도체, 배터리, 자동차, 화학, 소재, 태양광, 그린수소, 조선 등에서 미국에 투자하고 있다. 한국의 대미 투자 확대로 2022년 대미 그린필드 투자국(미국 상무부 플로 기준) 순위에서 한국은 1위(21.3억 달러)이다. 다음은 캐나다(14.8억 달러), 영국(11.3억 달러), 일본(7.6억 달러), 독일(1.9억 달러) 등이다. 한국 제조업에 대한 투자 유치의 필요성 때문에 기업 투자 유치를 담당하는 미국의 주정부 경제개발청에는 한국인이 근무하는 경우가 적지 않다.

2. 왜 다른 나라는 대안이 될 수 없나?

미국의 국내 공급망 구축에 가장 필요한 나라는 한국이라는 답을 얻었지만 그러면 왜 다른 나라는 대안이 되기 어려운가? 이를 알아보기 위해 10대 제조업 강국인 일본, 독일, 영국, 프랑스, 이탈리아, 인도와 미국에 대규모 반도체 투자를 진행 중인 대만을 추가하여 총 7개국의 대미 투자 현황과 각국의 10대 기업의 업종을 살펴본다.

일본

2022년 스톡 기준(이하 다른 나라 동일)으로 일본은 대미 1위 투자국이고, 미국의 FDI 유입에서 차지하는 비중은 13.5%이다. 제조업 투자 비중은 43.9%(이중 화학 34.1%, 운송 장비 21.0%, 컴퓨터·전자 제품 13.0%, 기계 7.1%, 금속 4.0%, 식품 2.2% 등)이다. 일본의 제조업 투자 비중은 영국이나 프랑스의 그것에 비해 낮지만 영국이나 프랑스보다 그린필드 방식이 많고 대미 투자국 중에서 제조업 고용(533천 명)이 가장 많은 투자국이다.[3] 일본은 1980년대 중반부터 미국에 자동차, 전기전자를 중심으로 대규모 투자했다. 현재도 대미 투자의 50% 이상은 자동차와 관련되며 서비스 산업 투자도 자동차와 연관되는 경우가 많다.

　　일본의 10대 기업(2023년 매출 기준, 각국 이하 동일)은 1위 토요타(자동차),

2위 미쓰비시(자동차, 중공업, 화학 등), 3위 혼다(자동차), 4위 미쓰이(무역), 5위 ENEOS 홀딩스(에너지), 6위 이토츄쇼지(도매유통), 7위 NTT(통신), 8위 세븐일레븐(소매), 9위 Japan Post Holdings(우편·금융·보험), 10위 Hitachi(정보기술, 전력 등)이다. 이중 제조업은 토요타, 미쓰비시, 혼다, 히타치이고 나머지는 서비스업 등이다. 10대 제조업 기업은 주로 자동차에 집중되어 있다. 토요타는 노스캐롤라이나주에 배터리 공장을 건설 중이고 추가 배터리 공장도 검토 중이다. 혼다는 LG에너지솔루션과 합작으로 오하이오주에 배터리 합작 공장을 건설하고 있다. 파나소닉은 네바다주에 배터리 생산 공장이 한 곳 있고, 캔사스주에 하나 더 짓고 있다. 미쓰비시는 2022년 노스다코타주에 이산화탄소를 흡수·포집·격리하는 사업을 발표했다.

그러나 일본은 반도체, 전기차 등의 첨단 산업에 대한 대응이 늦었다. 그 근본 원인은 그동안 거둔 성과에 안주하면서 의사 결정이 늦어지는 관료주의 때문으로 지적된다. 한때 반도체 강국이었지만 이제는 인센티브를 제공하면서 대만의 TSMC를 투자 유치하는 상황이다. 2023년 일본 국내의 신차 판매량에서 전기차의 비중은 2%대로서 유럽과 중국의 10-20%에 비해 낮다.[4] 토요타의 회장은 테슬라와 중국 전기차가 전기차의 대중화를 위해 가격을 내리는 상황에서도 하이브리드차에 집착하는 발언으로 논란 끝에 2023년에 물러나기도 했다.[5]

제조업이 디지털 기술과 융합되는 시대에 진입했지만 일본은 '2022 IMD 전 세계 디지털 경쟁력'에서 한국 8위보다 낮은 29위이다.[6] 일본의 정부나 기업은 디지털 전환의 중요성을 강조하고 있지만 이를 실행할 수 있는 디지털 인재는 부족(특히, 중소기업)하다.[7] 일본 제조업은 기술자가 획기적인 공정을 만들고 현장 인력이 이를 실현하고 개선하는 '모노즈쿠리'

로 세계 최고가 되었지만 모노즈쿠리가 수치로 디지털 장비에 흡수되면서 그 가치를 잃고 있다.

해외에서 일본인을 만나면 일본 경제가 '잃어버린 30년'을 거치며 야성을 잃은 것이 느껴진다. 2022년 시카고에서 만난 한 일본인 대표는 한국의 반도체, 배터리 기업이 미국에 대규모 투자하는 것을 부러워하며 앞으로 한국이 미국 시장을 주도할 것으로 내다봤다. 이 일본인의 이야기를 들으면서 필자는 1997년 폴란드 바르샤바 무역관에 찾아온 일본 대사관의 상무관이 생각났다. 당시 폴란드에는 한국의 대우그룹 등이 과감히 투자하고 있었다.[2] 일본 상무관은 "일본 대사관이 일본 기업에게 폴란드의 민영화 정보를 제공해도 겐토우시마스(검토하겠습니다)만 반복하고 실행은 없다"고 걱정했다. 당시 한국의 대 폴란드 투자에 힘입어 2022년 현재 한국과 폴란드의 교역은 97억 달러로 증가했고, 이제는 방산 분야까지 협력이 확대되었다. 그러나 일본과 폴란드의 교역액은 59억 달러에 불과하다.

독일

독일은 대미 5대 투자국으로서 미국의 FDI 유입 비중은 8.2%이다. 제조업 투자 비중은 40.2%(이 중 운송 장비 30.0%, 화학 26.3%, 컴퓨터·전자 제품 21.5%, 기계 3.5%, 금속 2.6%)이다. 독일도 일본과 같이 자동차와, 화학에 대한 투자와 그린필드 방식의 제조업 투자가 많다. 독일은 일본에 이어 두 번째로 제조업 고용(318천 명)이 많은 투자국이다.[8]

---

2 당시 폴란드는 자본주의로 하루 빨리 전환하는 것이 국가의 최대 목표였다. 폴란드 투자 무역청의 각종 자료에는 매각 대상 국영 기업 리스트가 항상 있었다. 이들 기업을 인수할 만한 나라는 서유럽과 미국의 기업들이었는데 한국 대우그룹이 폴란드의 국영 자동차 회사를 인수하여 서방을 놀라게 했다.

독일의 10대 기업은 1위 폭스바겐(자동차), 2위 Uniper(에너지, 전기 가스), 3위 메르세데스벤츠(자동차), 4위 BMW(자동차), 5위 Allianz(보험), 6위 Deutsche Telekom(통신), 7위 E.ON(에너지, 전기 가스), 8위 Deutsche Post(우편, 물류), 9위 BASF(화학), 10위 Siemens(산업·의료 장비, 재생에너지) 등이다. 제조업에서 자동차가 가장 많고, 화학, 재생에너지도 있다. 지멘스Siemens-Gamesa Renewable Energy는 미국의 풍력 발전(미국 시장점유율 8%)에 투자한다. 독일도 TSMC(대만), 인텔·Wolfspeed(미국), 인피니언(독일) 등의 투자 유치를 통해 반도체 생태계를 구축 중이다. 독일차도 그동안 최고 명성의 성과에 안주하면서 전기차 전환이 늦었고, 이제는 자국에서 중국 BYD의 수입 전기차와 경쟁해야 할 처지이다. 'IMD 전 세계 디지털 경쟁력(2022)' 순위도 23위이다.[9]

EU 경제를 이끌어 온 독일에 대해 '독일 경제는 지쳤다', '경제 엔진이 식고 있다', '관료주의와 의사 결정의 비효율성이 경제 성장을 저해한다' 등의 경고가 나오고 있다. 독일은 2023년 실질 성장률이 −0.4%를 기록했을 만큼 신냉전으로 가장 큰 타격을 받는 나라이다.[10] GDP에서 대중 수출 비중이 30%로서 유럽에서 가장 높은 상황에서 중국 경제의 저성장과 미국의 대중 견제 동참 요구 등으로 어려움을 겪고 있다. 또한, 탈원전을 결정하고 대신 재생에너지와 러시아산 천연가스를 활용키로 계획했으나 재생에너지는 개발은 늦어지고, 러시아-우크라이나 전쟁으로 러시아산 천연가스의 수입도 크게 줄었다. 전력 부족으로 에너지 다소비 산업인 화학, 철강·금속 등은 해외 이전설까지 있었다.

그러나 일본과 독일은 소재·부품·장비 등에서 세계 최고의 제조업 역량을 갖고 있다. 반도체 산업만 보아도 일본의 JSR, 도쿄오카공업, 스미모

토화학, 신에쓰, 섬코, 아지노모토 등은 포토레지스트, 폴리이미드, 고순도 불화수소, 실리콘웨이퍼, 마이크로 절연 필름 등에서 세계 시장을 주도한다.[11] 반도체 생산 장비에서도 Tokyo Electron, Advantest, Dainippon Screen, Hitachi High-Technologies 등의 세계적인 기업이 있다. 로봇 산업에서도 일본의 화낙, 야스카와전기, 가와사키중공업는 로봇의 핵심 부품인 감속기, 서보모터, 컨트롤러 등을 생산한다. 독일 자이스ZEISS도 네덜란드 ASML의 극자외선 장비에 탑재되는 광학 부품 3만 개를 공급하기 때문에 이 회사가 없으면 ASML도 반도체 생산을 위한 극자외선 장비를 만들 수 없다.[12] 독일은 화학 산업에서 강국이며 그린수소에도 집중하고 있다.

영국, 프랑스, 이탈리아

영국은 대미 2위의 투자국으로서 미국의 FDI 유입 비중은 12.6%이다. 오랫동안 대미 최대 투자국이었으나 일본에 밀려 2위가 되었다. 제조업 투자 비중은 45.6%(이중 화학·제약 31.1%, 운송 장비 5.7%, 금속 3.2%, 기계 3.1% 컴퓨터·전자 제품 3.1%)이다. 영국은 투자액이 큰 만큼 미국의 다양한 산업에 투자했다. 제조업 투자는 M&A 방식이 많다. 미국에서 영국 기업의 고용은 1위(1,223천 명, 2021년 기준)이고, 이 중 제조업 고용은 237천 명으로 일본, 독일, 아일랜드에 이어 4위이다.[13] 영국의 10대 기업은 1위 Shell(석유, 에너지), 2위 BP(석유, 에너지), 3위 Prudential(보험), 4위 Tesco(소매), 5위 Vodafone(통신), 6위 Rio Tinto(자원 개발), 7위 Legal & General(금융), 8위 Unilever(소비재), 9위 HSBC(금융), 10위 AstraZeneca(제약) 등이다. 제조업은 소비재와 제약에 불과하다. 나머지는 석유, 에너지, 자원 개발, 금융·보험, 소매, 통신 등이다. 영국도 취약한 제조업의 문제를 인식하고 혁신 기술 육성에 역량을 집중하고 있다.

프랑스는 대미 8위 투자국으로서 미국의 FDI 유입 비중은 5.7%이다. 제조업 투자 비중은 54.4%(이중 화학 56%, 식품 9%, 운송 장비·기차 5%, 금속 3%)이다. 대미 제조업 투자는 대부분 M&A 방식이다.[14] 제조업 고용은 213천 명으로 영국 다음으로 5위의 투자국이다.[15] 프랑스의 10대 기업은 1위 Total Energy(석유화학), 2위 AXA(보험), 3위 EDF(전력), 4위 Carrefour(소매 유통), 5위 Dior(소비재), 6위 LMH(소비재), 7위 Orange(통신), 8위 BNP Paribas(금융), 9위 Engie(에너지), 10위 Vince(건설) 등이다. 제조업은 화학, 명품 소비재에 불과하고, 나머지는 에너지(석유 포함), 전력, 소매 유통, 통신, 금융·보험, 건설 등에 있다. 프랑스도 코로나와 러-우 전쟁을 계기로 취약한 제조업의 문제를 심각하게 인식했다. 미래 산업(전기차, 청정에너지, 농업, 바이오 등)과 친환경에너지 등의 제조업에 적극 투자하고 있다.[16]

영국과 프랑스는 미국처럼 GDP 대비 제조업의 비중이 일본이나 독일보다도 훨씬 낮다. 더욱이 두 나라 10대 기업은 미국 제조업에 필요한 업종이 아니라 오히려 미국의 10대 기업의 석유, 소매 유통, 금융, 제약 등과 비슷해서 두 나라가 미국 제조업의 필요를 채우기보다는 오히려 미국과 경쟁 관계이다. 참고로 미국의 상위 10대 기업은 2023년 매출 기준으로 1위 Walmart(소매 유통), 2위 Amazon(전자상거래), 3위 Apple(IT), 4위 Exxon Mobil(석유), 5위 CVS Health(의약품 유통), 6위 UnitedHealth(의료 보험), 7위 Alphabet(Google)(IT), 8위 McKesson(의료.약품), 9위 Berkshire Hathaway(금융), 10위 Amerisource Bergen(의료 약품) 등이다.

이탈리아는 대미 16위의 투자국으로서 미국 FDI 유입 비중은 0.8%이다. 제조업의 투자 비중은 55.6%(이중 화학 19.8%, 컴퓨터·전자 제품 15.3%, 운송 장비 5.5%, 식품 2.1%)이다. 이탈리아의 10대 기업은 1위 Enel(에너지, 전력), 2위 ENI(에너지, 석유 가스), 3위 Generali(보험), 4위 Poste Italiane(우편, 금융, 보험), 5위 Edison(에너지, 전력), 6위 Intesa Sanpaolo(금융), 7위 Hera Group(전기, 가스, 상하수도), 8위 UniCredit(금융), 9위 Prysmian Group(전력·통신 기자재), 10위 Telecom Italia(통신)이다. 대부분 에너지, 석유 가스, 금융·보험, 전기·가스·상하수도, 통신·기자재 등 내수의 공공 서비스 업종이다. 미국이 필요한 5대 품목과는 거리가 있다.

이탈리아 경제의 중추는 전체 기업 수의 99%를 차지하는 중소·중견 기업이다.[17] 이들은 주로 이탈리아 중북부에서 소재하며 자연 발생적으로 만들어진 안경·모직·가구·전자·기계·의료기기·식품·가죽 등의 산업별 클러스터에서 성장했다. 세계적인 기술을 갖게 된 기업도 적지 않다.[18] 이탈리아에는 에너지, 항공우주, 제약 등에서 첨단 기업도 있다. 그러나 이탈리아의 대미 투자은 398억 달러(스톡 기준)에 불과하다. 이탈리아의 중소·중견기업이 미국에 대규모로 투자하기는 어렵다. 다만 이들 기업은 이미 조성된 미국의 첨단 산업 클러스터를 강화하는 데에는 기여할 수 있을 것이다.[19]

인도, 대만

인도는 대미 투자국 순위가 34위(37억 달러, 0.1%)에 불과하다. 인도의 10대 기업[20]은 1위 Reliance Industries(석유화학 등 종합 업종), 2위 Indian Oil Corporation(석유·가스), 3위 Tata Motors(자동차), 4위 State Bank of India(금융), 5위 Bharat Petroleum Corporation(석유), 6위 Hindustan Petroleum Corporation(석유), 7위 Oil and Natural

216

Gas Corporation(석유·가스), 8위 Tata Consultancy Services(IT), 9위 Infosys(IT), 10위 Larsen & Toubro(건설·엔지니어링 등 종합 업종) 등이다. 제조업은 Tata Motors의 자동차이고, 나머지는 석유 가스, IT 분야이다. 인도의 제조업은 취약하다. 개도국은 노동 집약적 제조업에서 시작하여 서비스업으로 발전하는 것이 전형인데 인도는 제조업은 취약하고, 대신 ICT 서비스 산업이 발달되어 있다. 미국 등 글로벌 IT 기업들이 영어를 구사하는 우수 IT 인력이 있는 인도에 많이 투자한 결과이다. 모디 총리는 제조업 육성 정책을 추진 중이지만 인도가 현재의 중국 수준에 도달하기까지는 시간이 걸릴 것으로 예상된다.[21]

미국은 인도에게 대미 투자보다는 글로벌 가치사슬의 재편 과정에서 탈중 미국 기업들이 인도에 안착하는 데 기여해 줄 것을 기대할 것이다. 그러나 인도는 미국의 확실한 동맹국이 되기도 어렵다. 러시아의 우크라이나 침공 때도 미국이나 러시아의 어느 쪽에 서지 않았다. 과거 냉전 시대에도 미국·서유럽 자본주의 제1세계나 소련·중국 공산주의 제2세계의 어느 편도 아닌 아시아·아프리카·라틴아메리카와 함께 제3세계의 길을 택했다.

대만은 대미 25위 투자국(161억 달러, 0.3%)이다. 대만의 10대 기업은 1위 Foxconn(이동전화, 전자 제품), 2위 TSMC(반도체), 3위 Pegatron(이동전화, 전자 제품), 4위 Quanta Computer(전자 제품), 5위 Formosa Petrochemical(석유 화학), 6위 Evergreen Marine(물류), 7위 ASE Group(반도체), 8위 MediaTek(반도체), 9위 ASUS(컴퓨터, 이동전화), 10위 Uni-President Enterprises(식음료) 등이다. 10대 기업의 대부분이 전기전자 업종에 있다. 대만 10대 제조 업체 중에서도 7개사가 전자·전자 부품 기업이기도 하다. 이들은 주로 미국 등 글로벌 기업의 위탁을 받아 전기전자 제품이나 반도

체를 생산한다.[22] 미국이 대만에 기대할 수 있는 투자 업종은 전기전자 분야이다.[3]

대만의 반도체는 미중 경쟁이 격화되면 '중동의 석유'처럼 될 우려가 크다. 이 때문에 미국의 팹리스는 외주를 대만에만 맡기지 않고 한국 등에도 분산하려고 한다. 국제기구에서 대만의 표기는 홍콩, 마카오 등과 같이 '중국의 대만Chinese Taiwan'이다. 대만의 정치도 친중 또는 반중 성향이 반반이고, 중국 본토에는 대만 인구의 5%에 해당되는 120만 명의 많은 대만인이 살고 있을 정도로 교류가 많다. 중국에서 근무할 한국 반도체 인력에 대한 스카우트 제의도 대만 컨설팅 회사를 통해 올 정도로 대만은 중국과 연결되어 있다.

---

3   대만의 전기전자는 일본 전기전자 기업의 투자를 받으면서 발전했다. 일본의 지배를 받았음에도 불구하고 일본과 유대 관계가 돈독하다. TSMC가 일본에 짓고 있는 파운드리 공장도 대만과 가까운 일본 남쪽의 규슈 구마모토현 기쿠요마치에 있다.

3. 대미 투자로 한국과 미국이 얻는 이익

한국 투자 기업, 시장점유율 제고

한국의 LG엔솔, 삼성SDI, SK온의 배터리 3사는 2025년 생산을 목표로 미국에 배터리 공장을 건설 중이다. 이들에게 부품·소재를 공급하는 협력사도 이들 3사로부터 자동차로 1시간 내의 거리에 위치할 것이다. 이들의 투자 지역은 〈그림 3〉과 같이 '자동차 지대automobile alley'라고 불리는 곳이다. 이 지대는 미국 북동부의 미시간호와 이리호에서 시작하여 아래 멕시코만에 이르는 통로에 소재한 주들이다. 자동차 도시 디트로이트가 있는 미시간주, 오하이오, 일리노이, 인디애나, 켄터키, 테네시 등이 포함된다. 이곳에는 미국 빅3 차와 외국계 자동차 회사들이 진출해있다. 이들 완성차가 한국 배터리의 수요 기업들이다. 또한 삼성전자는 텍사스주 테일러시에 고성능 컴퓨팅, 인공지능 등에 들어갈 첨단 반도체 파운드리를 건설 중이다. 이미 가동 중인 오스틴 공장에서 25km 거리에 있다. 삼성전자가 이곳에 투자하는 이유는 오스틴에는 고객사인 구글, 테슬라, 퀄컴, 엔비디아 등이 있기 때문이다.

우리 기업이 대미 투자로 얻는 가장 큰 긍정 효과는 시장점유율 확대이고, R&D 역량 제고나 생산성 향상도 얻을 수 있다. 먼저, 한국 기업은 미국에 투자하면 시장점유율을 높일 수 있다. 고객사에 가까이 있으면 영업력이 강화된다. 신제품 개발 초기부터 고객사와 수시로 협의할 수 있어서 주문에서 납품까지의 리드 타임을 단축시킨다. 반도체와 배터리는 4차 산업, 기후변화 대응, 내연 기관 대체 등에 필요한 핵심 중간재로서 다양한 산업에서 신규 고객을 창출할 수 있다. 대기업을 따라간 협력사의 매출도 증가할 것이다. 반도체와 배터리의 시장 전망이 밝아지면 신규 진입 기업도 생기는데, 한국의 협력사는 신규 진입 기업에게 소재 부품 등을 공급할 수 있다. 근본적으로 미국 시장은 제품을 물류 창고에 쌓아두고 바이어의 수시 주문 때마다 공급하는 스톡 세일stock sale의 특성이 있어서 미국 비즈니스의 확대를 위해서는 현지 생산 이전에라도 최소한 물류 창고는 필요한 실정이다.[4]

해외에서 중간재 생산에 투자하여 성공한 한 사례는 브라질의 효성티엔씨를 들 수 있다.[23] 효성티엔씨는 2012년 브라질에 섬유 제품의 신축성을 높이는 스판덱스 원사 생산 공장을 세웠다. 진출 당시 브라질의 스판덱스 시장점유율은 효성티엔씨 30%, 듀폰 70%이었다. 현지 생산을 시작하면서 효성티엔씨는 고객사인 의류 업체를 수시로 만나 스판덱스 혼합 비율에 대한 그들의 필요를 듣고 이를 원사 생산에 반영했다. 섬유 제품에 스판덱스가 너무 많이 들어가면 제품이 늘어지고, 적으면 신축성이 떨어져서 적정 혼합 비율은 중요하다. 한 고객사로부터 얻은 지식은 다른 업체의 컨설팅에도 활용되었다. 고객사의 만족도는 높아졌고, 이들은 다른 고객사도 소개해 주었다. 이와 같은 노력의 결과 브라질 진출 4년 만에 시장점유율은 효성티엔씨 70%, 듀폰 30%로 역전되었다.

---

4 미국의 바이어는 한국산이 마음에 들어도 한국 업체가 미국에 물류 창고가 없다는 말을 들으면 상담을 더 이상 진행하려고 하지 않는다. 코트라는 우리 중소 수출 기업에 대한 물류 서비스를 위해 뉴욕, LA, 시카고에 공동 물류 센터를 운영한다.

우리 투자 기업의 R&D 역량이 향상된다. 반도체와 배터리 생산 기업이나 이들에게 부품·소재를 공급하는 협력사가 미국의 최고 기업과 거래하기 위해서는 R&D가 필수이다. 첨단 산업에서 최종재 기업과 협력사는 파트너 관계가 되는데, 한국 기업은 미국의 최고 기업과 비즈니스하면서 R&D 역량이 높아질 것이다. 또한, 미국의 R&D 지식과 노하우는 우수 인재에, 신기술은 기계나 장비에 체화되어 있다. 미국에 진출한 우리 기업은 이러한 미국의 인적 및 물적 자원을 활용할 수 있다. 제 발로 찾아온 벤처기업을 인수하여 신기술도 확보할 수 있다. 미국의 벤처기업 창업자는 처음에는 마이크로소프트나 애플처럼 되기를 꿈꾸지만 기술 개발에 성공한 뒤에는 기업을 매각하고 은퇴하는 경우가 많다. 기술 전문가가 기업을 성장시키는 뛰어난 경영 전문가가 되기는 쉽지 않기 때문이다.

미국에 진출한 우리 기업은 생산성을 높이는 계기도 갖는다. 미국은 한국보다 임금 수준이 높아서 한국 투자 기업들은 자동화 등 생산비를 낮추기 위한 노력이 더욱 필요하다. 이렇게 미국에서 확보한 생산성 제고 노하우는 다른 나라 공장에도 적용할 수 있다.

한국, 국내의 산업 생태계 유지

한국 기업의 대미 투자로 우리 투자 기업이나 투자수용국인 미국이 얻는 효과는 명확하지만 투자국인 한국이 얻는 이익은 논란이다. 어느 나라나 자국 기업이 해외에 투자하기보다는 외국 기업이 자국에 투자해주기를 원한다. 왜냐하면 우리 기업이 미국에 세울 공장을 한국에 짓는다면 한국의 생산과 고용은 증가할 것이고, 국내 생산이 증가하면 부품 소재 기업의 B2B 비즈니스를 위한 투자도 유입될 것이기 때문이다.

그러나 한국은 '미국에서 팔려면 미국에서 만들어 달라'는 미국의 요구를 거절하기는 어렵다. 대미 투자 없이 미국에 계속 수출하기는 어렵기 때문에 지금 우리는 대미 투자로 얻을 수 있는 이익을 찾고, 이를 극대화하는 노력이 필요한 때이다. 이미 1980년대 미국은 슈퍼301조로 일본의 대미 완성차 수출을 제한하고 대신 일본차의 대미 투자를 유도했었다. 한국에 대한 정치·외교·산업적 압박 수단이 많은 미국이 대통령까지 나서서 한국의 투자를 요구하면 현실적으로 이를 거절하기는 쉽지 않다. 일례로 미국은 네덜란드 ASML에 극자외선 노광 장비를 중국에 팔지 않도록 요구했는데 만약 ASML이 불응하면 노광 장비에 필수적으로 들어가는 미국산 장비를 공급하지 않을 것이라고 했다. 우리의 반도체 생산에도 미국산 EDA, 생산 장비, 소재 등이 들어간다.

한국이 대미 투자로 얻는 최대 이익은 국내 산업의 생태계 유지일 것이다. 글로벌 기업의 생존은 국제 수준에서 규모의 경제 효과를 거둘 수 있는가에 달려있다. 세계 최대 시장이자 한국의 최대 수출국인 미국을 확보하지 않고는 우리 기업이 국제 수준 규모의 경제 효과를 거두기는 쉽지 않다. 예를 들어 반도체와 배터리는 한국의 대미 수출 2위 품목이고, 배터리는 자동차뿐만 아니라 다양한 분야에서 수요 증가가 예상되는 품목이다. 만약, 우리 글로벌 기업이 미국에서 규모의 경제 효과를 얻지 못하여 쇠퇴하면 한국의 관련 산업 생태계도 같은 길을 갈 것이다. 미국 시장에서 성공하면 다른 나라에서 성공할 가능성도 높아진다.

우리 기업의 대미 투자는 한미 R&D 협력을 강화하는 계기로 삼을 수 있다. 어느 시대나 한국 경제의 최대 과제는 첨단 기술의 확보이다. 한국의 대미 투자는 미국의 요구에 의한 것인 만큼 한국도 미국에게 자국의 R&D

역량의 공유를 요구할 수 있다. 한국의 투자는 1980년대 무역흑자 해소를 위한 일본차의 대미 투자보다 미국 경제에 더 기여한다. R&D 공유를 통해 한국 기업의 역량이 강화되면 대미 투자의 질적 수준 향상으로 나타나기 때문에 미국에도 궁극적으로 도움이 된다. 미국은 항공·우주·방산, 반도체의 장비·설계, 바이오·제약, 3D 프린팅, 원전, 디지털 산업 등에서 우수한 R&D 성과물을 갖고 있다. 미국 정부의 자금이 투입되어 개발된 기술은 미국 정부의 결정에 따라 결과물을 한국과 공유할 수 있을 것이다. 한미 R&D 공유를 촉진하기 위해 한국의 생산과 미국의 기술이 결합된 합작투자도 가능할 것이다. 한국의 한 항공우주 기업은 이러한 투자를 촉진하기 위한 정부의 인센티브를 제안하기도 했다.

한국의 산업 공동화에 대한 우려도 과도한 측면이 있다. 기업들은 먼저 자국 시장을 석권한 후 해외로 진출한다. 국내 시장 포기를 각오하지 않고서는 모든 기반을 해외에 이전할 수는 없다. 아무리 해외 투자에 적극적인 기업이라도 이해관계자가 대부분 모국에 있는 상황에서 본사의 기획·관리, 마케팅, R&D, 첨단 생산 등까지 해외에 이전하기는 어렵다. 특히, R&D는 기업의 핵심 역량이고 오랫동안 모국의 정부·산업·연구소와 협업으로 구축되어 왔기 때문에 해외 이전이 더 어렵다. 미국 기업도 해외 진출이 많았지만 이러한 기능들은 해외에 이전하지는 않았다. 기업들은 해외에 R&D 센터를 설치하기도 하지만 이는 본국에서 개발한 기술을 현지 시장에 맞게 수정하기 위한 것이 많다. 만약 해외 현지에서 중요한 R&D를 수행하는 경우가 있다면 이는 기업이 현지의 기술 기업을 인수한 이후 이전부터 진행해 온 R&D를 계속 수행하는 경우이다. 또한 우리보다 앞서 일본차는 1980년대부터 미국에 대규모 투자를 했지만 일본의 자동차 산업이 공동화되지는 않았다.

미국, 첨단 산업의 생태계가 창출

SK온이 포드자동차와 합작으로 배터리 공장을 짓는 캔터키주 글렌데일시. 주 정부나 시 정부의 사람들은 빈 땅에 첨단 제조업이 들어선다는 사실에 매우 고무되어 있었다. 인구 2천 명에 불과한 글렌데일시에는 SK온 공장으로 직접 고용 2천 명을 포함하여 5년 안에 수천 명의 인구가 추가 유입될 것으로 예상된다. 주변 도시도 한국 기업의 투자 영향권에 있다. 인근 엘리자베스시도 연관 산업의 유입으로 도시가 활성화될 것으로 기대한다. 한인 사회도 모국 기업의 투자를 기뻐하고 있었다.

삼성전자가 새로 짓는 테일러시 반도체 공장에 대해 미국의 글로벌 공급망 전문가인 하버드대의 윌리 시 교수는 이렇게 말했다. "삼성전자는 평택 캠퍼스의 2배에 해당하는 부지에 반도체 클러스터를 구축하고 있다. 이 공장은 기존 오스틴 공장과 마찬가지로 중간재의 대부분을 미국에서 조달할 것이며 지역 경제를 성장시킬 것이다. 현재 건설 중인 공장과 오스틴 공장을 통해 삼성전자가 지역 경제에 미치는 효과는 2022년의 한 해만 136억 달러로 추정된다."[24]

미국이 한국 기업의 투자로부터 얻는 최대 혜택은 해당 지역에 첨단 산업의 클러스터가 만들어지는 것이다. 투자 지역에 한국 앵커 기업이 들어서면서 전후방 연관 기업들이 모일 것이다. 타 지역에서 원료를 구입하여 여기에서 제조한 후 제3 지역으로 판매하면서 생산 및 물류의 거점이 될 것이다. 산·학·연의 생태계가 만들어진다. SK온은 글렌데일 공장을 위해 관내 전문 대학과 연계하여 근로자 교육을 실시할 예정이다. 인근 대학들이 배터리 신기술 개발에 참여하면서 벤처기업의 창업도 일어날 것이다. 주 정부도 이러한 효과를 극대화하기 위해 수도·전기·가스·통신·물류의 인프라 확충, 인큐베이팅 시설 구축, R&D 자금 지원, 우수 인력 유치, 주거 단지 조성, 통합 민원 서비스 체제 구축, 직업·교육 훈련 등을 지원할 계획이다. 이러한 모습은 미국이 투자 유치를 통해 구상하는 이상적인 국내 공급망의 모습이다. 미국이 우리 기업에 투자 인센티브를 주는 이유이다.

우리 기업의 투자로 미국 관련 산업은 경쟁력이 유지된다. 미국 빅3 차는 배터리 생산 기술이 없어서 한국의 LG엔솔, 삼성SDI, SK온이나 일본의 파나소닉과 50:50 합작 공장을 설립한다. 만약 이 합작이 없었다면 빅3는 전기차 시장에서 퇴출될 것이다. 또한, 미국은 한국 제조업을 유치하여 미국의 R&D 결과물을 상용화할 수 있는 기반을 확보했다. 만약 이러한 제조업 기반이 없으면 미국이 아무리 좋은 신기술을 개발해도 상용화하지 못하여 신기술은 사장될 것이다.

한국의 투자는 지역의 고용을 창출한다. 한국의 배터리 투자가 집중된 자동차 지대에 있는 주들의 최대 고민은 실업이다. 이 지대는 자동차 산업이 전기차로 전환하면서 내연 기관의 엔진·부품·소재 생산 기업의 폐업·전업·축소가 예상된다. 오하이오주 경제개발청은 기관 이름을 'JobsOhio'라고 붙였을 정도로 고용 창출이 최대 과제이다. 다른 주들도 급속한 변화를 앞둔 자동차 산업을 대체할 수 있는 산업의 투자 유치에 진력하고 있다. 투자 기업에 대한 각종 인센티브에서 새로운 일자리를 위한 근로자에 대한 재교육비 지원이 항상 빠지지 않는 이유이다.

한국 기업의 대미 그린필드 투자는 M&A 투자에 비해 미국의 생산과 고용에 순증 효과를 가져다준다. 2018~2022년 미국에 유입된 투자에서

M&A 투자의 비중은 평균 72.3%이다. 주요 투자국 대부분의 대미 투자는 기존 기업의 생산과 고용을 인계받는 M&A 투자로서 미국의 생산과 고용은 유지되지만 순증은 없다. 미국이 한국의 그린필드 투자를 더욱 반기는 이유이다. 한국은 첨단 산업을 이끌고 있어서, M&A할 만한 미국 기업이 없어 그린필드 방식으로 투자했다.

한국 기업의 현지화로 미국 부품·소재 산업은 발전한다. 한국 투자 기업은 투자 인센티브를 받는 조건으로 북미산 중간재 사용이 의무이지만 이에 더해 자체적인 경영 판단에 따라 생산비를 낮추기 위해 현지화 수준을 높일 것이다. 일반적으로 기업은 개도국보다는 미국과 같은 선진국에 투자할 때 더 현지화된다고 알려져 있다. 네브라스카주에 투자한 일본 가와사키와 독일 그레펠의 사례로도 이를 예상할 수 있다.

일본의 가와사키는 1974년 미국에 최초 투자했다. 처음에는 일본산 완제품을 미국에 수출했는데 1973년 오일쇼크로 미국에서 오토바이 수요가 급증하자 미국에 생산 공장을 세웠다. 이후 가와사키의 비즈니스는 철도 차량 등으로 확대되었고, 이제는 5개 계열사에서 오토바이, 레저용 자동차, 제트스키, 철도 차량, 비행기 문 등을 생산한다. 생산 제품은 주로 미국에 팔지만 수출도 한다. 이 회사는 투자 초기에는 완제품 생산에 일본산 80%, 미국산 20%의 중간재가 투입되었다. 그러나 이 회사의 현지화 수준은 점점 높아져 이제는 일본산 40%, 미국산 60%의 중간재가 투입된다. 미국산 60%에는 미국 소재 일본계 기업에서 조달한 것도 있고, 미국산 중간재라고 하더라도 일본이나 제3국에서 수입한 원부자재가 포함될 수는 있다. 가와사키는 뉴욕시에 대한 철도 차량 공급 계약에서 미국산 중간재의 사용 요구를 받은 적은 있지만 그 외의 계약에서는 그러한 요구는 없었고,

지금까지 대부분의 현지화는 자체 판단에 의한 것이다. 2021년 발생한 글로벌 물류 대란으로 어떤 부품은 재고가 넘치고, 다른 수입 부품은 재고가 부족해진 경험을 한 이후에 현지화의 필요성을 더욱 느꼈다.

독일 회사인 그레펠은 자동차 그릴과 같이 금속판에 다양한 모양의 구멍을 낸 천공 금속 시트perforated metal sheets를 생산하는 회사이다. 이 회사도 처음에는 독일산 완제품을 미국에 수출했지만 수출 물량이 늘자 2006년 고객사와 물류 이점 등이 있는 네브라스카주에 판매 법인을 세웠다. 몇년 후에는 고객사의 신제품 개발에 더 적극 대응하기 위해 생산 공장을 세웠다. 생산 초기에는 독일에서 중간재를 많이 수입했지만 이제는 핵심 원료인 금속 시트조차도 미국에서 조달한다. 이 회사의 현지화는 자체 판단에 의한 것이었다. 현지화를 통해 그레펠은 수입에 따른 물류비, 관세 등의 비용과 시간을 줄일 수 있었다.

4. 1980년대 일본차의 대미 투자 사례

일본이 대미 투자로 얻은 이익

1970년대 두 차례의 오일쇼크는 저연비·저효율의 대형차를 생산하는 미국의 빅3 자동차에게는 치명타였다. 반면, 고연비·고효율의 일본 소형차는 미국에서 날개 달린 듯이 잘 팔렸다. 일본차의 대미 수출은 1970년 23만 대에서 1979년 155만 대로 증가했다. 급증하는 일본차의 수입으로 대규모 대일 무역적자를 겪던 미국은 일본이 1981년부터 대미 자동차 수출 쿼터를 설정하여 수출을 자율 규제하는 수출 자율 규제voluntary export restraint를 도입토록 했다.[5] 일본차는 수출 자율 규제로 대미 수출이 제한되자 미국에서의 일본차 인기를 고려하여 미국에 직접투자 하기로 결정했다. 미국 정부는 미국에서 생산된 일본차에 대해서는 판매를 제한하지 않았다.

1980년에 미국에 생산 공장이 하나도 없었던 일본차 공장은 늘어나기 시작했다. 1980년대에 〈그림 21〉에서 보는 것처럼 1982년 혼다 메리스

---

5 미국은 일본차의 대미 수출을 1981~1983 168만대, 1984년 184만 대, 1985~1992년 230만 대로 설정했다. 일본차의 대미 투자 증가로 완성차의 대미 수출이 쿼터를 밑돌자 이 수출 자율 규제는 1994년에 폐지되었다. 이 규제는 레이건 행정부가 신자유주의 기조에서 자유 무역을 지지하면서도 미국의 빅3를 살려야 한다는 딜레마에서 나온 정책이었다. 이 규제가 도입되자 미국에서 일본차의 가격은 상승했고, 빅3 차의 가격도 동반 상승했다. 규제 기간 동안 빅3는 생산 체제를 재정비하는 시간을 벌었다.

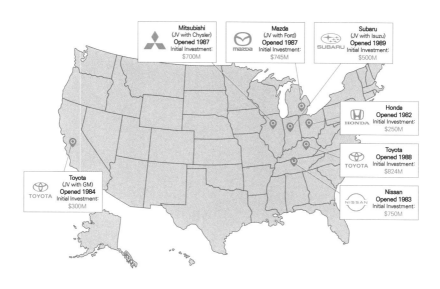

Mitsubishi
(JV with Chysler)
Opened 1987
Initial Investment:
$700M

Mazda
(JV with Ford)
Opened 1987
Initial Investment:
$745M

Subaru
(JV with Isuzu)
Opened 1989
Initial Investment:
$500M

Honda
Opened 1982
Initial Investment:
$250M

Toyota
Opened 1988
Initial Investment:
$824M

Toyota
(JV with GM)
Opened 1984
Initial Investment:
$300M

Nissan
Opened 1983
Initial Investment:
$750M

그림 21 | 1980년대 일본차의 미국 공장

빌 공장(초기 투자액 2.5억 달러), 1983년 닛산 스미나 공장(7.5억 달러), 1984
년 토요타 프리몬트 공장(3억 달러, GM 합작),[6] 1987년 미쓰비씨 노말 공장
(7억 달러, 크라이슬러 합작), 1987년 마쓰다 플랫록 공장(7.5억 달러, 포드 합작),
1988년 토요타 조지타운 공장(8.2억 달러), 1989년 스바루 라파예트 공장(5
억 달러, 이스즈 합작) 등이 지어졌다.[26] 토요타의 프리몬트 공장 이외에는 모
두 중서부 지역에 투자되었다. 일본차는 빅3와 50:50 합작 투자했다. 일본
차는 자동차 산업의 특성상 협력사를 동반하여 투자했다. 이후에도 일본
차의 대미 투자는 이후 계속되어 일본차는 2025년 현재 〈그림 22〉와 같이

---

6 토요타와 GM의 합작 공장인 NUMMI(New United Motor Manufacturing)는 1984년부터 2010년까
지 유지되었다. 2010년 테슬라가 이 공장을 인수하여 현재 테슬라 모델 S를 생산하고 있다.

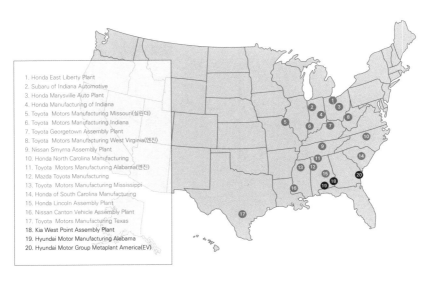

1. Honda East Liberty Plant
2. Subaru of Indiana Automotive
3. Honda Marysville Auto Plant
4. Honda Manufacturing of Indiana
5. Toyota Motors Manufacturing Missouri(실린더)
6. Toyota Motors Manufacturing Indiana
7. Toyota Georgetown Assembly Plant
8. Toyota Motors Manufacturing West Virginia(엔진)
9. Nissan Smyrna Assembly Plant
10. Honda North Carolina Manufacturing
11. Toyota Motors Manufacturing Alabama(엔진)
12. Mazda Toyota Manufacturing
13. Toyota Motors Manufacturing Mississippi
14. Honda of South Carolina Manufacturing
15. Honda Lincoln Assembly Plant
16. Nissan Canton Vehicle Assembly Plant
17. Toyota Motors Manufacturing Texas
18. Kia West Point Assembly Plant
19. Hyundai Motor Manufacturing Alabama
20. Hyundai Motor Group Metaplant America(EV)

그림 22 | 2025년 일본차의 미국 공장

미국에 17개의 자동차 공장을 갖고 있다.

일본차가 대규모 대미 투자로 얻은 가장 큰 이익은 높아진 미국 시장 점유율이다. 일본차는 승용차, 픽업트럭, SUV를 합하여 미국 시장점유율이 1976년 8%(1백만 대), 1980년 21%, 2022년 34.2%로 상승했다. 2022년 현재 브랜드별 시장점유율은 토요타(시장점유율 2위) 15.2%, 혼다(5위) 7.1%, 닛산(7위) 5.2%, 스바루(9위) 4.0%, 마쓰다(14위) 2.1%, 미쓰비시(17위) 0.6% 등이다.[27] 미국인들의 일본차에 대한 평가도 좋다. 미국에서 자녀를 축구장에 데려다주는 중산층 여성을 '축구 엄마soccer mom'라고 부른다. 이들이 타는 전형적인 차가 토요타 렉서스이다. 토요타의 하이브리드 자동차 프리우스는 한때 환경에 의식이 있는 사람이 타는 차로 인식되기도 했다. 중고차 시장에서도 일본차는 빅3 차보다 높은 가격에 팔린다.

투자국인 일본이 얻은 효과는 미국과의 무역 마찰을 줄인 것이다. 당시 일본의 대미 무역흑자의 상당 부분이 자동차가 원인이었기 때문에 일본차의 대미 투자는 완성차의 대미 수출을 줄여 대미 무역흑자를 줄이고 미일 무역 마찰을 감소시켰다. 일본차는 투자 이후에도 부품 소재의 현지 조달 확대나 R&D 센터 투자 등으로 현지화를 높이면서 미국과의 마찰 가능성을 더욱 줄였다. 또한, 자동차는 움직이는 국가 브랜드이기 때문에 우수한 일본차가 미국 전역에 다니면서 미국에서 일본 브랜드에 대한 인식은 높아졌다. 이는 일본 문화가 미국에 널리 퍼지는 기반이 되었다. 일본차가 미국에서 많은 일자리를 창출하는 등 지역 경제를 지지하면서 미국의 소비자나 정책 입안자는 일본인에 호의적 인식을 갖게 되었다. 지금도 중서부주의 경제개발청에서 근무하는 미국인들은 지위 고하를 막론하고 일본의 미국 경제에 대한 기여를 높이 평가한다. 일본인은 근면하며 규칙을 잘 지킨다는 호의적인 인식이 있다.

미국이 일본 투자를 유치하여 얻은 효과

일본 경단련에 따르면 전반적으로 일본 기업의 대미 투자로 미국이 얻은 경제적 효과는 다음과 같다.[28] 일본의 수출 기업이 미국에 투자하면서 미국의 상품수지 적자 총액에서 일본의 흑자가 차지하는 비중은 1991년 65%에서 2021년에는 6%로 줄었다. 미국의 일본계 투자 기업은 2021년 현재 미국에서 750억 달러를 수출해서 1위이고, 이는 2위 독일(590억 달러)이나 3위 영국(520억 달러)보다 훨씬 많다. 수출의 절반은 자동차·부품(162억 달러)이고, 컴퓨터·전자 부품(49억 달러), 화학(36억 달러), 기계(31억 달러) 등도 있다. 주요 투자국 중에서 제조업 고용이 가장 많고 일본 기업의 R&D 지출액(2021년 126억 달러)도 스위스(129억 달러)에 이어 두 번째로 많다.

또한 투자 관점에서 미국이 얻은 효과를 다음 3가지로 말할 수 있다. 첫째, 일본은 전 세계 최대 대미 투자국이 되었다. 앞서 본 바와 같이 대미 1위 투자국(2022년 스톡 기준)은 아시아의 일본이다. 유럽은 역사적으로 오랫동안 미국과 투자 교류를 해왔지만 투자국 1위 자리는 비유럽 국가인 일본이 차지하고 있다. 일본차의 대규모 대미 투자가 이 결과를 가져왔다. 더욱이, 일본은 M&A가 아닌 그린필드 방식으로 주로 제조업에 투자했다. 기업 수만 보아도 미국에 소재한 일본계 투자 법인은 6,702개사(2020년 Teikoku 데이터 뱅크)인데 이 중에서 제조업 2,456개사(36.6%)로서 도매업 1,488개사(22.2%), 서비스 산업 1,340개사(20.0%)보다 많다. 서비스 산업도 자동차와 관련된 금융, 판매, 정비 등이 적지 않다. 독일을 제외한 유럽이나 캐나다의 대미 제조업 투자는 주로 M&A 방식이 많고, 금융 보험, 도소매, 통신, IT·SW 등 서비스 산업에 대한 투자가 많은 것과 비교된다.

둘째, 일본의 투자는 미국 중서부의 자동차 산업이 유지되는 데 기여했다. 만약, 일본의 대미 투자가 없었고, 신자유주의 시장 논리에 따라 일본 완성차가 계속 수입되었다면 미국 중서부의 자동차 클러스터는 붕괴되었을 것이다. 또한, 토요타와 혼다 등은 미국산 중간재의 사용을 확대하면서 중서부의 미국 부품·소재·장비 산업의 생태계는 강화되었다. 일본차는 품질이 우수하면 일본계 기업이 아니어도 협력사로 삼았다. 인디애나주에 있는 한 한국 기업은 일본 완성차에 자동차 시트를 공급하기도 한다. 지금도 시카고 무역관에는 일본계 투자 기업으로부터 미국에 진출한 한국의 부품·소재 기업을 소개해달라는 요청을 받는다. 또한 미국 빅3는 일본계 부품 소재 기업으로부터 중간재를 공급받으면서 품질을 향상시킬 수 있었다.

셋째, 미국 제조업은 일본식 경영인 JIT^{just in time}, 기술 혁신, 생산·품질 관리, 직원 제안 제도, 강한 노동윤리 등을 배웠다. 미국인 직원들은 일본 기업이나 미일 합작 공장에서 일본식 경영을 직접 배운 후 다른 기업으로 이직하면서 자연스럽게 일본식 경영을 전파할 수 있었다. 중서부에 투자한 일본계 기업과 미국 기업의 회원사인 중서부미국·일본협회^{The Midwest U.S.-Japan Association}는 매년 양국 도시를 번갈아가며 양국 기업의 교류를 돕기도 한다.

지금까지 4부에서는 왜 한국이 미국에게 가장 필요한 나라인지를 설명했다. 그런데 지속가능한 한미 투자 교류를 위해서는 한국 투자 기업, 한국, 미국이 모두가 만족할 수 있는 확실한 수단이 필요할 것이다. 다음 5부에서는 이에 대한 한국의 전략을 제안한다.

5부

트럼프 2기, 한국의 더 나은 내일의 건설

1. 한국, 어디에 투자를 집중할 것인가?

미중 경쟁이 한국에 주는 기회와 위협

국가 발전은 자체 역량이 핵심 요소이지만 국제 요인도 중요하다. 미국이 패권국으로 부상한 것은 강한 제조업 역량이 근본이지만 유럽이 전쟁으로 몰락하게 된 것도 중요한 배경이다. 1·2차 세계대전 때 유럽 국가들은 상대국의 산업 기반을 파괴했다. 이때 미국은 유럽에 군수 물자를 대량 공급하면서 특수를 누렸고, 기술은 발전하고 대량 생산 체제는 강화되었다. 2차 세계대전에서 패한 일본과 독일이 경제 대국으로 등장한 것도 미국이 미소 냉전 승리를 위해 일본과 독일을 지원했기 때문이다. 미국이 두 나라를 억제했다면 지금의 경제적 위치에 도달하지 못했을 것이다. 중국이 세계 2위 경제 및 FDI 국가가 된 것도 마찬가지이다. 세계화 시대가 열리면서 서방과 교류할 수 있었기 때문이다. 중국은 서방이 100년 이상 축적한 산업 지식을 무역·투자 교류를 통해서 접할 수 있었다. 반면, 국제 교류를 하지 못하는 북한, 쿠바, 미얀마 등은 아직 낙후되어 있다.

신냉전 속 미중 경쟁은 한국 경제에게는 기회이자 위협 요인이다. 한국에게 기회가 되는 것은 서방이 중국을 공급망에서 배제하면 그 역할을 한국이 할 수 있기 때문이다. 자유민주주의 권역을 대표할 만큼 제조업 강국으로 성장한 한국만이 미국 제조업의 부족을 채워줄 수 있다. 유럽은 외교·안보적으로 미국에 도움을 줄 수 있지만 미국 제조업의 필요를 충족시켜주지 못한다. 유럽 제조업도 미국 제조업과 같이 쇠퇴했기 때문이다.

위협 요인도 있다. 한국은 세계화 시대에 미국과 중국에 자유롭게 무역·투자하면서 성장했다. 세계 최대 경제 대국이자 혁신 선도국인 미국과 교류하면서 발전할 수 있었다. 중국 경제는 부상하고 있다. 글로벌 기업들에게 14억 인구의 중국 시장에서 규모의 경제 효과를 얻는 것은 중요해지고 있다.[1] 기술 혁신이 제조업에서 나오는 것을 고려하면 제조업 강국 중국이 혁신 기지가 될 가능성도 있다. 한국이 첨단 분야에서 중국과의 무역·투자 교류가 제한되면 우리 기업에게는 큰 손해이다. 어느 나라나 발전하는 나라와 교류하면서 같이 발전한다. 과거 공산주의 시대 동유럽 경제가 쇠퇴한 것 역시 다른 이유도 있지만 경제력이 약한 소련과 교류할 수밖에 없었기 때문이다.

러시아와의 교류 제한도 우리에게는 위협이다. 러시아는 없는 천연자원이 없을 정도로 자원 부국이다. 러시아는 유럽, 일본, 중국과 싸웠고, 앞으로도 지정학적 관계 때문에 이들 국가와 계속 싸울 수밖에 없다. 러시아는 한국 제조업을 유치하여 서방이나 중국의 기업을 견제할 수 있다. 한국

---

1 세계 3대 자동차인 토요타, 폭스바겐, 현대자동차도 중국에 전기차 투자를 다시 시작했다. 중국의 자동차 시장이 세계 시장의 1/3에 육박하고, 이중 전기차가 40%를 차지하기 때문에 중국 시장을 빼고 전기차를 논하기 어렵다.

은 러시아 시장에 진출하고, 러시아의 풍부한 자원을 생산에 투입할 수 있다. 한국과 러시아는 보완적 경제 관계가 있는데 러시아와 교류가 제한되면 우리에게는 손실이다. 그러나 서방의 대 러시아 제재는 러시아의 우크라이나 침공으로 시작된 만큼 종전이 되면 이 제재도 완화될 수 있다. 서방의 대중 통제보다는 먼저 끝날 수 있다. 한국은 기회는 더욱 살리고 위협은 최소화하는 전략이 필요한 때이다.

세계 최대 경제 대국, 미국과 중국

강대국이란 인구수, 영토 크기, 경제력, 군사력, 정치적 안정, 천연자원 보유 등과 같은 국가 자원이 많은 나라이다(조지프나이, 2000). 이 중 군사력, 정치적 안정, 천연자원 개발은 경제력과 직결된다. 예를 들면 군사력은 대량 생산과 성능이 좋은 군수 물자를 만들어낼 수 있는 그 나라의 제조업 역량에 좌우된다. 정치적 안정은 그 나라의 소득이 높을수록 증대된다. 중동의 석유는 1900년대 서방의 자본·기술이 투입되면서 경제적 가치가 생겼듯이 천연자원은 그 나라에 아무리 많아도 자본·기술이 있어야 개발할 수 있다. 따라서 강대국 여부를 결정하는 국가 자원은 경제력GDP, 인구, 영토에 의해 좌우된다고 말할 수 있다.

이 3개의 부문(2024년 기준)에서 모두 세계 10위에 드는 나라는 〈표 12〉와 같이 미국, 중국, 인도, 브라질 4개국 뿐이다. 러시아는 인구와 영토에서는 10위 안에 들지만 2024년 GDP에서는 10위 밖에 위치하면서 제외되었다. 4개국 중에서 미국은 이미 세계 최대 강대국이고, 중국은 미국에 도전하고 있다. 인도와 브라질은 아직까지 잠재력이 실현되지 않았지만 강대국의 조건을 가진 나라이다.

순위	GDP	인구	영토
1	미국	인도	러시아
2	중국	중국	캐나다
3	일본	미국	중국
4	독일	인도네시아	미국
5	인도	파키스탄	브라질
6	영국	나이지리아	호주
7	프랑스	브라질	인도
8	이탈리아	방글라데시	아르헨티나
9	캐나다	러시아	카자흐스탄
10	브라질	멕시코	알제리

표 12 | GDP·인구·영토에서 세계 10대 국가(자료 : 2024년 기준)

　4개국의 경제력은 〈표 13〉의 FDI 유출입으로도 알 수 있다. 미국과 중국은 대부분 기간에서 FDI 유출입이 1위 또는 2위이다. 두 나라는 시장이 커서 투자 유입이 많고, 자국에 국제 경쟁력을 가진 글로벌 기업의 해외직접투자도 활발하기 때문이다. 인도와 브라질은 시장이 커서 2023년의 인도를 제외하고는 모든 기간에서 FDI 유입 순위가 10위권 이내이다. 그러나 두 나라는 해외에 활발히 투자할 만한 국제 경쟁력을 갖춘 기업이 많지 않아서 FDI 유출 순위는 10위권 밖이다. 한편, 한국은 인도와 브라질과는 반대로 시장은 작지만 글로벌 경쟁력을 갖춘 기업들이 있어서 FDI 유입 순위는 10위권 밖이지만 FDI 유출은 11위권 이내이다.

　지금 한국이 가장 집중해야 할 나라는 세계 최대 시장인 미국이다. 한국은 미중 경쟁으로 미국 시장에서 기회를 잡고 있다. 미국이 자국 시장에서 중국을 배제하는 제조업 업종이 많아질수록 한국은 더 많은 기회를 잡

구분		2019	2020	2021	2022	2023
미국	FDI 유입	1	3	1	1	1
	FDI 유출	12	1	1	1	1
중국	FDI 유입	2	1	2	2	2
	FDI 유출	4	2	3	2	3
인도	FDI 유입	10	6	7	7	15
	FDI 유출	24	16	27	24	21
브라질	FDI 유입	6	9	6	5	4
	FDI 유출	20	166	24	15	13
한국	FDI 유입	35	27	22	19	27
	FDI 유출	11	9	8	8	11

표 13 | 세계 4대국 및 한국의 연도별 FDI 유출입 순위(자료 : UNCTAD 플로 기준)

을 것이다. 대부분의 미국 제조업은 쇠퇴하거나 국제 경쟁력을 잃었기 때문이다. 미국의 산업 클러스터에는 한국의 최종재 생산 기업뿐만 아니라 이들 기업의 수요를 기반^{captive market}으로 하는 부품·소재·장비 기업의 진출 기회도 생길 것이다. 지금 한국 제조업은 유럽이나 일본보다 미국 시장 진출이 늦었지만 미국의 산업 정책과 깊숙이 연관되면서 빠르게 대미 투자가 증가하고 있다. 지금의 투자 선점 효과는 오래 지속될 것이다.

우리는 30년 간 일군 중국 시장도 놓칠 수 없다. 그런데 우리뿐만 아니라 다른 나라의 글로벌 기업에게도 중국 시장은 딜레마이다. 세계화 과정에서 중국 매출이 많아진 글로벌 기업일수록 더욱 그렇다. 일반 제조업은 대중 투자가 규제되지 않지만 중국 기업이 이미 경쟁력을 갖추고 규모의 경제 효과까지 창출하고 있어서 외국 글로벌 기업이 중국에서 이익을 창출하기는 쉽지 않다. 예를 들어 중국은 전기차에 대한 외국인 투자 지분 한도를 폐지했는데 자국 전기차의 경쟁력에 대한 자신감의 표명일 것이다. 중국에 투자한 외투 기업들도 수출에서 내수로의 전환이 많아지면서 외투 기업 간 경쟁은 치열해지고 있다. 중국의 애국 소비도 외투 기업의 입지를 좁히는 요소이다. 이제는 글로벌 기업이 중국에서 이익을 낼 수 있는 분야는 중국 기업보다 앞선 첨단 기술 분야이다. 그러나 이 업종은 미국이 첨단 반도체 장비의 대중 반입을 금지하듯이 미국에 의해 대중 투자가 제한되는 경우가 많아지고 있다. 첨단 산업에서는 글로벌 기업의 중국 비즈니스가 제한받는 것이다. 이 분야의 글로벌 기업이 반발하는 배경이다.

이러한 상황에서 우리 기업의 한 가지 돌파구는 중국 소비자 상대의 B2C보다는 중국 기업을 상대로 한 B2B 비즈니스를 강화하는 것이다. 한국의 대중 수출은 현지 한국 기업에 대한 중간재 공급 등 90%가 부품·소재·장비일 정도로 이미 B2B로 전환되어 있다. B2B 비즈니스는 몇 가지 장점이 있다. 특화된 분야에서 기업을 상대하기 때문에 B2C보다 지속성, 통제성, 예측성이 높다. 겉으로 잘 드러나지 않아 애국 소비도 피할 수 있다. 보호무역주의나 자유무역주의에 관계 없이 상대국이 어떠한 정책을 펼치든 부품소재·장비에 대한 무역과 투자는 환영받는다.

이러한 상황에서 미중 경쟁 시대에 우리의 전략은 미국의 요구에 응하면서도 첨단 분야에서 중국 비즈니스의 끈을 놓지 않는 것이다. 이는 미국의 동맹국인 유럽은 물론이고, 미국 기업도 채택한 전략이다.

중국 시장의 보완, 인도와 브라질

미중 투자 전쟁으로 한국은 중국과의 무역·투자가 축소되고 있다. 중국을 보완할 수 있는 시장을 찾아야 하는 상황이다. '글로벌 사우스global south'의

맹주인 인도와 브라질이 대안이다. 지정학적 불확실성이 확대되면서 미국·중국·러시아가 인도와 브라질을 서로 자국 편으로 끌어들이려고 하면서 두 나라의 중요성은 커지고 있다. 글로벌 기업에게도 인도와 브라질은 중요한 시장이 되고 있다. 글로벌 사우스는 선진국을 뜻하는 '글로벌 노스global north'와 대비되는 용어로서 개도국이 주로 남반구에 위치한 지리적 특성에서 이렇게 명칭이 부여되었다. 과거 미소 냉전 때 세계를 제1세계(서방과 동맹국), 제2세계(소련·중국과 동맹국), 제3세계(비동맹국)로 구분했는데 제3세계에 해당된다.

인도는 14억 명의 세계 최대 인구 대국이다. 과거 사건·사고 등 부정적 뉴스가 많았던 인도가 지금은 중국을 대신할 '신기회의 땅', '새로운 공급망'으로 부상하고 있다. 미국의 대 인도 투자는 미중 갈등이 본격화된 2018~2022년 연평균 35.4% 증가하기도 했다.[1] 인도는 미국, 중국과 함께 G3로 부상할 것으로 기대를 모은다. 개도국의 경제 발전은 1차 산업에서 시작하여 2차 산업, 3차 산업으로 발전해 가는 것이 전형이지만 인도는 1차 산업에서 3차 산업으로 직행한 특이한 나라이다. 인도 GDP는 2030년대 후반에 중국의 2023년 GDP 수준에 도달할 것으로 전망된다.

인도의 모디 정부는 산업의 허리인 제조업이 취약한 문제를 인식하고, 제조업 육성에 진력하고 있다. 〈생산 연계 인센티브production linked incentive〉로 모바일·부품, 반도체, 디스플레이, 전기·전자 기기, 의료 기기, 의약품, 의약품 원료, 식품, 통신 기기, 태양광 모듈, 백색 가전, 첨단 화학 전지, 섬유, 드론, 자동차·부품, 특수 철강 등 15개 산업을 집중 육성하고 있다. 이 생산 연계 인센티브는 투자 기업이 약정한 목표를 달성하면 수출액 또는 매출액의 일정 비율을 인센티브로 제공한다. 인도가 제조업을 육성하려는 이유 중 하나는 국경 분쟁이 있는 최대 수입 대상국인 중국과의 갈등 때문이다. 인도는 2020년 중국과의 국경 분쟁 이후 중국의 대 인도 투자를 제한하기도 했다.

브라질은 GDP 순위가 2011년 세계 6위까지도 갔으나 지금은 10위를 오르락내리락한다. 같은 대륙에 있는 미국과의 관계를 '충성 속의 흥정'으로 불릴 만큼 브라질은 미국의 영향력 때문에 강대국의 꿈을 제한받아 왔다. 브라질이 중국과 경제 교류를 확대하는 배경에는 미국의 영향력에서 벗어나려는 목적도 있다. 이미 브라질의 수입 대상국 1위는 2012년부터 미국을 추월한 중국이다. 투자에서도 2000년대 차이나 붐으로 불릴 만큼 중국은 브라질에 많이 투자했다. 그러나 브라질 일각에서는 중국에 대한 경제 의존 심화에 대한 우려도 있다.

브라질은 남미에서 유일하게 제조업이 있지만 그 경쟁력이 강하지는 않다. 브라질의 이전 정부도 이러한 문제를 인식하여 제조업 강화에 노력을 기울였지만 큰 성과를 거두지는 못했다. 현 룰라 정부도 제조업 경쟁력을 강화하기 위해 〈브라질 신산업 정책^{Nova Industria Brasil}〉을 추진 중이다. 이 정책의 핵심 내용은 2033년까지 농업 기계화 확대(현재 18%에서 70%로 확대), 보건 산업 단지 조성(의약품·의료 장비·기기 등의 국내 생산 비중을 현재 42%에서 70%로 확대), 도시 인프라 구축(전기차, 이차전지, 디지털 및 저탄소 토목 건축, 지하철·철도 등), 디지털 전환(브라질 제조업의 90%를 디지털 전환), 탈탄소화(산업 부문의 탄소배출량을 30% 감축), 국방 기술 자립(핵심 기술 생산의 50% 자립) 등 6개 분야를 중점 육성하는 것이다. 이들 분야에 투자하는 기업에게는 인센티브, 특별 신용, 보조금 등을 제공한다.

한국은 1990년대 중반부터 인도와 브라질에 투자를 시작했다. 두 나

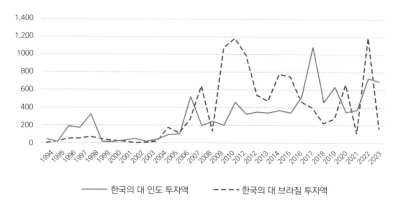

그림 23 | 한국의 대 인도 및 브라질 해외직접투자(자료 : 한국수출입은행. 단위 : 백만 달러)

라의 중요성이 부각되면서 그동안의 소강상태를 벗어나 투자가 늘고 있다. 한국의 대 인도 투자는 2004년 이후 증가 추세를 유지하다 2018년 역대 최고치(11억 달러)를 기록했고, 이후 감소세를 보이다 2023년 급증했다. 2023년 현재 총 누계 92억 달러(한국수출입은행 신고 기준)이다. 앞으로도 한국의 투자가 증가할 것으로 예상된다. 현대차는 2024년 인도 증시에 상장했고, '인도가 곧 미래'라는 인식 아래에 대 인도 투자와 현지 R&D 역량을 강화한다. LG전자도 2025년 인도에서 상장할 예정이고 이렇게 확보된 자금을 현지에 투자할 예정이다. 삼성전자는 공장을 증설할 계획이고 포스코도 인도에 일관 제철소의 건설 계획을 발표했다.

한국의 대 브라질 투자는 2011년 역대 최고인 11억 달러를 기록한 이후 감소세를 보이다가 2023년에 12억 달러를 투자하면서 2011년 기록을 넘었다. 2023년 현재 투자 누계액은 106억 달러이다. 이미 브라질에 투자하여 성과를 올리는 기업도 적지 않다. 현대차는 2022년 브라질 진출 10

년 만에 GM, 피아트, 폭스바겐에 이어 시장점유율 4위(18만대, 11.9%)가 되었다. 현대차가 미국에서 시장점유율 10%를 달성하는 데에 35년이 소요된 것을 고려하면 큰 성과이다. 효성티엔씨의 브라질 스판덱스 시장점유율은 70%에 육박한다.

인도와 브라질에서는 제조업이 발전하지 못했다. 그 이유는 두 나라가 비슷하다. 수입 대체 산업 육성에 따른 기업 경쟁력 약화, 국영 기업 중심의 비효율, 인프라 부족에 따른 낮은 산업 생산성, 불합리한 사회·경제 시스템과 이에 따른 고비용, 중앙 정부의 지도력 부족 등이다. 제조업 육성 정책을 추진하는 두 나라가 그렇다고 중국이나 미국에 전적으로 의지하기도 쉽지 않다. 인도 외교 장관이 인도 대외 정책에 대해서 "미국에 관여하고, 중국을 관리하며, 유럽과 돈독하게, 러시아는 안심시키고, 일본이 역할을 하도록 해야 한다"라고 말했듯이 두 나라는 같은 대국으로서 중국이나 미국에 대해 지나친 의존을 경계하기 때문이다. 이러한 상황에서 인도와 브라질에게는 제조업 강국 한국이 그들의 좋은 파트너가 될 수 있다. 한국은 인도와 브라질의 제조업 육성에 협력할 수 있다. 또한, 인도의 벤처기업이나 브라질의 자원·농업 개발에도 투자 협력을 할 수 있다. 인도는 유니콘 기업이 많은 나라이고, 신냉전 이후 한국은 브라질에서 핵심 광물을 많이 수입한다. 두 나라에는 외국 기업의 투자를 가로막는 장애가 적지 않지만, 우리 기업이 이를 극복하고 진출하면 이 장애는 오히려 신규 외국 기업의 진입을 막는 방패막이도 될 것이다.

2. 한미의 성공 청사진, 경쟁 우위 산업의 교차투자

한미 FDI 교류, 이제는 한국이 미국에 주는 입장

한미 FDI 교류는 우리가 미국으로부터 일방적으로 투자를 받는 입장에서 시작되었다. 산업부가 집계하는 외국인직접투자 유입 통계는 1962년부터 제공되는데 그 해 2건의 투자도 미국 기업에 의한 것이었다. 미국 Nothing사의 아세아 자동차 공업에 대한 3백만 달러 투자(자동차)와 미국 Chemtex Inc사의 코오롱에 대한 58만 달러 투자(나일론)가 그것이다. 당시 한국은 외국 기업의 단독 투자를 금지했기 때문에 미국이나 일본 기업은 한국 기업과 합작 투자나 기술 제휴로 한국에서 사업을 시작할 수 있었다.[2] 이후 미국의 대한 투자는 한국 내수 시장 진출을 위해 정유, 비료, 곡물, 섬유, 전기전자 등에 집중되었다.[3] 한국 경제가 성장하면서 미국의 투자는 한국의 주력 산업인 자동차·반도체·전기전자 등으로 확대되었다. 한국 기업에 부품·소재를 공급하기 위한 투자가 많았다. 1990년대 말 외환 위기 때 한국이 금융·자본시장과 M&A 투자를 전면 개방하자 미국의 투자는 금융·보험, 도소매·유통, 통신 등 서비스 업종으로 확대되었다. 이제 미국은 한국에 제조업보다는 비제조업에 더 많이 투자한다.

한국의 대미 직접투자는 1970년대 말 대기업의 무역 상사가 미국에 판매 법인을 설치하면서 시작했다. 1980년대부터는 미국의 수입 규제를 피해 미국에 직접투자하기 시작했다. 〈그림 24〉와 같이 2006년부터는 한국의 대미 투자(한국수출입은행 신고 기준)가 미국의 대한 투자(산업부 도착 기준)보다 항상 많다. 1980~2023년의 누적 투자액 기준으로도 한국의 대미 투자는 2,223억 달러이고, 미국의 대한 투자는 445억 달러이다. 최근 한국이 미국에 반도체, 배터리, 자동차 등에서 대규모 투자하면서 2021~2023년 3개년의 연평균 역조액(미국의 대한 투자액-한국의 대미 투자액)은 258억 달러에 달한다. 한국은 미국에서 일방적으로 투자를 받는 입장에서 이제는 우리가 미국에 일방적으로 많이 투자하는 상황이다.

투자 교류에서 두 나라의 입장이 바뀐 근본 배경은 양국의 시장 규모와 기업 경쟁력의 차이 때문일 것이다. 한국 제조업은 국제 경쟁력을 갖추면서 세계 최대 시장인 미국에 적극 투자했다. 반면, 미국은 한국보다 시장이 더 큰 유럽, 중국 등에 많이 투자했다. 한국에 강한 경쟁 상대가 있는 것

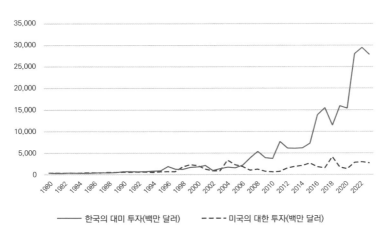

그림 24 | 한미의 FDI 교류(자료 : 산업부, 한국수출입은행, 단위 : 백만 달러)

도 미국의 대한 투자 확대에 장애가 되었을 것이다. 앞으로도 한국에 대형 M&A 투자 건이 없는 한 미국의 대한 투자는 크게 증가할 가능성은 높지 않고 한미의 투자 역조 상태는 계속될 가능성이 있다.

지속가능성 높이는 교차투자

미국과 유럽의 지속가능한 경제 교류는 균형적인 투자 교류가 기여한다. 두 대륙은 서로가 상대에게 최대 투자국이다. 2023년 스톡 기준(미국 상무부 통계)으로 미국은 유럽에 3조 9,501억 달러를 투자했고, 유럽은 미국에 3조 4,626억 달러를 투자했다. 다른 시기의 통계이지만 2017년 현재 유럽에 진출한 미국 기업은 유럽에서 매출은 2.4조 달러를 거두고, 직접 고용은 4.4백만 명이다. 미국에 투자한 유럽계(EU28) 기업은 미국에서 매출 2.1조 달러, 고용 4.1백만 명이다. 미국의 대 유럽 투자가 유럽의 대미 투자보다 약간 많고 경제 활동도 더 크지만 어느 한쪽이 일방적이지는 않다.[4] 두 대륙은 국가 특유 우위 산업을 기반으로 자동차, 기계 등의 제조업에서 부품이나 중간재 등에 특화하여 교역하고, 산업이나 기술(특허) 등에서도 활발하게 교류한다.

한국의 대미 투자 역조는 한미의 지속가능한 투자 교류의 저해 요인이다. 한미 투자 교류가 확대 균형이 되기 위해서는 미국이 한국에 지금보다 더 많이 투자해야 한다. 미국의 전 세계 해외직접투자에서 한국이 차지하는 비중은 2020년 0.6%(미국 상무부 스톡 기준)에 불과해서 대한 투자 확대의 여지가 있다. 특히, 한국의 대미 투자 역조 확대는 미국의 국내 공급망 강화를 위한 한국의 투자 증가가 원인이기 때문에 미국도 대한 투자에 적극 나서야 한다. 이를 통해 한국에서 일어나는 산업 공동화 논란도 불식시킬 수 있다.

한 가지 대안은 한미가 서로 강한 산업을 상대국에 '교차투자'하는 것이다. 그리고 교차투자에서 미국의 대한 투자가 한국의 대미 투자보다 더 많아져야 한다. 일례로 이미 반도체 산업에서는 '산업 내' 한미 교차투자가 이루어지고 있다. 반도체 산업의 가치사슬에서 한국은 생산에서 세계적인 역량을 갖고 있다. 삼성전자나 SK하이닉스는 이미 미국에 생산 공장을 투자하고 있다. 반면, R&D, 반도체 장비에서 경쟁력이 우수한 미국은 이 분야에서 한국에 투자해 왔다. 예를 들면 미국의 듀폰은 용인에 세워질 세계 최대의 반도체 클러스터에 2028년까지 반도체의 소재·부품의 생산 공장과 R&D 센터를 투자한다. 이곳에서는 극자외선용 포토 레지스트, 화학기계 연마 패드, 패키징 등을 개발하고 생산할 예정이다. 듀폰은 이미 화성과 천안에도 R&D 센터와 생산 공장이 있다. 미국의 반도체 장비 업체인 어플라이드 머티리얼즈과 램리서치도 한국에 투자했다. 한미 반도체 산업은 산업 내의 가치사슬에서 서로 강한 부문을 상대국에 투자하여 서로의 부족을 채워주고 있다.

안충영(2023)[5]도 첨단 산업에서 한미의 교차투자에 대해 말했다. "미국이 한국의 반도체 생산 기업을 자국에 유치하면 미국은 국내에 모든 반도체 공정을 보유하게 된다. 한국도 미국의 전·후 공정 기업의 투자 유치를 강화할 필요가 있다. 이를 통해 한미가 전체 반도체 공정을 하나씩 갖고 있으면 한쪽 공급망이 교란되어도 다른 쪽 공급망으로 대응할 수 있다". 교차투자는 미국이 추구하는 공급망의 안정에도 기여하는 것이다.

교차투자는 '산업 내' 뿐만 아니라 '산업 간'에서도 가능하다. 예를 들어 〈그림 25〉와 같이 한국은 반도체나 배터리 등과 같은 생산 우위 산업을

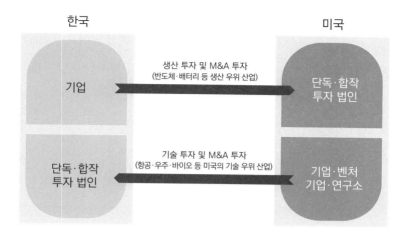

한국 미국

| 기업 | 생산 투자 및 M&A 투자
(반도체·배터리 등 생산 우위 산업) → | 단독·합작
투자 법인 |

단독·합작
투자 법인 ← 기술 투자 및 M&A 투자
(항공·우주·바이오 등 미국의 기술 우위 산업) 기업·벤처
기업·연구소

그림 25 | 한미 교차투자 모델

미국에 투자하고, 미국은 항공·우주·바이오 등 기술 우위 산업을 한국에
투자하는 것이다. 두 나라가 투자를 통해 산업 협력을 하는 것인데 한미의
산업 협력에 대해서는 2021년 한미 정상의 공동 성명에도 나타난다. 이에
따르면 "한미는 반도체, 전기차 배터리, 전략 핵심 원료, 의약품 등의 공급
망 회복력 향상을 위해 협력한다. 양국은 최첨단 반도체 제조를 지원하기
위해 협력한다. 양국은 차세대 배터리, 수소에너지, 탄소포집·저장 등 청
정에너지 분야, 인공지능, 5G, 차세대 이동통신(6G), Open-RAN 기술, 양
자 기술, 바이오 기술 등 신흥 기술 분야에서 파트너십을 발전시켜 나간
다. 또한 민간 우주 탐사, 과학, 항공 연구 분야에서 파트너십을 강화한다.
원전 사업 공동 참여를 포함한 해외 원전 시장 진출을 위해 협력한다"라고
산업 협력의 대상 분야를 명시했다.

한미의 '산업 내' 또는 '산업 간' 교차투자가 가능한 것은 어느 업종을

불문하고 미국은 원천 기술, 한국은 생산에서 비교 우위가 있기 때문이다. 미국의 산업 정책은 원천 기술 개발을 위한 프로그램이 많아서 R&D 역량은 뛰어나고, 좋은 기술 유산도 축적되어 있다. 미국 제조업이 강했을 때는 국방부의 방위고등연구계획국Defence Advanced Research Project Agency과 같은 연구소에서 개발한 반도체의 EDA · 고급 노광공정advanced lithography · 집적화, 탄소 섬유, 전자레인지, 인터넷, GPS, 마우스, 음성 인식 기술, 자율주행차, 수술 로봇, 드론 등을 미국 기업들이 직접 상용화했다. 그러나 제조업의 생산 역량이 떨어지면서 신기술 상용화 기반도 약화되었다. 1970년대 일본이 미국 기술을 가져다 상용화하기도 했고, 현재 많은 혁신적인 제품은 미국 기업보다는 다른 나라 기업에 의해 출시되는 것이 현실이다. 반면, 한국은 어느 업종이든 생산 역량이 뛰어나서 미국의 첨단 기술은 한국의 상용화 역량과 결합될 수 있다.

한미 투자 교류는 교차투자를 근본으로 하되 한국의 대미 투자 역조 상황을 고려하여 미국의 대한 투자가 한국의 대미 투자보다 훨씬 더 많아야 한다. 미국이 대한 투자를 확대하면 미국에게도 이익이 된다. 지금 미국에 국내 공급망 구축에 참여하는 한국 기업들은 과거 미국의 대한 투자나 기술 협력을 기반으로 발전한 경우가 적지 않다. 미국의 대한 투자가 많아질수록 고도화된 한국 제조업은 대미 투자를 통해 미국에 기여할 것이다.

3. 미국에서 얻는 교훈

미국 제조업 쇠퇴의 교훈

모든 일은 사람이 하는 만큼 미국 제조업의 쇠퇴는 인재 요인이 크다. 미국의 강한 노동윤리는 미국이 풍요의 시대를 거쳐 오면서 초심을 잃었다. 우수 인재들은 더 많은 보수를 주는 서비스 산업으로 이동했다. 미국 제조업은 과도한 해외 이전으로 국내에 전문가 육성이 부족했다. 미국 제조업은 우수 인력뿐만 아니라 기능 인력도 부족하고, 기존의 전문 인력은 노령화되었다. 미국이 펼치는 제조업 강화 정책의 성공 여부는 얼마나 우수한 인재를 다시 제조업에 불러올 수 있는가에 달려있다고 해도 과언이 아니다.

지금 미국의 모습은 한국에게도 제조업 인재의 중요성을 확인시킨다. 한국 제조업도 선진국 제조업의 전철을 밟지 않을까 우려되는 시점이다. 제조업의 인력은 고령화되고, 점점 더 많은 일자리는 외국인이 채우고 있다. 젊은 피의 수혈이 끊겨 기술은 단절 위기에 있다. 산업용 펌프를 생산하는 한 한국 업체는 "현재의 기술자가 퇴직하면 그 일을 이어받을 직원이 없다"고 말했다. 코트라의 한 일본 전문가는 "일본 제조업은 지난 '잃어버린 30년' 동안 어려움을 겪었지만 가족 승계의 문화가 있어서 기술이 조금이나마 유지될 수 있었지만 한국은 그렇지 않다"고도 말했다.

한국은 세계 14위의 해외직접투자국으로서 우리 기업의 해외 진출도 작은 규모는 아니다. 이에 따라 한국도 미국과 같이 2013년부터는 해외에 진출한 한국 기업을 국내로 복귀시키기 위한 정책을 도입하여 연간 20여 개사가 국내에 복귀한다. KOTRA에 따르면[6] 해외에 진출한 한국 기업 수는 11,567개사이고, 국가별로는 베트남 3,657개사, 중국 2,133개사, 인도네시아 1,018개사, 미국 692개사 등이다. 저임이나 시장 규모가 큰 나라에 많이 투자했다.

한국의 활발한 해외직접투자는 경상수지에서도 잘 나타난다. 2023년 (8월) 현재 경상수지는 110억 달러 흑자이다. 경상수지의 하위 항목으로 보면 상품수지 60억 달러 흑자, 서비스수지 161억 달러 적자, 본원소득수지(우리 기업이 해외에서 번 소득에서 외투 기업이 한국에서 번 소득을 뺀 금액) 239억 달러 흑자, 이전소득수지 29억 달러 흑자이다. 경상수지 흑자에 가장 크게 기여한 항목은 본원소득수지이다. 이 수지가 흑자가 된 근본 배경은 한국 기업의 해외직접투자가 외국 기업의 대한 직접투자보다 훨씬 많았기 때문이다. 한국의 본원소득수지는 2011년부터 흑자로 전환된 이후 기복은 있지만 매년 증가 추세이다. 경상수지 흑자에 본원소득수지가 상품수지보다 더 크게 기여했다고 해서 한국 경제가 선진국형 경제로 전환되었다고 한다.[2]

한국 제조업이 경쟁력을 유지하거나 고도화를 위해서는 우수 인재가 무엇보다 중요하다. 한국은 부존 자원은 없고 사람밖에 없다는 말도 있지만 사실은 사람이 전부이다. 미국인들 사이에는 "기업이 필요하면 M&A로

---

2   한국보다 앞서 선진국들은 자국의 임금이 상승하면서 저임 국가에 투자한 후 현지 생산된 제품을 본국에 수입했다. 이 과정에서 선진국들은 상품수지는 나빠졌지만 해외 투자 법인이 해외 현지에서 번 이익을 본국에 송금하면서 본원소득수지는 개선되었다.

사고, 사람이 필요하면 이민을 받는다"라는 말이 있듯이 미국의 번영도 우수 인재의 확보에 있었다. 미국과 다른 환경인 한국이 인재를 육성하는 가장 좋은 방법은 재능 있는 인재들이 산업 현장에서 프로젝트를 계속 수행하면서 지식과 경험을 쌓는 것이다. 따라서 국내에 생산 기반을 유지하는 것은 인재 육성을 위해서도 중요하다. 또한, 한국 기업의 생산 기반이 국내외 어디에 있거나 관계없이 우수 인재가 이탈하지 않도록 관리하는 것도 중요하다. 인재의 발굴·교육·훈련·활용에는 긴 시간과 꾸준한 시스템 유지가 필요하기 때문에 국가의 역할이 가장 중요하다. 국가의 최고 산업 정책은 인재 육성이다.

남북 교류는 '규모의 경제'의 출발

미국은 남북 전쟁으로 통일경제가 확립되고, 이후 승리하는 전쟁[3]으로 서부로 경제 영토를 확대하면서 규모의 경제 효과를 얻었다. 1803년 프랑스로부터 중부 지역을 인수했고, 1848년 멕시코 전쟁에서 승리하면서 서부 지역을 병합하여 대서양과 태평양을 관통하는 경제권을 만들었다. 1897년 하와이를 병합했고, 2차 세계대전에서 승리하면서 미국의 영향력은 태평양 건너 한반도까지 도달했다. 대서양 쪽으로는 서독까지 영향력을 확

---

3 미국은 국지적 충돌을 제외하고 12번의 전쟁을 치렀다. 미국 독립 전쟁, 1812년 미국·영국 전쟁, 인디언 전쟁, 멕시코·미국 전쟁, 남북 전쟁(1961~1865), 미국·스페인 전쟁(1898), 1차 세계대전(1914~1918), 2차 세계대전(1939~1945), 한국 전쟁(1950~1953), 베트남 전쟁(1964~1973), 페르시아 걸프 전쟁, 테러와의 전쟁(아프가니스탄 전쟁과 이라크 전쟁 포함) 등이다. 평균 20년에 한 번 전쟁을 했다. 전쟁이 없었던 가장 긴 기간은 1812년 미국·영국 전쟁과 멕시코·미국 전쟁 사이의 45년이고, 가장 짧은 기간은 한국 전쟁과 베트남 전쟁의 사이 1년이다. 이 중에서 한국 전쟁이나 베트남 전쟁을 빼고는 소기의 성과를 거두었다.

보했다. 1991년 소련이 붕괴하자 미국의 영향력은 공산권으로까지 확대되었다.

미국 산업의 발전에는 다른 요소도 들 수 있지만 강한 노동윤리, 포드주의, M&A가 핵심 원동력이다. 이는 모두 규모의 경제 효과에 연결된다. 미국 근로자는 강한 노동윤리를 갖고 있었고, 이들이 투입된 생산 현장에서는 포드주의가 미국 제조업의 대량 생산 시대를 열었다. 미국 기업은 M&A를 통해 기업을 더욱 키웠다. 이렇게 성장한 미국 기업은 개방과 자유화의 무역·투자를 통해 전 세계 수준에서 규모의 경제 효과를 얻을 수 있었다.

현대 국가들도 자국 기업이 규모의 경제 효과를 얻도록 돕는다. 기업의 성패는 전 세계에서 규모의 경제 효과를 거둘 수 있느냐에 결정되기 때문이다. 많은 나라들은 이웃 나라와 갈등하면서도 북미 USMCA^{United States-Mexico-Canada Agreement}, EU 공동체, 아세안, 남미의 메르코수스, 중동의 GCC^{Gulf Cooperation Council}, 아프리카의 AfCFTA^{African Continental Free Trade Area} 등과 같은 지역무역협정을 추구하는 배경이다.

한국 기업은 작은 국내 시장의 한계를 벗어나 세계로 수출하면서 규모의 경제 효과를 거두기 시작했다. 초기에는 미국, 유럽 등에 수출했다. 1980년대 공산권이 붕괴하자 북방 정책을 펼치며 러시아, 동구권, 중국 등으로 시장을 확대했다. 2000년 이후에는 FTA를 활용하여 경제 영토를 확장했다. 그러나 이는 한국 경제의 해외 의존도가 높아지는 배경도 되었다. 이에 따라 내수 기반이 취약한 한국은 신냉전, 미중 경쟁, 국제 분쟁 등과 같은 외부적 불확실성이 발생하면 다른 어느 나라보다 더 큰 영향을 받는다. 앞으로도 한국은 저출산·노령화로 내수 시장이 축소될 위기에 있다. 우리보다 앞서 이를 경험한 일본은 해외직접투자를 통해 대안을 찾기도 했다. 그러나 한국은 남북 교류로 그 해답을 찾아야 할 때이다.

눈으로 보는 것처럼 마음속으로 상상한다는 '표상'이라는 말이 있다. 국가의 미래는 국민들이 어떤 미래 표상을 갖고 있는가에 달려있고, 국민이 공감하는 표상은 실현된다. 로마에 의해 고향에서 쫓겨나 전 세계를 떠돌던 유대인들이 2천 년 만에 다시 돌아와 1948년에 이스라엘을 건국할 수 있었던 것도 2천 년 동안 예루살렘을 회복하겠다는 강한 표상을 갖고 있었기 때문이다.

냉전 시대에 한국은 중국과 소련을 막는 최전선에서 미국의 패권 유지에 기여했지만 미국의 힘에 눌려 우리의 필요를 미국에게 요구하기 어려웠다. 그러나 지금 우리의 역량은 그때와 비교할 수 없을 만큼 성장했다. 우리는 남북통일의 표상을 갖고 미국 제조업의 필요를 채워주면서 우리의 필요도 미국에 말해야 한다. 지금 우리가 일군 우수한 제조업은 후손에게 자랑거리이다. 이에 더해 원래 한 나라였던 나라를 후손에게 물려주는 것도 우리의 자랑거리에 포함되어야 한다. 통일 한국은 한국 경제의 생존에 필요한 최소한의 규모의 경제이다. 그리고 이는 중국과 러시아를 견제하는 강한 세력이 되어서 두 나라에 대한 견제를 원하는 미국에게도 이익이 될 것이다.

◆

이 책은 '들어가면서'에서 "우리 기업은 왜 빈 땅이나 다름없는 미국 중서부에 투자하는가?", "투자국인 한국이 대미 투자로 얻는 이익은 무엇인가?", "왜 미국 제조업은 안보·보건의 업종에서 자체 역량으로 국내 공급망을 구축할 수 없을 만큼 쇠퇴했는가?" 등의 질문으로 시작했다. 이에 대한 답과 제언은 1~5부에서 투자 관점으로 살펴보았다. 그리고 마지막으로 "신냉전 시대이지만 과거 냉전 시대처럼 한쪽을 선, 다른 쪽을 악으로만 규정하는 것이 우리에게 이익인가?"라는 질문에 대해서도 생각해 보는 계기가 되기를 희망했다. 이에 대해 다음과 같이 설명하면서 이 책을 마무리하고자 한다.

2024년 미국 대선에서 승리한 트럼프의 선거 모토는 '미국을 다시 위대하게!Make America Great Again!'였다. 이는 역설적으로 지금 미국은 위대하지 않다는 의미이다. 국제 질서도 미국의 단극 체제에서 미중의 양극 체제로 전환되는 과정이다. 이러한 패권 변화는 새로운 현상이 아니다. 예를 들어 2차 세계대전 이전에는 각국의 힘의 차이는 있었지만 미국·러시아·독일·일본·영국의 다극 체제였다. 종전 이후에는 미국·소련의 양극 체제가 40여 년 지속되었다. 1991년 소련이 붕괴하자 미국의 단극 체제로 전환되었다. 이제 30여 년 만에 미중의 양극 체제로 변화하려는 것이다.

미국이 위대하지 않게 된 근원은 미국 제조업은 쇠퇴한 반면에 중국 제조업은 빠르게 발전했기 때문이다. 전후 미국이 경제적 위기를 달러 패권의 금융적 수단으로 극복해 왔다. 1970년 베트남 전쟁의 여파와 유럽과 일본 경제의 부상 등으로 무역적자를 겪자 1971년 브레턴우즈 체제의 고정 환율제를 포기했다. 1980년대는 대일 무역적자를 해소하기 위해 플라자 합의로 달러화를 엔화와 마르크화에 대비하여 크게 절하시켰다. 2008년 미국발 글로벌 금융 위기 때는 '헬리콥터 머니'를 대량 살포하여 미국의 부실 금융 기관을 구제했다. 2019년 코로나 때도 백신 개발로 국제 보건에 기여했지만 역대 최대 규모의 양적 완화를 통해 경기 침체를 막았다.

2020년 대선에서 트럼프 대통령이 패배한 직후 필자는 미국 중서부 도시들을 자동차로 다닌 적이 있다. 많은 집들의 앞마당에는 '2024년에 다시 승리를^{2024 Trump again}'이라고 쓰인 피켓이 꽂혀 있었다. 미국 제조업의 쇠퇴를 상징하는 녹슨 지대의 중서부는 트럼프의 지지 기반으로서 어느 다른 지역보다도 트럼프의 패배를 아쉬워했다. 이제 트럼프는 승리하여 다시 돌아왔다. 대선에서 트럼프의 압승은 미국인은 미국우선주의를 '새로운 정상'으로 인정한 것이다.

전후 세계 경제는 1948~1951년 마샬 플랜에 의한 미국의 유럽 재건 지원 및 EEC 출범, 1971년 브레턴우즈 체제의 고정 환율제 종료, 1980년대 신자유주의 확산, 1985년 플라자 합의에 따른 엔화 절상, 1991년 공산권의 시장 경제 전환 및 국제 경제 편입, 1992년 NAFTA 및 EU 출범, 1995년 WTO 출범, 2000년 FTA 활성화, 2001년 중국의 WTO 가입 등의 과정을 통해서 개방과 자유화는 확대되었다. 그러나 지금은 탈세계화의 시대이다. 과거에는 주로 개도국이 세계화를 반대했고, 미국에서는 무역적자나 실업이 크게 증가하면 일시적으로 표출되었다. 지금은 미국이 탈세계화의 전면에 있다. 앞으로 미국 제조업이 악화될수록 미국은 자국 우선주의와 탈세계화를 더 강하게 추구할 것이다. 미국우선주의는 동맹국에게도 예외 없이 적용된다. 트럼프 정부는 적국보다 동맹국이 미국을 더 부당하게 대우했다는 시각도 갖고 있다. 2025년 1월 미국 정부는 양국의 거래 당사자인 US스틸과 일본제철이 원하는데도 국가 안보를 이유로 일본제철의 US스틸 인수를 불허했다. 이에 일본 정부는 동맹국에 대한 불합리한 결정이라며 반발했다.

신냉전 속 미중 경쟁, 미국우선주의, 탈세계화는 우리의 국제적 시각과 자세가 유연해져야 하는 것을 의미한다. 미국을 항상 세계의 중심에 두고, 다른 나라를 주변부로만 보는 시대는 지나고 있다. 물론, 미국이 유일한 패권국이 아니라고 해서 갑자기 개도국이 되는 것은 아니고 강대국으로서 영향력을 계속 행사할 것이다. 중국에 대해서도 우리는 한국 기업의 비즈니스 영역을 빠르게 파고들고 그들의 반시장적 행태에 대해서는 경계하고 비난할 수 있지만 중국이 서방과 다른 시스템을 가졌다고 무조건 비난할 일은 아니다. 중국의 부상은 현대 문명을 이끌어 왔다고 자부하는 서양이 아시아에 대해 가진 낮은 인식을 바꾸는 계기도 될 수 있다. 국제 경제는 탈세계화하고 국제 질서는 단극에서 양극 체제로 전환되고 있다.

우리는 한쪽만 선택하기보다는 사안에 따라 다른 선택을 할 수 있다. 그리고 이를 위해서는 우리의 주관을 실천할 수 있는 국민적 결기도 필요할 것이다.

1   Greenspan, A.;Wooldridge, A. (2019). "Capitalism in America: An Economic History of the United States". Penguin Books.

2   wikipedia.org/wiki/Samuel_Slater

3   Greenspan, A.;Wooldridge, A. (2019). "Capitalism in America: An Economic History of the United States". Penguin Books.

4   Srinivasan, B. (2017). "Americana: A 400-year history of American capitalism". Penguin.

5   https://www.petroleum.or.kr/industry/story_3_2

6   Greenspan, A.;Wooldridge, A. (2019). "Capitalism in America: An Economic History of the United States". Penguin Books.

7   Greenspan, A.;Wooldridge, A. (2019). "Capitalism in America: An Economic History of the United States". Penguin Books.

8   Greenspan, A.;Wooldridge, A. (2019). "Capitalism in America: An Economic History of the United States". Penguin Books.

9   United Nations Conference on Trade and Development. (2000). "World Investment Report 2000: Cross-Border Mergers and Acquisitions, and Development"; UN.; United Nations Conference on Trade and Development. (2004). "World Investment Report 2004: Overview. The Shift Towards Services". UN.

10 Martynova, M. and L. Renneboog. (2008). "A century of corporate takeovers: What have we learned and where do we stand?". Journal of Banking & Finance 32(10): 2148-2177.

11 UNCTAD. (1991). "World investment report: The Triad In Foreign Direct Investment". UN.

12 Greenspan, A.;Wooldridge, A. (2019). "Capitalism in America: An Economic History of the United States". Penguin Books.

13 Dertouzos, M L, Lester, R K, & Solow, R M. (1989). "Made in America: regaining the productive edge". The MIT Press, Cambridge, MA.

14 Greenspan, A.;Wooldridge, A. (2019). "Capitalism in America: An Economic History of the United States". Penguin Books.

15 House, W. (2021). "Building Resilient Supply Chains, Revitalizing American Manufacturing, and Fostering Broad-based Growth: 100-Day Reviews under Executive Order 14017". A Report by The White House.

16 House, W. (2021). "Building Resilient Supply Chains, Revitalizing American Manufacturing, and Fostering Broad-based Growth: 100-Day Reviews under Executive Order 14017". A Report by The White House.

17 https://www.bls.gov/opub/btn/volume-9/forty-years-of-falling-manufacturing-

employment.htm

18 https://www.journals.uchicago.edu/doi/full/10.1086/700896#:~:text=After%20
    2000%2C%20the%20trend%20decline,start%20of%20the%20Great%20Recession

19 https://www.brookings.edu/articles/the-changing-role-of-the-us-dollar/

20 https://www.bloomberg.com/opinion/articles/2023-01-31/from-covid-and-opioids-to-
    pot-and-gaming-america-s-work-ethic-is-under-assault

21 https://www.bloomberg.com/opinion/articles/2023-01-31/from-covid-and-opioids-to-
    pot-and-gaming-america-s-work-ethic-is-under-assault

22 https://www.cbo.gov/publication/58888

23 https://www.pgpf.org/blog/2023/05/the-federal-government-has-borrowed-trillions
    -but-who-owns-all-that-debt#:~:text=Domestic%20Holders%20of%20Federal%20
    Debt&text=The%20Federal%20Reserve%2C%20which%20purchases,largest%20
    holder%20of%20such%20debt

24 CompTia. (2021). "IT Industry Outlook, Rebuilding for the Future"

25 Semiconductor Industry Association(2021). "2021 State of the US Semiconductor Industry"

26 https://www.wsj.com/articles/SB125875892887958111,
    https://www.kita.net/board/totalTradeNews/totalTradeNewsDetail.do?no=76650

27 United States. Congress. House. Committee on the Judiciary. Subcommittee on Antitrust,
    Commercial, and Administrative Law. (2020). Investigation of competition in digital markets
    : Majority staff report and recommendations. Subcommittee on Antitrust, Commercial and
    Administrative Law of the Committee on the Judiciary.

28 https://dream.kotra.or.kr/kotranews/cms/news/actionKotraBoardDetail.do?SITE_NO=3&
    MENU_ID=180&CONTENTS_NO=1&bbsGbn=243&bbsSn=243&pNttSn=200288

29 https://www.cbsnews.com/news/mergers-and-acquisitions-good-or-bad-for-the-
    economy/

30 Blonigen, B. A., & Pierce, J. R. (2016). Evidence for the effects of mergers on market
    power and efficiency (No. w22750). National Bureau of Economic Research.

31 Greenspan, A.,·Wooldridge, A. (2019). "Capitalism in America: An Economic History of the
    United States". Penguin Books.

32 Platzer. (2020). Semiconductors: US industry, global competition, and federal policy.

33 Semiconductor Industry Association. (2021). "2021 State of the US Semiconductor Industry"

34 https://www.hankyung.com/article/2024062896801

35 Platzer. (2020). "Semiconductors: US industry, global competition, and federal policy"

36 https://m.khan.co.kr/economy/market-trend/article/202204221606001#c2b

37 https://www.yna.co.kr/view/AKR20230721002700091

38 최순규. (2018). "현대자동차의 국제화. 경영교육연구, 33(3)", 27-47.

39 https://www.fool.com/research/largest-ev-companies/

40 https://www.fool.com/research/largest-ev-companies/

41 https://www.electimes.com/news/articleView.html?idxno=348345

42 https://www.wsj.com/articles/the-biggest-winners-in-americas-climate-law-foreign-companies-c672e09d

43 https://www.bloomberg.com/news/features/2023-06-08/a-us-startup-s-failure-paved-the-way-for-china-s-ev-battery-dominance

44 https://www.bloomberg.com/news/features/2023-06-08/a-us-startup-s-failure-paved-the-way-for-china-s-ev-battery-dominance

45 ENERGY, S. O. N. (2021). NUCLEAR ENERGY MEETS CLIMATE CHANGE, https://www.hankyung.com/article/202404306830i, https://www.chosun.com/site/data/html_dir/2020/05/15/2020051500238.html 등을 참조했다.

46 https://www.prnewswire.com/news-releases/us-has-fallen-behind-in-race-towards-a-hydrogen-economy-says-information-trends-301572864.html

47 https://www.prnewswire.com/news-releases/us-has-fallen-behind-in-race-towards-a-hydrogen-economy-says-information-trends-301572864.html

48 McQueen, S., Stanford, J., Satyapal, S., Miller, E., Stetson, N., Papageorgopoulos, D., & Costa, R. (2020). "Department of energy hydrogen program plan" (No. DOE/EE-2128). US Department of Energy (USDOE), Washington DC (United States).

49 https://www.whitehouse.gov/briefing-room/statements-releases/2023/10/13/biden-harris-administration-announces-regional-clean-hydrogen-hubs-to-drive-clean-manufacturing-and-jobs

50 공지영·조일현. (2021). "국제 신재생에너지 정책 변화 및 시장 분석".에너지경제연구원 기본연구보고서, 2021-27.

51 공지영·조일현. (2021). "국제 신재생에너지 정책 변화 및 시장 분석". 에너지경제연구원 기본연구보고서, 2021-27.

52 https://www.reuters.com/business/energy/us-solar-panel-manufacturing-boom-threatened-by-cheap-imports-2023-11-03/

53 공지영·조일현. (2021). "국제 신재생에너지 정책 변화 및 시장 분석". 에너지경제연구원 기본연구보고서, 2021-27.

54 Wiser, R., Bolinger, M., Hoen, B., Millstein, D., Rand, J., Barbose, G., & Paulos, B. (2023). "Land-Based Wind Market Report: 2023 Edition". Lawrence Berkeley National Laboratory (LBNL), Berkeley, CA (United States).

55 https://fortune.com/2022/05/24/fortune-500-companies-list-every-year-exxonmobil-chevron-pfizer/

56 https://www.forbes.com/sites/greatspeculations/2020/01/06/how-airbus-has-grown-over-the-years-to-dethrone-boeing-as-the-largest-commercial-aircraft-maker/?sh=

4351528d3a59

57 https://projects.seattletimes.com/2016/boeing-timeline/

58 https://edition.cnn.com/2023/04/26/business/boeing-losses/index.html

59 https://edition.cnn.com/2022/07/19/politics/boeing-air-force-one-delivery-delay/index.html

60 Congressional Research Service. (2023). "US commercial shipbuilding in a global context"

61 Congressional Research Service. (2022). "Manufacturing USA: Advanced Manufacturing Institutes and Network"

62 Congressional Research Service. (2022). "Manufacturing USA: Advanced Manufacturing Institutes and Network"

63 국가나노기술정책센터(2015). "중국제조 2025". 한국과학기술정보연구원.

64 Giroud, A., & Ivarsson, I. (2020). "World Investment Report 2020: International production beyond the pandemic", United Nations Conference on Trade and Development, Geneva and New York, 2020, 247 pp. ISBN: 978-9211129854.

65 https://www.hankyung.com/article/2025010347891

66 https://www.hankyung.com/article/2024090507571

2부 제조업 쇠퇴가 부른 미국의 해외 투자 역량 약화

1 Rugman, A. M., D.J. Lecraw and L.D. Booth (1986).
   "International Business : Firm and Environment". New York : McGraw & Hill.

2 https://www.joongang.co.kr/article/25313049

3 재무부. (1991). "한국경제와 외자도입", 경제협력국 정책참고자료.

4 재무부. (1991). "한국경제와 외자도입", 경제협력국 정책참고자료.

5 UNCTAD. (1991). "World investment report: The Triad In Foreign Direct Investment"

6 Staff, B. E. A. (2024). "Direct Investment by Country and Industry for 2023. Survey of Current Business"

7 한국무역협회. (2024). "디지털세 주요 내용 및 입법 내용". KITA 통상레포트 2024, Vol. 2.

8 Vujanović, N., Casella·B.,Bolwijn, R. (2021). "Forecasting global FDI: a panel data approach". Transnational Corporations Journal, 28(1).

9 이승래·강준구·김혁황·박지현·이준원·이주미. (2015). "외국인 직접투자 유형별 결정요인 분석" [KIEP] 연구보고서, 2015(12), 0-0.

10 산업부·Invest Korea. (2020). "2020외투 기업 경영실태조사분석"

11 권일숙. (2017). "생존분석을 이용한 한국에 진입한 외국인기업의 추가투자 결정요인 분석", 국제경영리뷰, 21(1), 175-193.

12 김영태·강삼모. (2012). "우리나라 외국인 직접투자의 결정요인 분석". 사회과학연구, 19(2), 179-204.

13 조택희(2008). "비안정 패널자료를 이용한 산업별 외국인 직접투자의 결정요인" 분석. 응용경제, 10(1), 283-306.

14 Jackson, J. K. (2017). "US direct investment abroad : Trends and current issues". Congressional Research Service.

15 이수행·송태권·문현미. (2007). "중국의 외자유치정책 전환과 경기도의 대응과제". 경기연구원.

16 문휘창·정진섭. (2010). "외국인 직접투자의 경제적 효과-한국의 사례를 중심으로". 기업경영연구, 17(2), 133-156.

17 KOTRA. (2019), "해외 혁신클러스터 현황 및 투자유치 성공사례".

18 이영선·신호상. (2023). "국제 투자동향과 한국내 외국인 직접투자의 특징적 변화". 서울과학종합 대학원대학교 경영전문대학원, 박사학위 논문.

19 김치욱. (2012). "아태 지역의 미국 패권에 대한 지지요인 분석". 국방연구, 55(3), 1-22. 재인용

20 https://www.cnbc.com/2016/09/20/us-companies-are-hoarding-2-and-a-half-trillion-dollars-in-cash-overseas.html

21 Goodman, M. P. (2018). "From rule maker to rule taker. Global Economics Monthly", 7(7).

22 Wang, Z. (2017). "The economic rise of China: Rule-taker, rule-maker, or rule-breaker?". Asian Survey, 57(4), 595-617.

3부 미중 FDI 전쟁

1 U.S.-China Economic and Security Review Commission, "2024 Report to Congress Executive Summary and Recommendations"

2 https://www.joongang.co.kr/article/25305916

3 김호철. (2022). "포괄적 점진적 환태평양동반자협정(CPTPP)의 전략적 의미와 쟁점-경제적, 지정학적, 규범적 분석". 통상법률, (2), 3-53.

4 황기식. (2022). "동아시아 지역질서에서 CPTPP의 동향과 대응". 세계지역연구논총, 40(2), 1-30.

5 안창용. (2024). "경제안보 시대의 인도태평양경제 프레임워크(IPEF) 활용전략". 통상법률,(164), 37-74.

6 고동환. (2018). "미중 무역 분쟁의 배경과 그 영향". KISDI Primium Report, 2018(6), 1-31.

7 문지영·강문수·박민숙·김영선·정민지. (2023). "시진핑 시기 중국의 해외직접투자 전략 변화와 시 사점". 대외경제 정책연구원.

8 나수엽·김영선. (2020). "미국의 외국인 투자위험심사현대화법(FIRRMA) 발효와 미국의 대중 투자 규제". 대외경제 정책연구원과 PWC의 "PWC M&A 2018 Review and 2019 Outlook"를 인용했다.

9 최보연. (2010). "中지리자동차 볼보 인수의 의미와 시사점". [KIEP] 중국성별동향브리핑, 2010(5), 0-0.

10 http://www.industrynews.co.kr

11 https://www.hankyung.com/article/2025011587851

12 문지영·강문수·박민숙·김영선·정민지. (2023). "시진핑 시기 중국의 해외직접투자 전략 변화와

시사점". 대외경제 정책연구원.

13 박민숙·이효진. (2019). "중국의 새로운 외국인 투자법 주요 내용과 평가". 대외경제 정책연구원.

14 Congressional Research Service (2023). "Regulation of U.S. Outbound Investment to China"

15 https://www.china-briefing.com/news/us-2023-foreign-investment-into-china-data-analysis-on-deals-values-ma-and-investments/

16 https://www.uscc.gov/annual-report/2024-annual-report-congress

17 https://www.hankyung.com/article/2024091004931

18 북경사무소. (2022). "중국 내 외국인 직접투자(FDI)의 최근 동향, 정책 및 평가". 대외경제 정책연구원.

19 전종규. (2024), "Global Market Strategy: 미중 분쟁 업데이트", 삼성증권.

20 북경사무소. (2022). "중국 내 외국인 직접투자의 최근 동향, 정책 및 평가". 대외경제 정책연구원.

21 고동환. (2018). "미중 무역 분쟁의 배경과 그 영향". KISDI Primium Report, 2018(6), 1-31.

22 Slow, S., & amid Divergence, R. (2024). "WORLD ECONOMIC OUTLOOK".

23 조고운. (2019). "최근 중국의 금융시장 개방 추진 현황 및 평가". KIEP 기초자료, 19(1), 1-27.

24 이치훈·구기보. (2019). "중국의 금융위기 가능성에 대한 분석". 중소연구, 42(4), 87-118.

25 이영선·신호상. (2023). "국제 투자동향과 한국내 외국인 직접투자의 특징적 변화". 서울과학종합대학원대학교 경영전문대학원, 박사학위 논문.

26 Wang, Z. (2017). "The economic rise of China: Rule-taker, rule-maker, or rule-breaker?". Asian Survey, 57(4), 595-617.

27 Tracker, R. M. B. (2024). "RMB Tracker-Monthly reporting and statistics on renminbi (RMB) progress towards becoming an international currency"

4부 미국을 구하는 한국 제조업의 대미 투자

1 https://www.hankyung.com/article/2024091004931

2 https://unstats.un.org/unsd/snaama/downloads

3 Keidanren. (2022; 2024), "Toward a Stronger and More Resilient U.S.-Japan Relationship".

4 KOTRA. (2023), "2024 일본진출전략", KOTRA자료 23-098.

5 https://fortune.com/2023/01/26/toyota-ceo-to-step-aside-welcomes-new-generation-of-leadership/

6 https://www.forbes.com/sites/tomokoyokoi/2023/05/11/japan-poised-for-digital-transformation/?sh=7f26c7351e89

7 KOTRA. (2023), "2024 일본진출전략", KOTRA자료 23-098.

8 Keidanren. (2022; 2024). "Toward a Stronger and More Resilient U.S.-Japan Relationship"

9 https://www.forbes.com/sites/tomokoyokoi/2023/05/11/japan-poised-for-digital-transformation/?sh=7f26c7351e89

10 https://www.economist.com/finance-and-economics/2023/08/17/the-german-economy

–from–european–leader–to–laggard

11 https://www.epnc.co.kr/news/articleView.html?idxno=240002

12 https://www.hankyung.com/article/2024042821327

13 Keidanren. (2022; 2024). "Toward a Stronger and More Resilient U.S.–Japan Relationship"

14 https://media.franceintheus.org/wp–content/uploads/2024/06/2024–Economic–Report.pdf

15 Keidanren. (2022, 2024). "Toward a Stronger and More Resilient U.S.–Japan Relationship"

16 KOTRA. (2023). "2024 프랑스진출전략". KOTRA자료 23–125.

17 Castagnoli, A. (2022). "The US–Italy Economic Relations in a Divided World"

18 KOTRA. (2023). "2024 이탈리아진출전략". KOTRA자료 23–123.

19 https://www.trade.gov/market–intelligence/italy–foreign–direct–investments–fdi–united –states

20 https://www.5paisa.com/blog/top–indian–companies–by–highest–revenue

21 권영습·김문영. (2024). "한국의 위기, 대안은 G3 인도다". 두남.

22 KOTRA(2023). "2024 대만진출전략". KOTRA자료 23–115.

23 이영선. (2018). "브라질은 바나나를 닮았다". 경향미디어.

24 https://biz.chosun.com/it–science/ict/2023/11/17/LBVK4VR5DNBANGAD265W7K74YU/

25 https://www.city–journal.org/article/lessons–from–protectionism–past

26 King, W., & Vaughn Jr, D. (2022). "The Import Quota That Remade the Auto Industry"

27 King, W., & Vaughn Jr, D. (2022). "The Import Quota That Remade the Auto Industry"

28 Keidanren (2022; 2024). "Toward a Stronger and More Resilient U.S.–Japan Relationship"

5부 트럼프 2기, 한국의 더 나은 내일의 건설

1 양지원. (2024). "블록화 시대, 글로벌 사우스 활용 전략". 한국무역협회 국제무역통상연구원.

2 김관호. (1993). "국내 제조업분야 외국인 투자 기업의 현황 및 특성". 대외경제 정책연구원.

3 이홍구. (1995). "외국인 직접투자와 투자정책". [KDI] 연구보고서.

4 Akhtar, S. I. (2020). "US–EU trade and investment ties: magnitude and scope"와Congressional Research Service. Daniel S. Hamilton and Joseph Quinlan(2021), "The Transatlantic Economy 2021: Annual Survey of Jobs, Trade and Investment between the United States and Europe" 를 참조했다.

5 Ahn, C. Y. (2023). "South Korea and Foreign Direct Investment: Policy Dynamics and the Aftercare Ombudsman". Taylor & Francis.

6 KOTRA. (2022). "해외진출 한국 기업 디렉토리. KOTRA 자료". 23–037.